60 ANOS
TRADIÇÃO EM COMPARTILHAR CONHECIMENTO

Peggy Orenstein

Garotas & sexo

Tradução:
Rachel Botelho

Prefácio:
Regina Navarro Lins
Psicanalista e escritora, especializada em relacionamento amoroso e sexual

ZAHAR

Para minha única filha, minhas oito sobrinhas, meus dois sobrinhos e todas as garotas e garotos que encontrei ao longo do caminho.

Título original:
Girls & Sex
(Navigating the Complicated New Landscape)

Tradução autorizada da primeira edição americana, publicada em 2016 por Harper, um selo de HarperCollins Publishers, de Nova York, Estados Unidos

Jorge Zahar Editor Ltda.
rua Marquês de S. Vicente 99 – 1º | 22451-041 Rio de Janeiro, RJ
tel (21) 2529-4750 | fax (21) 2529-4787
editora@zahar.com.br | www.zahar.com.br

Grafia atualizada respeitando o novo Acordo Ortográfico da Língua Portuguesa

Os nomes e as características que poderiam identificar certos indivíduos foram alterados a fim de proteger sua privacidade.

Preparação: Mariah Schwartz | Revisão: Carolina Menegassi Leocadio, Carolina Sampaio | Capa: Elisa von Randow

CIP-Brasil. Catalogação na publicação
Sindicato Nacional dos Editores de Livros, RJ

Orenstein, Peggy, 1961-
O77g Garotas & sexo/Peggy Orenstein; tradução Rachel Botelho; [prefaciadora Regina Navarro Lins]. – 1.ed. – Rio de Janeiro: Zahar, 2017.

Tradução de: Girls & sex: navigating the complicated new landscape
Inclui bibliografia e índice
ISBN 978-85-378-1704-9

1. Educação sexual. 2. Sexualidade. I. Botelho, Rachel. II. Título.

17-43382 CDD: 306.7
CDU: 392.6

Sumário

Prefácio

Garotas & sexo trata da descoberta do amor, do que é e do que pode ser. Trata de como lidar com a sexualidade quando se é uma garota e os perigos e prazeres em torno desse momento especial. Esses são os pontos de partida do livro de Peggy Orenstein.

A autora entrevistou mais de setenta jovens americanas, de vários segmentos culturais e sociais dos Estados Unidos, e comenta o que ouviu utilizando pesquisas realizadas nos últimos anos. O resultado é um quadro detalhado e apaixonante de como as adolescentes e jovens daquele país vivem as primeiras experiências com rapazes, consigo mesmas e com outras meninas. O que elas ouviram de seus pais sobre a iniciação sexual? E dos rapazes que as desejavam nuas em seus braços? Dos educadores nas aulas de saúde sexual? Todo esse material forma um forte retrato da realidade dos jovens americanos. Não é surpresa que muitos dos perfis narrados pela autora se assemelhem aos de brasileiras. Se no Brasil a coisa não é exatamente igual, há muitos pontos em comum, e o leitor poderá fazer comparações. Vamos falar sobre isso, mas antes é interessante pensar um pouco sobre como evoluíram as mentalidades nessa questão específica.

Até o início do século XX, as moças iniciavam a vida sexual por volta dos 13, 14 anos ou até antes. Geralmente por imposição da família, se casavam cedo e o objetivo do sexo era apenas gerar filhos. O prazer praticamente só existia para o homem. Por ser desnecessário à procriação, para a mulher não era nem cogitado. Ao contrário, a dor e o sofrimento faziam parte do sexo.

Mas surgiu uma grande novidade em meados do século XX: o encontro marcado. Telefone e automóvel transformaram as relações amorosas. Os conservadores alertaram para a indecência e o perigo do telefone. Diziam que a moça poderia estar recostada e a voz do homem entrar pelo seu ouvido e despertar o desejo sexual. Em lugar do encontro na igreja, da conversa preliminar com o pai e das tardes muito bem vigiadas na sala de visitas da família, os jovens passaram a marcar encontros por telefone e sair a passeio a sós, de carro. Nos anos 1950 e 1960 a virgindade ainda era um valor; uma moça que não a preservasse teria dificuldade em se casar.

A pílula anticoncepcional foi a grande responsável pela radical mudança de comportamento amoroso e sexual observado a partir dos anos 1960. O sexo foi definitivamente dissociado da procriação e aliado ao prazer. A mulher se liberta da angústia da maternidade indesejada e passa a reivindicar o direito de fazer do seu corpo o que bem quiser.

A chamada Revolução Sexual começou no plano teórico com as ideias de pensadores como Freud e Reich, continuando com Herbert Marcuse e Norman O. Brown. Mas ela só ganhou verdadeiro significado para a civilização ocidental quando atingiu grandes segmentos da população, modificando as mentalidades e, principalmente, o comportamento das pessoas.

Os movimentos de contracultura – movimento hippie, movimento feminista, movimento gay – constituem o início de um modelo ocidental radicalmente diferente do passado. Eles alteraram as correlações de força na sociedade, desfizeram preconceitos, ridicularizaram falsos poderes e criaram novos paradigmas culturais que vieram para ficar, como o modo de vestir, de fazer arte e de se relacionar.

Contudo, tanto nos Estados Unidos quanto no Brasil, e em todo o mundo, com diferenças sutis ou não, a sexualidade continuou a ser mal compreendida. Lembro-me da frase que ouvi do psicoterapeuta e escritor José Ângelo Gaiarsa: "A maioria dos adolescentes se inicia no sexo meio na esquina, meio escondidinho, meio apertadinho, e nunca mais sai desse apertadinho até o fim da vida." Peggy Orenstein trata disso em seu livro: muitas das entrevistadas relatam as pressões que sofreram não só dos pais, como das amigas e colegas, mulheres e homens.

Nos Estados Unidos, a questão da iniciação sexual atinge grande número de jovens por via da religião, especialmente evangélica. A autora dedica um capítulo à analise de organizações que trabalham para convencer as meninas a se casarem virgens. O Brasil também possui segmentos religiosos que procuram influenciar a educação sexual das meninas.

Como disse no início, uma boa parte dos perfis narrados pelas entrevistadas de Peggy Orenstein se assemelha aos perfis de brasileiras, e as comparações podem ser muito proveitosas. A exibição do corpo em um país tropical como o nosso interfere na cultura amorosa. A exposição reduz a timidez e traça uma linha em comum entre os sexos. De qualquer forma, os controles políticos, sociais e religiosos sobre o prazer continuam existindo em todas as partes do mundo. Certos prazeres são aceitos, alguns condenados e outros proibidos mesmo. Não é sem motivo. Controlar os prazeres das pessoas é controlar as pessoas.

A busca por traçar um paralelo entre a realidade exposta por Peggy Orenstein e a forma como nossas garotas tratam a sexualidade transita por esse fio de navalha: lá, houve e há mais repressão familiar e social; no Brasil há menos estrutura social e padrão cultural. A violência aqui muitas vezes nem sequer é registrada.

Peggy Orenstein dedica um capítulo ao estupro de meninas. Para falar desse assunto em comparação com nosso país precisamos ser ingênuos ou hipócritas. A Anistia Internacional afirma, em seu relatório intitulado *O estado dos direitos humanos no mundo em 2016-2017*, que o governo brasileiro é incapaz de "respeitar, proteger e cumprir os direitos humanos de mulheres e crianças". E, se Orenstein trata de assédio e estupro nas escolas e universidades americanas, essa é também uma questão que se impõe no Brasil, vide os casos de estupro na USP, a mais conceituada universidade brasileira.

A autora expõe, pelas entrevistas, a questão do uso de álcool nas festas, que muitas vezes têm como desfecho o assédio e o estupro. Houve uma redução da tolerância para a aceitação tácita do assédio e da agressão. A Anheuser-Busch, fabricante de cervejas, descobriu isso em 2015, quando a empresa revelou o novo slogan para a Bud Light: "A cerveja perfeita para retirar o 'não' do seu vocabulário para a noite". Ela foi forçada a divulgar um pedido público de desculpas depois que notícias sobre o slogan se disseminaram pelo Twitter.

Mas os conservadores americanos, machistas e antifeministas, argumentam que as meninas embriagadas e de saias curtas estão incentivando o estupro. O pior é que, muitas vezes, a Justiça americana lhes tem dado ganho de causa. O dilema da exposição das garotas passa pela conquista, a disputa pelo interesse dos parceiros, o "ser desejada" torna-se fundamental. Nesse sentido, a obra aborda também a força dos padrões de beleza e as formas de atração.

No encerramento do livro é enfocado o trabalho de Charis Denison, uma pedagoga da Califórnia que faz orientação sexual com meninas do ensino médio. Ela vai direto ao ponto, como diz o título do capítulo: *E se nós lhes contássemos a verdade?* Charis incentiva as garotas a conhecerem o próprio corpo, o clitóris, as vias para o seu prazer. O caminho é a compreensão do real, sempre.

"É difícil quando você busca ter uma experiência sexual com alguém e não sabe o que é bom para *você*", diz Denison para os adolescentes espalhados pelo chão. "É difícil permitir que outra pessoa tenha esse poder de decisão. Por isso, se alguém decide se tornar sexualmente ativo com outra pessoa, é muito bom ser sexual consigo mesmo antes. É bom para descobrir do que você gosta."

A profunda modificação fisiológica que ocorre na puberdade, com o aumento da produção de androgênios e estrogênios, prepara o corpo para a reprodução, ao intensificar o desejo sexual no homem e na mulher. A busca da satisfação é o caminho natural. Entretanto, o controle sobre o prazer continua a ser exercido. Os rapazes são incentivados a ter logo a primeira experiência sexual, não importando com quem. A sociedade patriarcal exige deles essa prova de virilidade. Devem estar sempre dispostos, não recusar nenhuma oferta, e o mais importante, nunca falhar. A moça, ao contrário, dever reprimir seus impulsos sexuais, ocultar seus desejos, fingir que não se interessa muito pelo assunto.

Num discurso pseudoliberal, muitos pais, devido a seus preconceitos, passam às filhas uma mensagem contraditória. São tantos conselhos e advertências, tantas proibições e alertas em relação aos perigos envolvidos, que em raros casos o sexo é vivido com tranquilidade e prazer. "Não tenho nada contra você ter relações sexuais com seu namorado, desde que esteja certa de poder assumir as responsabilidades, de que é um namoro sério, de que tem certeza de que o ama, de que ele não a esteja usando, e de que se o namoro terminar você não vai ficar mal, não vai se arrepender..."

Alguém, mesmo aos oitenta anos, pode ter tantas certezas? E aos quinze, dezessete, ou aos dezoito? As mães de cinquenta anos atrás não tinham um discurso dúbio. Tudo era proibido mesmo. Facilitavam, assim, a opção das jovens quanto à própria vida sexual. Seus valores eram passados com clareza, o que tornava mais fácil percebê-los como ultrapassados.

Acredito que o jovem deve iniciar sua vida sexual quando desejar. Os pais e a sociedade devem cuidar para que isso ocorra da forma mais natural e prazerosa possível. A saúde mental e social das pessoas depende disso. Certamente muitos casos de disfunção erétil, ejaculação precoce e ausência de orgasmo feminino seriam evitados, assim como diversos tipos de agressão sexual. Um estudo publicado em 1975 nos Estados Unidos, feito em quatrocentas sociedades pré-industriais, concluiu que, nas culturas não repressoras da atividade sexual de seus adolescentes, o índice de violência é mínimo.

Só mais um detalhe: o uso da pílula e da camisinha deveria fazer parte da educação, como o ato de tomar banho e o de escovar os dentes.

Regina Navarro Lins

Regina Navarro Lins é psicanalista e escritora, autora de onze livros sobre relacionamento amoroso e sexual. Atende em consultório particular há 42 anos e realiza palestras por todo o Brasil. É consultora e participante do programa "Amor & Sexo", da TV Globo, e apresenta o quadro semanal Sexo em Pauta, no programa Em Pauta, da Globonews.

Introdução

Tudo que você nunca quis saber sobre garotas e sexo (mas tem, sim, que perguntar)

HÁ ALGUNS ANOS notei que minha filha não seria uma garotinha por muito mais tempo. Ela caminhava para a adolescência e, sinceramente, isso me deixava meio em pânico. Antes disso, na pré-escola, quando ela andava despreocupada em seu vestido de Cinderela, dei um mergulho profundo na indústria das princesas e voltei convencida de que a cultura aparentemente inocente do cor-de-rosa-e-bela preparava as meninas para algo mais insidioso no futuro. Bem, "o futuro" chegava agora até nós como uma carreta – uma carreta dirigida por uma motorista com salto doze e microssaia que checa o Instagram quando deveria estar de olho na estrada. Ouvi histórias horríveis de amigos com filhos adolescentes sobre o tratamento dado às meninas na cultura do sexo casual, sobre a pressão que as garotas sofrem para que enviem mensagens e imagens eróticas pelo celular ou pela internet ou sobre casos em que elas foram vítimas de escândalos nas mídias sociais, além da onipresença da pornografia.

Esperava-se que eu fosse especialista em decodificar as mensagens truncadas das adolescentes. Viajei o país para ensinar aos pais a diferença entre sexualização e sexualidade. "Quando garotinhas brincam de ser 'sexy' antes mesmo de entenderem o significado da palavra", eu lhes dizia, "elas aprendem que sexo é mais desempenho do que uma experiência sensorial." Essa é a pura verdade. Mas e quando elas já *entendem* o que a palavra significa?

Não que eu tivesse uma resposta. Eu também estava simplesmente dando o melhor para criar uma filha saudável em uma época em que celebridades apresentam a auto-objetificação como fonte de força, poder e independência; em que uma aparência desejável parece substituir o desejo; em que *Cinquenta tons de cinza*, com sua heroína neurastênica que morde os lábios e um perseguidor bilionário assustador, era exaltado como a suprema fantasia feminina; em que nenhuma mulher com menos de quarenta anos parece ter pelos púbicos. Claro que quando era menina eu cansei de ouvir músicas como "Sexual Healing" e "Like a Virgin", mas elas parecem seriado do Disney Channel em comparação à "puta" de L'il Wayne, cuja "dieta única" na música "Love Me" consiste somente de "pinto", ou à promessa do Maroon 5 de caçar uma mulher e comê-la viva em "Animals". (No clipe, o vocalista Adam Levine persegue o objeto de sua obsessão com uniforme de açougueiro brandindo um gancho para carnes e faz sexo com ela em um final banhado em sangue.) Isso é o suficiente para que eu me desculpe com Tipper Gore pelo modo como minhas amigas e eu a ridicularizávamos nos anos 90. Nesse meio-tempo, pesquisas e mais pesquisas revelaram uma prevalência chocante de agressões sexuais nos *campi* das faculdades. O problema é tão assustador que o presidente dos Estados Unidos (ele mesmo pai de duas adolescentes) se envolveu com o tema.*

Mesmo que na faculdade as garotas sejam mais numerosas que os rapazes, enquanto elas "cedem" para conquistar seus sonhos acadêmicos e profissionais eu precisei me perguntar: estamos avançando ou retrocedendo? As jovens de hoje têm mais liberdade que suas mães para determinar seus encontros sexuais, mais influência e mais controle sobre eles? Elas são mais capazes de resistir a estigmas, mais bem equipadas para explorar o prazer? E, se não, por que não? As garotas vivem hoje em uma cultura na qual, cada vez mais, "apenas sim significa sim" – não há consentimento a não ser que os dois parceiros concordem sem hesitar com um encontro sexual. Tudo muito bem e muito bom, mas o que acontece *depois* do sim?

Eu precisava, como mãe e como jornalista, descobrir a verdade por trás das manchetes, o que era real e o que era exagero. Por isso, comecei a entrevistar garotas: tive conversas profundas, durante horas, sobre suas

* Referência a Barack Obama, presidente dos Estados Unidos (2009-16) quando a obra foi escrita. (N.T.)

atitudes, expectativas e experiências iniciais com todo tipo de intimidade física. Recrutei filhas de amigos de amigos (e as amigas dessas garotas, e as amigas delas também), alunas de professores do ensino médio que encontrei. Eu pedi que docentes das universidades que visitei enviassem um e-mail convidando todas as garotas interessadas em falar comigo a fazer contato. No fim, entrevistei mais de setenta jovens com idades entre quinze e vinte anos, um intervalo no qual a maioria se torna sexualmente ativa. (O americano médio tem a primeira relação sexual aos dezessete anos; aos dezenove, três quartos dos adolescentes já transaram.)[1] Meu foco continuou somente nas garotas porque, como jornalista, escrever sobre jovens mulheres tem sido uma paixão, um chamado: eu venho fazendo crônicas de suas vidas há mais de 25 anos. As garotas, também, continuam a viver contradições singulares enquanto fazem suas escolhas sexuais. Apesar das mudanças profundas de expectativas e oportunidades, elas ainda estão sujeitas ao mesmo velho padrão duplo – a ideia de que uma garota sexualmente ativa é "piranha", enquanto um garoto na mesma situação é "garanhão". Agora, no entanto, garotas que se abstêm de sexo e que eram vistas como "boas meninas" também se envergonham, rotuladas de "virgens" (o que não é boa coisa) ou "puritanas". Como uma aluna do terceiro ano do ensino médio me disse, "normalmente o oposto de algo negativo é positivo, mas nesse caso são dois negativos. Então o que esperam que você faça?".

Não pretendo abarcar a experiência de todas as mulheres jovens. As pessoas que entrevistei ou estavam na faculdade ou prestes a entrar nela – eu queria falar especificamente com aquelas que sentiam ter todas as opções disponíveis, as que mais se beneficiaram do progresso econômico e político das mulheres. Elas também se autosselecionaram. Isto posto, fiz uma escolha abrangente. As garotas com quem me encontrei vieram de todo o país, de cidades pequenas e de metrópoles. Eram católicas, protestantes, evangélicas, judias e sem religião. Os pais de algumas delas eram casados, outros eram divorciados; algumas viviam em famílias mistas, outras com apenas um dos pais. Elas vieram tanto de ambientes politicamente conservadores quanto liberais, embora a maioria delas se inclinasse de algum modo para os últimos. A maior parte era branca, mas muitas tinham origem asiática, latina, africana, árabe ou mista. Cerca de 10% se identificaram como lésbicas ou bissexuais, apesar de a maioria delas, em particular as que ainda estavam no ensino médio, não ter posto em prática a atração por outras meninas. Duas delas tinham deficiência física. Enquanto uma maioria desproporcional veio de famílias de classe média alta, havia alguma variedade de classe social – entrevistei garotas originárias desde o East Side de Manhattan até o South Side de Chicago; filhas de pais que geriam fundos de hedge e filhas de administradores de lanchonetes de fast-food. Para proteger a privacidade delas, troquei todos os nomes e detalhes que pudessem identificá-las.

De início, me preocupava que elas pudessem não querer discutir um assunto tão pessoal comigo. Não precisava. Aonde quer que fosse, eu tinha mais voluntárias do que podia dar conta. Elas não estavam apenas ansiosas, estavam ávidas para falar. Nenhum adulto jamais havia lhes perguntado sobre sua experiência com a sexualidade: o que elas fizeram, por que o fizeram, como se sentiram, o que esperavam, do que se arrependeram, o que foi divertido. Nas entrevistas, eu raramente fazia perguntas. As garotas simplesmente começavam a falar, e, antes que nos déssemos conta, horas haviam se passado. Elas me contaram como se sentiam em relação a masturbação, sexo oral (tanto dar quanto receber), orgasmo. Falaram sobre andar na corda bamba entre virgindade e promiscuidade. Contaram-me sobre garotos agressivos e sobre garotos cuidadosos, garotos que abusaram delas e garotos que restauraram sua fé no amor. Elas admitiram a atração por outras meninas e o medo da rejeição dos pais. Falaram sobre o terreno complicado da cultura do sexo sem compromisso, na qual encontros casuais precedem (e podem ou não levar a) a conexão emocional – hoje um lugar-comum nos *campi* das faculdades, eles estão invadindo o ensino médio. Ao menos metade das garotas teve alguma experiência no espectro que vai da coerção ao estupro. Suas histórias são angustiantes, e foi igualmente perturbador saber que apenas duas delas já tinham contado a outro adulto o que aconteceu.

Mesmo em encontros consensuais, muito do que as garotas descreveram foi doloroso de ouvir. Talvez não pareça nenhuma novidade, mas justamente isso merece ser explorado. Quando tantas coisas mudaram para as garotas na esfera pública, por que não houve mais – *muito* mais – mudança no âmbito privado? Pode haver igualdade de fato na sala de aula e na sala de reunião se não há no quarto? Em 1995, a Comissão Nacional de Saúde Sexual do Adolescente declarou o desenvolvimento sexual saudável como um direito humano básico. Dizia que a intimidade na adolescência deve ser "consensual, não abusiva, honesta, prazerosa e protegida contra gravidez indesejada e DSTs".[2] Como é possível, mais de duas décadas depois, que estejamos tão vergonhosamente distantes daquele objetivo?

Sara McClelland, professora de psicologia da Universidade de Michigan, escreve sobre sexualidade como uma questão de "justiça íntima", tocando em temas fundamentais como desigualdade de gênero, disparidade econômica, violência, integridade física, saúde física e mental, autossuficiência e dinâmicas de poder em nossas relações mais pessoais.[3] Ela pede para que consideremos: quem tem o direito de se dedicar à atividade sexual? Quem tem o direito de desfrutá-la? Quem é o principal beneficiário da experiência? Quem sente que é digno dela? Como cada parceiro define "bom o suficiente"? Trata-se de questões espinhosas quando se olha para a sexualidade feminina em qualquer idade, mas em particular para a experiência precoce e formadora das garotas. Apesar disso, eu estava determinada a interrogá-las.

Parte das garotas que eu encontrei manteve contato comigo por muito tempo depois que falamos, enviando por e-mail atualizações sobre novos relacionamentos ou a evolução de seus princípios. "Eu queria que você soubesse que por causa da nossa conversa eu troquei de especialização", uma delas escreveu. "Vou estudar saúde com foco em gênero e sexualidade." Outra, uma aluna do primeiro ano do ensino médio, me disse que nossa discussão interferiu nas perguntas que ela se fazia enquanto dava uma volta pelos *campi* das faculdades. Uma terceira, que estava no último ano do ensino médio, confessou ao namorado que todos os "orgasmos" dela eram falsos; outra estudante do ensino médio disse ao *seu* namorado que parasse de pressioná-la a chegar ao clímax, porque isso estava arruinando a transa. As entrevistas – com as próprias jovens e com psicólogos, sociólogos, pediatras, educadores, jornalistas e outros especialistas – também me transformaram, me obrigaram a confrontar meus preconceitos, a superar desconfortos, a clarear meus valores. Isso, eu acredito, me tornou uma mãe melhor, uma tia melhor, uma aliada melhor de todas as mulheres jovens e de todos os homens jovens da minha vida. Espero que, depois de ler este livro, você também se sinta assim.

1. Matilda Oh não é um objeto – exceto quando ela quer

CAMILA ORTIZ E IZZY LANG já tinham ouvido tudo isso antes. Elas estavam no último ano do ensino médio de uma grande escola da Califórnia – com um *campus* de mais de 3,3 mil estudantes –, por isso aquele era seu quarto começo de ano letivo, sua quarta reunião de "boas-vindas". Elas se sentaram no fundo do auditório, ora sonhando acordadas, ora conversando com amigos enquanto os diretores divagavam sobre a importância do comparecimento às aulas ("em especial vocês, do último ano"), atitudes que poderiam levar à suspensão, advertências sobre cigarro, bebidas alcoólicas e maconha. Foi quando o reitor se dirigiu às garotas da multidão. "Ele veio com um: 'Senhoritas, vocês precisam se vestir de modo a respeitar tanto vocês mesmas quanto suas famílias quando forem sair'", recordou Izzy. Loira e de olhos azuis, ela tinha uma covinha em uma das bochechas que se acentuava ao falar. "'Esse não é o lugar para seus shortinhos, suas regatas ou seus tops. Vocês têm que se perguntar: se a sua avó olhar para você, ela ficará feliz com o que você está vestindo?'"

Camila, que usava um piercing minúsculo de cristal na narina esquerda, levantou o dedo indicador fazendo o sinal de negação. "'Vocês têm que se cobrir porque vocês precisam se respeitar.' *Vocês têm que se respeitar. Vocês têm que respeitar sua família.* Essa ideia era tão... repetida e repetida. Depois de falar, ele foi imediatamente até os slides que definiam assédio sexual. Como se houvesse uma conexão. Como se, talvez, se você 'não se respeitar' pelo modo como se veste, você será assediada, e a culpa é sua porque você estava de regata."

Criada nesse sistema escolar, Camila aprendeu a importância de desafiar as injustiças, de ser "ativista". Ela começou a chamar o nome do reitor em voz alta. "Sr. Williams! Sr. Williams!", ela gritou. Ele a chamou à frente do auditório e lhe deu o microfone. "Oi, eu sou a Camila", ela disse. "Estou no último ano do ensino médio e acho que o que você acabou de dizer não é aceitável, é extremamente machista e promove a 'cultura do estupro'. Se eu quiser usar regata e shortinho porque está calor, eu deveria poder e isso não tem relação com o nível de 'respeito' que tenho por mim mesma. O que você disse simplesmente perpetua o ciclo de culpabilização da vítima." Os estudantes no auditório aplaudiram, e Camila devolveu o microfone.

"Obrigado, Camila. Concordo plenamente", disse Williams enquanto ela voltava para a cadeira. Depois, acrescentou: "Mas há um momento e um lugar para esse tipo de roupa."

Essa não foi a primeira reprimenda – de pais, professores, diretores, das próprias meninas – de que tive notícia sobre as roupas provocativas das garotas. Os pais entraram em uma batalha contra os shorts minúsculos, as regatas coladas ao corpo, as calças de ioga justas que mostram "tudo". "Por que as garotas têm que se vestir assim?", as mães perguntam, mesmo que algumas delas próprias vistam roupas parecidas. Os diretores tentaram impor o decoro, mas acabaram incitando revolta. No subúrbio de Chicago, estudantes do oitavo ano fizeram um piquete ante a política contrária à calça legging. Alunos do ensino médio de Utah recorreram à internet quando descobriram que, nas fotos do livro anual da turma, decotes foram reduzidos e mangas aumentadas digitalmente nas camisetas das colegas de classe.

Garotos se metem em confusão com os códigos de vestuário quando zombam da autoridade: "hippies" desafiam o establishment, "*thugs*" usam calças que deixam a cueca à mostra. Para as meninas, o tema é sexo. A imposição do recato é considerada tanto um modo de proteger quanto de conter a sexualidade das mulheres jovens, e elas, portanto, são encarregadas de controlar os rapazes. Depois da reunião, a inspetora, que era mulher, parou Camila no corredor. "Eu entendi perfeitamente que você está tentando se empoderar", ela disse à menina, "mas isso desvia a atenção. Você tem professores homens, e existem os estudantes homens."

"Talvez vocês não devessem contratar professores homens focados em olhar para os meus peitos!", Camila devolveu. A inspetora disse que elas podiam continuar a conversa depois. O "depois" nunca chegou.

Isso tinha ocorrido três meses antes, e Camila ainda estava furiosa. "A verdade é que não importa o que eu visto", ela disse. "Em quatro de cinco dias de escola vão assoviar, me encarar, me olhar de cima a baixo e me tocar. Nós aceitamos isso como parte da escola. Eu não escolhi meu tipo de corpo, e *me* distrai muito saber que cada vez que eu levanto para apontar o lápis vão fazer algum comentário sobre minha bunda. Isso não acontece com os caras. Nenhum garoto nunca teve que andar pelo corredor e ouvir as meninas falarem: 'Ei, garoto, sua batata da perna é linda! Sua batata da perna é um tesão.'"

Camila tem razão. Dirigir-se diretamente aos meninos é o único modo de desafiar a ideia que alguns têm de que o corpo das garotas existe apenas para eles julgarem – e até tocarem – como e quando quiserem. No ano anterior, na escola das garotas, no ensino médio, um grupo de rapazes criou uma conta no Instagram para "expor" as AVCs, acrônimo para A Vadia do Campus. (Cada geração parece inventar uma nova palavra para *A letra escarlate* – prostituta, vadia, vaca, oferecida, pistoleira, piranha – com a qual demonizar a sexualidade das garotas.)* Eles baixaram imagens de contas das meninas no Twitter e no Instagram (ou tiraram fotos nos corredores da escola) e escreveram legendas com o pretenso histórico sexual de cada uma. Todas as garotas escolhidas eram negras ou latinas. Camila era uma delas. "Foi uma violência enorme", ela disse. "Um trecho da legenda era: 'Eu desafio você a fodê-la só por diversão.' Eu tive que ir à escola com aquilo circulando." Quando ela apresentou uma reclamação formal, foi levada a uma sala com quatro seguranças homens da escola que, segundo ela, lhe perguntaram se ela tinha feito o que a página dizia. Humilhada, ela deixou o assunto de lado. A conta do Instagram foi cancelada, e os autores nunca foram pegos.

---

* Referência ao romance de Nathaniel Hawthorne, publicado em 1850 nos Estados Unidos, sobre uma jovem adúltera que é obrigada a carregar a letra "A" bordada no peito. (N.T.)

Tanto no mundo online quanto NVR ("na vida real"), o caso de Camila não é isolado. Outra garota do primeiro ano do ensino médio que jogava vôlei universitário na vizinha Marin County, na Califórnia, me contou como os rapazes do time de futebol se reuniam na arquibancada para assediar suas colegas de equipe durante o jogo, gritando coisas como "Bela bunda!" quando as garotas saltavam em uma jogada. (Por falar nisso, na internet existem centenas de closes traseiros de meninas menores de idade usando shorts de vôlei.) Uma garota do último ano do ensino médio, de São Francisco, descreveu como, depois de começar um renomado curso de verão de jornalismo em Chicago, os rapazes criaram uma "lista de vadias" (semelhante à escalação de um time de futebol americano inventado) ranqueando suas colegas de acordo com a ordem de "quem eles queriam comer".

"As garotas ficaram uma fera", ela me disse, "mas não pudemos reclamar por causa de todas as implicações, certo? Se você reclama e está na lista, você é uma puritana. Se você reclama e não está na lista, você é feia. Se você reclama porque se trata de algo machista, você é uma cadela feminista sem senso de humor e lésbica."

Ouvi falar de um garoto que, afirmando possuir "braços mágicos", abraçava meninas aleatoriamente nos corredores da escola pública onde estudava em Nova York e anunciava sua avaliação sobre o número do sutiã delas; de um rapaz do ensino médio que abordava desconhecidas em uma festa em Saint Paul, Minnesota, e perguntava: "Posso pegar nos seus peitos?"; de meninos em baladas em qualquer lugar que, especialmente depois de alguns (ou mais) drinques, se sentiam livres para "encoxar" meninas sem serem convidados. A maioria das garotas aprendeu a se desvencilhar graciosamente dessas situações quando não tinha interesse. Os garotos raramente as perseguiam. Diversas jovens, entretanto, disseram que o parceiro de dança tinha ido além, levantando a saia delas e deslizando rapidamente o dedo para dentro de suas calcinhas. Na universidade, algumas garotas podem nem chegar à pista de dança a não ser que se submetam ao chamado "teste de beleza" na porta, onde um estudante "decide se você é aceita ou rejeitada, bonita ou feia. Ele é a razão pela qual é melhor vestir um top a uma temperatura negativa, ou você acabará em casa sozinha comendo pipoca de micro-ondas e ligando para sua mãe".

Vou dizer isso mais uma vez, e depois – porque é óbvio – não vou mais repetir ao longo do livro: nem todos os rapazes se comportam desse modo, nem de longe, e muitos dos garotos são os aliados mais fiéis das meninas. Entretanto, todas as garotas com quem eu conversei, *todas as garotas* – independentemente de classe social, etnia ou orientação sexual, independentemente do que veste e de sua aparência –, foram assediadas no ensino fundamental ou médio, na universidade ou, muitas vezes, nos três. Então, quem realmente corre o risco de "ser distraída" na escola?

Na melhor das hipóteses, culpar as roupas das garotas pelos pensamentos e atitudes dos rapazes é contraproducente. Na pior, é praticamente dizer "ela estava pedindo por isso". Ainda assim, eu também não posso evitar o sentimento de que garotas como Camila, que dá preferência ao que ela chamou de "roupas assim ditas provocativas", estão perdendo alguma coisa. Assumir o direito de desnudar os braços (e pernas e decote e umbigos) como um grito de guerra feminista me soa suspeitosamente orwelliano. Eu me lembro do teste simples e banal proposto pela feminista britânica Caitlin Moran, ao qual Camila se referiu inconscientemente: Os meninos também estão fazendo isso? "Se eles não estiverem", escreveu Moran, "é provável que vocês estejam lidando com o que nós, feministas estridentes, chamamos de 'uma completa bobagem'."[1]

Assim, enquanto somente as garotas são ofendidas, também é verdade que apenas a moda feminina impõe uma consciência corporal desde muito cedo. A Target oferece biquínis para bebês. A GAP anuncia jeans *"skinny"* para meninas que mal conseguem ficar de pé. Crianças da pré-escola veneram princesas da Disney que têm olhos maiores que a cintura.[2] Ninguém tenta convencer meninos de onze anos a vestir shorts minúsculos ou a exibir suas barrigas em pleno inverno. Por estar atenta ao controle da sexualidade das meninas por meio do vestuário, também me preocupo com o martelar incessante da auto-objetificação: a pressão sobre jovens mulheres para reduzirem seu valor a seus corpos e para verem esses corpos como um conjunto de partes que existem para o prazer dos outros, para monitorarem incessantemente sua aparência, para representarem em vez de sentirem a sensualidade. Lembro de uma conversa que tive com Deborah Tolman, professora do Hunter College e talvez a principal especialista no desejo sexual de meninas adolescentes. Em seu trabalho, ela disse, garotas começaram a responder "questões sobre como seus corpos sentem – questões sobre sexualidade ou excitação – descrevendo o que elas pensam da própria aparência. Tenho que lembrá-las de que uma boa aparência *não* é um sentimento". A auto-objetificação está associada a depressão, redução da função cognitiva, nota média mais baixa, imagem distorcida e monitoramento do corpo, transtornos alimentares, comportamento sexual de risco e redução do prazer sexual.[3] Em uma pesquisa com estudantes do oitavo ano, a auto-objetificação foi responsável por metade do diferencial nos relatos de depressão em garotas e por mais de dois terços da variância de autoestima.[4] Outro estudo relacionou o foco das meninas na aparência a um aumento dos sentimentos de vergonha e ansiedade sobre seus corpos.[5] Uma pesquisa com estudantes do último ano do ensino médio ligou a auto-objetificação a mais atitudes negativas sobre a sexualidade, desconforto em falar sobre sexo e taxas mais elevadas de arrependimento ligado ao sexo.[6] A auto-objetificação também foi correlacionada a menor eficácia política – a ideia de que se pode ter um impacto no debate público e promover mudanças.[7]

Apesar desses riscos, a hipersexualização está em toda parte, tão visível a ponto de se tornar invisível: é a água em que as garotas nadam, o ar que elas respiram. Sejam elas atletas, artistas, cientistas, musicistas, apresentadoras de TV ou políticas, elas aprendem que devem, como mulheres, projetar *sex appeal* antes de mais nada. Considere uma pesquisa divulgada pela Universidade de Princeton em 2011 sobre a queda no número das estudantes que ocupam posições de liderança no setor público. Entre as razões que essas jovens mulheres de altíssima elite deram para evitar esses papéis foi a de que serem qualificadas para eles não era o suficiente. Elas tinham que ser "inteligentes, determinadas, envolvidas em várias atividades diferentes (como os homens), e, além disso, espera-se que elas sejam bonitas, sexy, magras, legais e amigáveis". Ou, como disse uma mulher com formação superior, as mulheres têm que "fazer tudo, fazê-lo bem e parecer 'gostosas' enquanto o fazem".[8] Um estudo de 2013 do Boston College descobriu, paralelamente, que as estudantes se graduaram com a autoestima mais baixa do que quando entraram na universidade (já a autoestima dos rapazes aumentara). Elas também responsabilizaram a "pressão para ter tal aparência ou se vestir de determinada maneira".[9] Em uma pesquisa da Universidade Duke que chegou a conclusões semelhantes, uma aluna do segundo ano chamou de "perfeição fácil" a "expectativa de que alguém seja inteligente, realizadora, esteja em forma, seja bonita e popular, e que tudo isso deva ser obtido sem esforço aparente".[10] Não é de se espantar que elas hesitem.

Ser "gostosa", como a jornalista Ariel Levy escreveu em seu livro *Female Chauvinist Pigs*, é diferente de ser "bonita" ou "atraente". Trata-se de uma visão da sensualidade mercantilizada, unidimensional, replicada ao infinito e, francamente, sem imaginação, uma visão que, quando aplicada às mulheres, pode ser reduzida a duas palavras: "'comível' e vendável".[11] Levy diz que "ser gostosa" é tarefa especificamente feminina, e em nenhum lugar isso foi mais evidente que na capa de 2015 da *Vanity Fair* com Caitlyn Jenner, de 65 anos, nascida Bruce. Para anunciar a transição física de homem para mulher, ela apareceu em um corselete (de uma loja chamada Trashy Lingerie), com os seios transbordando e os lábios brilhantes como uma mocinha ingênua. Essa imagem foi justaposta muitas vezes na imprensa a uma foto dela como Bruce, com os cabelos lambidos de suor e os braços erguidos em triunfo depois de ganhar o ouro olímpico. Como homem, ele usava seu corpo; como mulher, ela o exibia. Não é nenhuma novidade que as garotas estão presas a um ideal punitivamente estrito e, muitas vezes, turbinado digital ou cirurgicamente do que é ser "sexy", para depois serem rotuladas de "vadias" ao tentarem alcançá-lo. Eis o que mudou: enquanto gerações anteriores de mulheres educadas pela mídia, identificadas com o feminismo, viam sua objetificação como motivo de protesto, elas hoje a encaram como uma escolha pessoal, algo que pode ser interpretado como uma expressão intencional em vez de uma sexualidade imposta. E por que não seria, uma vez que ser "gostosa" aparece como algo compulsório, um pré-requisito para a relevância, a força e a independência de uma mulher?

As garotas que encontrei disseram que se sentiam ao mesmo tempo poderosas e fracas ao vestirem roupas reveladoras e empregaram palavras como liberada, ousada, mandona e desejável embora expressassem indignação com o julgamento público constante de seus corpos. Elas sentiam que haviam escolhido ativamente uma imagem sexualizada – o que não dizia respeito a ninguém a não ser a elas mesmas – e, *ao mesmo tempo*, que não tinham escolha. "Você quer se destacar", uma garota do segundo ano me disse. "Você quer atrair alguém. Então, não se trata apenas de ser gostosa, mas de quem pode ser a *mais* gostosa. Uma amiga minha chegou ao ponto de ir praticamente nua às festas." As garotas alternam entre sujeito e objeto dia após dia, a cada momento, às vezes sem intenção, às vezes sem que elas mesmas tenham certeza do que são. Camila, por exemplo, tinha posto um top novo em folha para ir à escola no dia anterior. "Quando me vesti eu estava tipo: 'Me sinto superconfortável comigo mesma'", ela disse. "'Me sinto gostosa de verdade e hoje será um bom dia.' Depois, assim que cheguei à escola, me senti como se" – ela estalou os dedos – "de uma hora para a outra eu não estivesse mais no controle. As pessoas ficaram encarando, me olharam de cima a baixo, falando coisas. Eu comecei a me questionar, e pensei: 'Eu não deveria ter vestido essa blusa. Ela é muito reveladora e muito justa.' Foi desumano." Ao ouvir Camila, me surpreendi ao saber que a qualidade do dia dela seria determinada por quão "gostosa" ela se sentia e também porque, no meio da história, ela se transformou em uma segunda pessoa – como se ela se visse subitamente como um objeto, assim como as pessoas à sua volta.

Eu costumo dizer em palestras em universidades ou para grupos de pais que podemos distinguir a sexualização da sexualidade lembrando que a primeira é incutida nas garotas pelo exterior, enquanto a outra é cultivada no interior. Já não tenho certeza de que seja simples assim. A insistência de uma menina de três anos de idade em usar salto alto para ir à escola todo dia, a pergunta de uma garota de cinco anos para saber se está "sexy" ou, ainda, o pedido insistente de uma de sete anos para ganhar o top de biquíni com enchimento da Abercrombie (item que saiu das prateleiras após protestos de pais) parecem claramente doentios. Mas e a menina de dezesseis anos que lava o carro do namorado usando biquíni e microshorts? E a aula de aeróbica com striptease que as calouras da universidade fazem? E que tal, você bem sabe, *aquela* roupa? Como me perguntou Sydney, uma garota do terceiro ano do ensino médio da Bay Area usando óculos hipsters enormes: "Não existe uma diferença entre se vestir como uma vadia porque você *não* se sente bem consigo mesma e procura reconhecimento, e se vestir do mesmo modo porque se sente *bem* e não precisa desse reconhecimento?"

"Pode ser", respondi. "Explique como você sabe qual é qual."

Sydney fixou os olhos no esmalte descascado de suas unhas e começou a passar um de seus anéis prateados de um dedo para outro até voltar ao início e recomeçar. "Eu não consigo", ela disse um instante depois. "Minha vida toda é uma tentativa de descobrir o que eu realmente gosto, no meu íntimo, *versus* o que eu quero ouvir dos outros ou como quero parecer para conseguir atenção. E parte de mim sente que se afasta do meu próprio bem-estar por causa disso."

As garotas reagem à imposição de serem "gostosas", à mensagem contraditória de que se trata de algo obrigatório e, ao mesmo tempo, a justificativa para assédio ou agressão. O movimento espontâneo das "Marchas das vadias" explodiu em 2011 depois que um policial de Toronto sugeriu que universitárias que desejassem evitar ataques sexuais não deveriam se vestir de modo provocante. Furiosas, jovens mulheres pelo mundo, muitas delas vestidas com meias arrastão e cintas-ligas, saíram às ruas levando cartazes em que se liam coisas como "Minha roupa não significa que sim!" e "Minha bunda não é uma desculpa para assédio!". Do lado oposto do espectro, a geração Y se tornou notícia tanto por ter deixado crescer os pelos das axilas quanto por rejeitar um instrumento de tortura comumente conhecido como fio-dental (algumas a favor das "calcinhas de vovó" com um "Feminista" estampada na parte de trás), provando que era possível ser sexy sem se submeter à expectativa de ser "gostosa".[12] Em um nível mais pessoal, uma das meninas com quem falei, uma estudante de arte, me disse que, cansada dos "trajes" que se espera que as meninas usem nas festas universitárias, optou por um diferente: ela aparecia vestida como um unicórnio reluzente. "Me senti livre", ela me disse. "Ainda existe a preocupação com a aparência e exige muita maquiagem, embora eu esteja toda coberta. E sou única."

Gostosas ou não: mídias sociais e o novo "produto corpo"

Nem sempre as meninas organizaram os pensamentos sobre si próprias em torno do aspecto físico. Antes da Primeira Guerra Mundial, o desenvolvimento pessoal tinha a ver com ser *menos* voltada a si mesma, *menos* fútil, com ajudar os outros, focar nos estudos, tornar-se mais culta e exercer a empatia. A autora Joan Jacobs Brumberg ressaltou essa mudança no livro *The Body Project* ao comparar as resoluções de Ano-novo de meninas do final dos séculos XIX e XX.

"Estou decidida", escreveu uma garota em 1892, "a pensar antes de falar. A trabalhar com seriedade. A ser contida em conversas e ações. A não devanear. A ser digna. Interessar-me mais pelos outros."

E um século depois:

"Vou tentar melhorar em todos os aspectos possíveis... Vou perder peso, trocar as lentes, já cortei o cabelo, comprei maquiagem boa, roupas e acessórios novos."[13]

O livro de Brumberg foi publicado no final dos anos 90, uma década antes da explosão das mídias sociais. Com o advento do MySpace, depois do Facebook, Twitter, Instagram, Snapchat, Tumblr, Tinder, YikYak e – guarde essas palavras – algum microchip conectado às redes sociais que eles logo implantarão na cabeça de todos nós, o corpo se tornou ainda mais consolidado como a expressão máxima do eu feminino, evoluindo de "projeto" a "produto" comercializado conscientemente. As mídias sociais podem ser divertidas, criativas, conectadas e políticas de muitas maneiras. Elas podem ser a salvação para crianças que se sentem diferentes de seus pares, em particular para os adolescentes LGBTQ, ao lhes fornecer um apoio crucial e uma comunidade. Elas também reforçaram a externalização incessante do modo como as garotas se veem. Há evidências de que, quanto mais uma garota se preocupa com sua aparência, peso e imagem corporal, maior a probabilidade de que ela consulte o espelho mágico do seu perfil nas redes sociais e vice-versa: quanto mais ela confere seu perfil, mais se preocupa com sua aparência, peso e imagem corporal. Os comentários nas páginas das garotas também tendem a se concentrar de modo desproporcional na aparência e, ainda mais que no mundo real, se transformam em uma medida de amizade, autoimagem e amor-próprio.[14]

Em um escritório no porão sem janelas de um campus universitário no Meio-Oeste, Sarah, uma estudante que acabara de entrar no segundo ano do ensino médio, aponta os dedos de um dos pés para a frente e dobra ligeiramente um joelho para demonstrar o "passo à frente", uma pose criada por dançarinas que agora é padrão nas fotos de garotas nas mídias sociais. "Ele afina mais o corpo que a posição normal", explicou. Sarah cresceu em Atlanta, onde frequentava uma pequena escola cristã. Ela tinha cabelos descoloridos que batiam nos ombros, olhos azuis e uma maquiagem cuidadosa – base, sombra e batom. "As pessoas fazem", ela parou e riu, constrangida, "isso é muito estúpido, mas as pessoas aprendem como posar nas fotos para saírem bem no Facebook ou no Instagram. Quer dizer, eu faço isso. Uma mão no quadril também dá a impressão de que você é mais magra. Ou eu tento olhar para o lado oposto do que eu reparto o cabelo, que seria o meu 'melhor' lado." Ela virou o lado direito para mim e continuou. "Eu edito manchinhas na pele e corrijo a luz. E, se você assiste programas como *America's Next Top Model*, você aprende a 'achar sua luz'. Coisas assim."

Adolescentes sempre tiveram muita clareza sobre como os colegas as veem. As mídias sociais ampliam de modo excessivo a autopercepção: em vez de fazerem testes com um pequeno grupo de pessoas que conhecem de fato, agora elas expõem suas ideias, fotografias, gostos e atividades (assim como seus erros de julgamento) para aprovação ou censura imediata de seus 947 BFFs,* muitos dos quais são praticamente desconhecidos. O resultado, de acordo com Adriana Manago, pesquisadora do Centro In-

* Em inglês, sigla para *Best friend forever*, ou melhor amigo para sempre. (N.T.)

fantil de Mídia Digital em Los Angeles, que estuda o comportamento de universitários nas redes sociais, é que os jovens começaram a falar sobre si mesmos como uma marca em vez de algo a ser desenvolvido a partir do interior. Seus "amigos" se tornaram um público a ser conquistado e mantido.[15] Noventa e dois por cento dos adolescentes ficam online diariamente, incluindo 24% que estão online "quase o tempo todo". Quase três quartos usam duas ou mais redes sociais. Além disso, especialmente em sites de compartilhamento de fotos como o Instagram, as meninas são mais ativas que os meninos, que tendem mais para os games.[16] "Você usa sua experiência para criar uma imagem", me disse Matilda Oh, uma garota de São Francisco do terceiro ano do ensino médio, "tendo como objetivo principal mostrar que é desejável, atraente, desejada e querida." Toda garota, ela disse, sabe que vai "conseguir dez vezes mais 'curtidas' ao postar uma foto de biquíni do que de casaco". Entretanto, assim como no mundo real, as meninas devem tomar cuidado para parecerem "sexy", mas não "vadias", confiantes sexualmente, mas não "desesperadas". Em um estudo com 1,5 mil perfis do Facebook, mulheres com idade para estar na universidade julgaram os perfis de outras jovens de modo muito mais cruel que os dos rapazes, criticando as que tinham amigos "demais", que compartilhavam informação "demais", mostravam corpo descoberto "demais" nas fotos, marcavam "demais" o namorado, atualizavam "demais" seu status. Isso se deu apesar do fato de que 1.499 dos perfis aspiravam ao mesmo "ideal": uma garota que, por meio de atualizações do status, fotos glamorosas e selfies com o corpo à mostra, apresenta a si própria como "divertida" e "livre", que tem muitos amigos atraentes, vai a muitas festas e se interessa principalmente por romance, cultura pop e compras.[17] Assim, alguém poderia facilmente ser detonada pelas mesmas atitudes que tomava para obter aprovação.

Não é preciso muito para que alguém se torne um alvo. "Você pode ficar completamente estigmatizada", concordou Sarah. "Conheço uma menina que só postava selfies no Instagram. Todas as fotos eram selfies. E as pessoas falavam sobre isso. Ela dava a entender que ou não tinha amigos ou que era muito narcisista. Há muitas maneiras de ser julgada. E é claro que você teme que os julgamentos que faz dos outros sejam feitos sobre você. Não é uma coisa sobre a qual você fale, no entanto. Você tenta escutar o que as pessoas dizem e meio que aprender as regras não escritas. Tipo, não troque demais sua foto de perfil. Não publique o status de tudo o que você está fazendo. Não tenha muitas fotos de você mesma."

Em 2013, *selfie* foi escolhida a "palavra internacional do ano" pelo dicionário Oxford.[18] Todos que têm uma conta no Facebook ou no Instagram provavelmente postaram algumas, mas ninguém está à altura da produção de narrativa pessoal de garotas adolescentes (curiosamente, depois dos quarenta anos os homens se tornam os publicadores mais dominantes de selfies – talvez na meia-idade as mulheres se façam inconscientemente invisíveis).[19] Os retratos podem ser uma declaração eufórica de orgulho para as jovens, uma reivindicação do direito de ocupar o espaço público. "Se negarmos que a torrente incessante de posts é um narcisismo voltado à própria imagem", escreveu a autora de *Odd Girl Out*, Rachel Simmons, "perderemos a chance de ver garotas praticarem a autopromoção, uma capacidade que, por outro lado, os rapazes têm mais permissão para desenvolver e que, mais tarde, será útil quando eles negociarem aumentos e cargos."[20]

Pessoalmente, eu amo navegar pelos posts das garotas que conheço (as minhas sobrinhas, as filhas das minhas amigas, as meninas que entrevistei), vendo-as diante de monumentos nacionais ou em formaturas ou fazendo palhaçada com os amigos. Entretanto, isso não alivia minha preocupação de que as selfies possam impor outra tirania às meninas, mais um imperativo para que ofereçam seus corpos à inspeção dos outros e delas próprias, outro modo pelo qual seu valor é reduzido à superfície, achatado, medido pela visibilidade. Como uma menina me disse, "é como os celulares, o Facebook. Tudo isso remete às mesmas questões: Sou bonita? Quantos amigos eu tenho? Que cara têm as fotos do meu perfil? Vou seguir *a mim mesma*".

As meninas que entrevistei, uma vez mais, não eram vítimas das redes sociais. Elas eram muito letradas, muitas vezes feministas atuantes. Elas se engajavam ativamente na cultura contemporânea mesmo enquanto se debatiam com o significado e o impacto desse engajamento. Praticamente dois terços das adolescentes em uma pesquisa ampla acreditavam que as selfies lhes deixavam mais confiantes. É isso. Mas cerca de metade delas disse também que fotos suas publicadas por *outros* (supostamente menos conscientes de seus melhores ângulos) tinham o potencial de fazê-las se sentirem mal.[21] A insatisfação com o corpo parece menos determinada pelo tempo que as jovens gastam de fato nas mídias sociais do que pelo tanto daquele tempo que passam compartilhando e vendo fotos.[22] Quanto mais veem fotos dos outros, sejam amigos próximos, sejam colegas distantes, mais infelizes elas ficam com sua própria aparência.[23] Não é de admirar, portanto, que tenha havido uma proliferação de "aplicativos para retocar selfies" que permitem afinar o nariz, branquear os dentes, ampliar o sorriso. Também está crescendo o número de cirurgias plásticas de verdade entre mulheres com menos de trinta anos. Em 2011, houve um aumento de 71% no número de garotas do ensino médio que fizeram implante de queixo especificamente porque queriam parecer mais bonitas em selfies.[24] Um em cada três membros da Academia Americana de Plástica Facial e Cirurgia Reconstrutiva disse, em 2013, que os pacientes buscam seus serviços para saírem melhor em selfies.[25]

Publicar fotos de si mesmo – ou até muitas e muitas fotos de si mesmo – enquanto come uma tigela de cereais, compra um vestido de festa ou sai com seus amigos é uma coisa. O que de fato preocupa os pais é o primo mau da selfie: o *sext*.* *Não*, nós dizemos às nossas filhas, *em hipótese nenhuma* envie mensagens com conteúdo explicitamente sexual ou, Deus nos livre, um *nude* ou uma foto sua seminua. A internet dura para sempre, nós dizemos. O Snapchat não evita a captura de tela, que pode ser passada adiante em um minuto e usada como arma (conforme demonstra o aumento da "vingança pornô": imagens explícitas publicadas na internet sem o consentimento da vítima, muitas vezes depois do término de uma relação). Na verdade, é difícil saber exatamente quanto o *sexting* é comum entre os adolescentes.[26] Em pesquisas, entre 15% e 48% (dependendo da idade dos adolescentes entrevistados e de como o *sexting* é definido) dizem que já enviaram ou

* *Sext* é uma mensagem de texto com intuito sexual. (N.T.)

receberam uma mensagem ou foto explícita. O que está claro, entretanto, é que a prática depende do gênero. Embora o número de meninos e meninas que podem praticar *sexting* voluntário seja equivalente, as garotas correm um risco duas vezes maior de estar entre os que são pressionados, coagidos, chantageados ou ameaçados a fazê-lo – metade do *sexting* adolescente, segundo um grande levantamento, caiu em uma dessas categorias.[27] Isso é particularmente perturbador, porque a coação para a prática de *sexting* parece causar mais ansiedade prolongada, depressão e traumas do que a coação para fazer sexo na vida real.[28] Entre as garotas que encontrei, a pressão para enviar fotos de nudez pode ser incessante a partir da segunda fase do ensino fundamental. Uma garota descreveu como, na oitava série, um colega de classe ameaçou (em uma mensagem de texto) cometer suicídio se ela não lhe enviasse uma foto de seus seios. Ela contou para os pais, ao passo que uma colega dela, também pressionada pelo menino, concordou. Às vezes, a pressão se mistura ao desejo que as próprias garotas têm de agradar, provocar ou de serem consideradas gostosas. Elas enviaram fotos explicitamente sexuais para os namorados para provar sua confiança ou para meninos que elas esperavam atrair. (Os meninos também fazem isso, mas as meninas habitualmente consideram as fotos deles agressivas e "nojentas".) Uma garota me disse que houve uma "epidemia", em sua escola particular judaica, de colegas de turma que mostravam os seios para os meninos durante conversas por vídeo. Os rapazes começaram a fazer capturas de tela e publicá-las na internet.

"As meninas queriam que isso acontecesse?", perguntei.

"Não", ela respondeu. "Mas aconteceu." No ensino médio, as garotas haviam "superado" isso, mas os meninos não. "Tenho conversas por vídeo com os meninos e eles ficam tipo: 'Vamos! Mande! Mande!' Eu não faço isso, mas eles são muito insistentes. Dizem: 'Vamos! Prometo que não vou tirar uma foto.' E, se você gosta mesmo do garoto, pensa que talvez ele também vá gostar de você... Alguns garotos têm pastas cheias de imagens. Como troféus."

Algumas meninas consideram o *sexting* e "conversas sexy" por vídeo um modo de experimentarem o sexo com segurança (ao menos elas assim o viam). "Fiz *sexting* explícito por mensagens nos últimos anos do ensino fundamental e no médio", disse uma caloura de uma universidade da Costa Leste central, "e stripteases por Skype. Eu não estava pronta para perder a virgindade, mas amava ser a garota má." Não a preocupava que os destinatários pudessem espalhar suas apresentações e ela acreditava que podia usar seu corpo tanto para intimidação quanto para provocação. "Tenho 1,83 metro", ela disse. "Não sou uma coisinha delicada. Eu dizia: 'Se você compartilhar isso por aí eu vou te capar. Vou *ferir* você.' Dessa forma, eu me sentia no controle."

As selfies empoderam ou são opressivas? O *sexting* é prejudicial ou inofensivo? Tal saia é uma afirmação da sexualidade ou sua exploração? Experimente o seguinte: olhe para o teto, levante sua mão sobre a cabeça e trace um círculo em sentido horário com o dedo indicador. Continue a traçar o círculo enquanto você baixa seu braço lentamente até que seu dedo chegue à altura dos olhos. Agora, ainda fazendo o traçado, baixe mais seu braço até a altura da cintura. Olhe para o círculo. Em que direção ele está girando? Embora pareça impossível, o círculo se move no sentido horário e no sentido anti-horário simultaneamente. Consultores administrativos usam o conceito de "ambos/e" para quebrar o pensamento rígido do "ou/ou".[29] Deborah Tolman sugeriu que ele é igualmente útil quando se considera a relação complicada das jovens com seus corpos, sua sexualidade e a sexualização.[30] Este é o desafio tanto para os pais quanto para as próprias garotas: quando discutimos códigos de vestuário, mídia social ou a influência da cultura pop raramente existe uma verdade cristalina.

Partes são partes

O ano de 2014 foi "All about that bass", a composição tremendamente popular de Meghan Trainor recheada da contradição entre "ambos" e "e". A música celebra ostensivamente o corpo real, "mais para um violão", e rejeita o ideal de "boneca Barbie vareta e siliconada". Ela contém ainda um cavalo de Troia: Trainor não apenas desfere um golpe gratuito nas "vacas magrelas" (seguida de um tímido "Não, eu estou só brincando") como assegura as jovens de que "os caras gostam de pegar em um pouco de massa à noite". Assim, certamente é bom ser curvilínea – desde que os rapazes continuem a achar que você é gostosa.

De certa forma, no entanto, Trainor chegou atrasada à festa: o "violão" já estava em ascensão, metamorfoseando-se de uma música inovadora de Sir Mix-A-Lot a uma marca registrada de Jennifer Lopez, até virar uma obsessão nacional. Na capa do seu single "Anaconda", Nicki Minaj se agacha, de costas para a câmera, os joelhos separados, revelando um prodigioso (e, dizem por aí, aumentado por meio cirúrgico) traseiro. A imagem escolhida para o single "Do What You Want", de Lady Gaga, mostra um traseiro empinado num fio-dental. (O refrão da própria música, um dueto com o suposto pedófilo R. Kelly, é "Faça o que quiser, faça o que quiser com o meu corpo".) Durante sua turnê On the Run, Beyoncé apareceu em um body com duas aberturas que exibiam suas nádegas nuas. A capa da *Sports Illustrated Swimsuit Issue*, de 2014, também exibiu uma visão traseira: três supermodelos de topless olhando por sobre seus ombros enquanto oferecem as nádegas praticamente nuas à inspeção dos leitores. Mais tarde, naquele mesmo ano, Lopez relançou seu hit criador de tendências, "Booty", com um vídeo novo e muito mais explícito em parceria com a rapper Iggy Azalea, autora de "Pu$$y". E Kim Kardashian tentou, como é sabido, "quebrar a internet" com uma foto na capa da revista *Paper* que mostrava seu *derrière* avantajado (e, de novo, possivelmente aumentado) lustrado com óleo de bebê.

E tem mais! Jen Selter, uma modelo fitness apelidada a rainha do *belfie* – uma "selfie do bumbum" –, tem mais de 7 milhões de seguidores e ganha até 60 mil dólares com posts patrocinados. Para os mortais comuns, uma engenhoca de oitenta dólares chamada de "pau de *belfie*", feita para capturar o ângulo traseiro perfeito, passou a ser vendida online e ficou imediatamente esgotada, e, no momento em que este livro foi escrito, tinha uma lista de espera de meses. Entre 2012 e 2013, o número de "*Brazilian butt lifts*", cirurgia em que a gordura é transferida de outra parte do corpo para o traseiro, teve um aumento de 16% nos Estados Unidos.[31] Mulheres sem os 10 mil dólares necessários para o procedimento podiam comprar, por 22 dólares, as calças Booty Pop – imagine um sutiã com enchimento para o bumbum –, que tiveram um aumento de quase 50% nas vendas em novembro de 2014 em relação ao mesmo período do ano anterior. A empresa introduziu, na sequência, um produto novo e maior, com 25% mais espuma.

Talvez seja apenas a vez do bumbum: no fim, quantas horas mais as mulheres poderiam passar obcecadas por suas barrigas, seios, quadris, bíceps, pescoços e rostos? A quantos procedimentos estéticos elas ainda podem se submeter? Alguma coisa tem de ocupar a brecha. De fato, podemos pensar que as mulheres resistiriam a ser definidas por mais uma parte do corpo, em particular essa, depois de caírem no horror do "*thigh gap*", o espaço entre as coxas. Como Amy Schumer canta no rap "Milk, Milk, Lemonade", sua sátira brilhante da obsessão pela bunda, estamos "falando da minha máquina de sexo".[32] No entanto, as garotas que encontrei não pensam assim. Matilda Oh sugeriu que eu era hipócrita por repudiar Nicki Minaj como auto-objetificante em "Anaconda", mas saudar Lena Dunham como subversiva por jogar pingue-pongue de topless em "Girls". Mas Dunham não estava tentando ser atraente. Bem ao contrário: ela tem barriga flácida, papada e seios naturais assimétricos. O "violão" dela talvez seja meio *profundo*. Em outras palavras, ela parece uma americana média. Ela usa seu corpo para quebrar tabus sobre a exibição do que é comum e imperfeito, para desafiar nossas expectativas infladas e turbinadas por implantes. "Nicki Minaj também está sendo desafiadora", discordou Matilda. Minaj descartou a vergonha, rejeitou as algemas criadas pelo mundo masculino para o comportamento sexual feminino "respeitável", se recusou a enxergar o traseiro – em especial quando ele é grande, em especial quando está associado à mulher negra – como "sujo". "As pessoas sempre se queixam da bunda de Nicki Minaj", disse Matilda, "mas eu acho que é tipo 'dane-se se você gosta', 'dane-se se você não gosta'. Ao enfatizar isso, é possível que você consiga tornar a presença de corpos negros no *mainstream* algo normal, mas você também será acusado de se 'objetificar'. Se você não o fizer, no entanto, estará supostamente participando de uma cultura de vergonha do corpo. Assim, como uma mulher negra pode 'tomar o controle de sua sexualidade' ou ter uma 'visão positiva do corpo' sem que isso seja entendido como uma fetichização internalizada?"

A bunda de Minaj é transgressiva? E a de Gaga? E que tal as modelos de biquíni da *Sports Illustrated*? Como alguém pode dizer qual dessas imagens é provocadora e qual é cúmplice, qual é libertadora e qual é limitante, qual derruba os padrões de beleza e qual cria novos? Elas podem fazer as duas coisas ao mesmo tempo? "Eu amo a Beyoncé", uma caloura de uma universidade da Costa Oeste me disse. "Ela é um dos meus ídolos. Ela é, tipo, uma rainha. Mas eu me pergunto: se ela não fosse bonita, se as pessoas não a vissem como alguém tão sexy, ela seria capaz de defender os argumentos feministas como ela faz?"

A feminista bell hooks, que chutou a Beyhive* em 2014 quando chamou Beyoncé de "terrorista, em especial quanto ao impacto que tem em jovens garotas", sugeriu que o fascínio pela bunda não é nada mais que a última maneira encontrada para reduzir a mulher a uma parte do corpo, o último substituto do PG-13 para "a boceta".** A obsessão não é diferente, nem mais subversiva nem mais "empoderadora" para as mulheres que a fetichização dos seios ou da boca aberta e molhada. Assim como os memes da cultura pop, ela disse, isso levanta a mesma questão básica: "Quem possui e quem tem direitos sobre o corpo feminino?"[33]

Jovens fãs como Matilda argumentam que as próprias estrelas o têm. Mulheres artistas, elas insistem, estão assumindo o controle (ou ao menos sendo promovidas como se estivessem assumindo o controle) de uma indústria hipersexualizada que explora as mulheres com frequência demasiada. Sim, essas mulheres podem ser produtos, mas elas também são *produtoras*. A decisão de fazer o *twerk* no palco, rodopiar em uma *pole dance*, dançar de lingerie em volta de um homem completamente vestido

---

* Trocadilho, em inglês, com os termos "colmeia", *hive*, e "Beyoncé", Beyhive é o nome da comunidade de fãs da cantora.

** PG-13 designa a classificação para filmes que indica que menores de 13 anos devem estar acompanhados pelos pais ou responsáveis. (N.T.)

ou posar nua para a capa de uma revista agora é uma forma de independência: em vez de ceder, elas estão reivindicando de fato sua sexualidade.* No entanto, essas estrelas ainda trabalham em um sistema que, em sua maior parte, requer que as mulheres tenham uma determinada aparência e que apresentem seus corpos de um modo específico para serem ouvidas, para serem vistas, para trabalharem. A manipulação bem-sucedida do sistema para obter vantagem por meio, digamos, da reinterpretação literal dos mesmos velhos clichês de clubes de striptease pode torná-las ricas e famosas, mas não pode ser confundida com uma mudança de verdade. Artistas como Gaga, Rihanna, Beyoncé, Miley, Nicki, Iggy, Kesha, Katy Perry ou Selena Gomez podem não ser marionetes, mas também não são necessariamente heroínas. Elas são estrategistas perspicazes que tecem a sexualidade mercantilizada como uma escolha que pode ser lucrativa, mas não menos limitada, no final das contas, tanto para as artistas quanto para as garotas comuns. Então, a questão não é tanto se as divas pop expressam ou exploram sua sexualidade, mas por que as escolhas disponíveis para as mulheres são restritas, por que o caminho mais rápido para se chegar ao topo como mulher nesse mundo machista do entretenimento (assim como para garotas comuns nas mídias sociais) significa empacotar a sexualidade, de preferência do modo mais extremo e chamativo possível.

O *twerk* visto no mundo inteiro

O rosto de Miley Cyrus flutuou no fundo do palco da Oracle Arena de Oakland, em um misto de selfie gigantesca e de cabeça sem corpo de *O mágico de Oz*. Um olho piscou, os lábios se cerraram e se alongaram. Uma língua rosada se estende e, de repente, a Miley real aparece em um collant vermelho brilhante de duas peças com os ombros cobertos de plumas e os braços levantados e desliza sobre o palco. Cheia de energia, ela começa

---

* *Twerk* é um estilo de dança sensual que se tornou febre nos Estados Unidos nos últimos anos e consiste em requebrar o corpo, em especial o quadril. (N.T.)

a cantar sua música "SMS (Bangerz)" enquanto dezenas de milhares de garotas (e uns poucos rapazes) gritam e empunham iPhones iluminados, a versão moderna dos isqueiros acesos. Era fevereiro de 2014, cerca de seis meses depois que Miley enterrou de vez sua imagem Disney com o que foi chamado de "o *twerk* visto no mundo inteiro".

Para aqueles que acabam de chegar de Plutão, Miley provocou indignação mundial com sua apresentação no MTV Video Music Awards de 2013. Primeiro ela simulou um *anilingus* em uma dançarina negra (que inexplicavelmente tinha um urso de pelúcia gigante preso às costas) e depois tirou a roupa e ficou de top e calcinha de plástico cor da pele rebolando e esfregando o traseiro, ou "*twerking*", nos genitais de Robin Thicke enquanto os dois apresentavam "Blurred Lines", o sucesso controverso de Thicke. Ela também usou um dedo de espuma enorme, como o utilizado por torcedores em eventos esportivos, de um modo que uma vez visto jamais poderá ser esquecido. E do início ao fim havia aquela língua frenética e grotesca, que agora rivaliza em notoriedade com a de Gene Simmons, do KISS. A apresentação despertou protestos previsíveis tanto em especialistas conservadores quanto em feministas. (Ninguém menos que Sinead O'Connor, que uma vez rasgou a foto do papa enquanto cantava ao vivo na TV a palavra "diabólico", impeliu Miley a "não permitir que a indústria musical faça de você uma prostituta".) Depois veio a reação liderada por jovens mulheres que acusaram os dois grupos de "denegrirem" Miley por "expressar sua sexualidade". Miley também foi acusada de racismo pela apropriação de aspectos da cultura negra "vulgar" para incrementar sua credibilidade de menina má e por usar os corpos voluptuosos de suas dançarinas como suporte. Nada disso teve importância. Na manhã seguinte, os singles de Miley haviam alcançado os dois primeiros lugares do iTunes. O álbum *Bangerz* foi lançado cerca de seis semanas depois e debutou em primeiro lugar na lista dos mais populares da *Billboard*.

Esse não foi meu primeiro show de Miley. Cinco anos antes eu fui à sua turnê Wonder World, também na Oracle Arena, onde ela deixou uma multidão de garotinhas fãs de *Hannah Montana* em choque ao se esfregar nos meninos da banda enquanto vestia um microshort de couro e uma camiseta de decote profundo. Dessa vez parece que as meninas (ou suas mães) captaram a mensagem: não havia nenhuma delas à vista. Ou talvez elas estivessem lá e simplesmente estivessem mais velhas, como a própria Miley. Antes do show, os corredores do lugar estavam apinhados de moças com idades próximas a vinte anos exibindo os dois coques que Miley usou no alto da cabeça no VMA. Algumas vestiam tops com a palavra "*twerk*" em letras maiúsculas de 15 centímetros de altura. Várias delas carregavam o tal dedo de espuma. Algumas encontraram imitações do collant de urso de pelúcia com o olho piscando e a língua de fora que Miley usava antes de fazer o striptease na cerimônia de entrega do prêmio. (Naquele Halloween, "a roupa da Miley Cyrus" foi a segunda busca mais popular do Google, e cada peça saía por 90 dólares.) Uma garota rodopiava de sutiã e calcinha cor da pele, e, embora isso não tenha em si causado nenhum espanto, os dois adultos de meia-idade que a seguiam com câmeras como paparazzi (presume-se que fossem seus pais) atraíram a atenção de várias pessoas. Era um desfile de muito abdome, muita perna, muito salto agulha. Um odor de maconha se espalhava pelo ar.

Plantei-me perto de uma barraquinha, onde em cerca de quinze minutos não menos que trinta garotas me pediram para tirar uma foto ao lado do enorme pôster de Cyrus mostrando sua famosa língua. Algumas fizeram "bico de pato" ou cara de "*faux surprise*" – Eu sou engraçada! Eu sou irônica! –, mas a maioria imitava sua ídola. Pedi a uma garota de dezenove anos chamada Emilia que explicasse o apelo da pose. "Acho que significa 'não estou nem aí'", ela disse.

"Você não está nem aí para quê?"

Ela deu de ombros. "Eu simplesmente *não estou nem aí*!"

Uma jovem de 21 anos com mestrado em estudos femininos da Universidade Estadual de São Francisco parou por perto vestindo seu macaquinho listrado preto e branco, com coques no cabelo e um traço de batom vermelho nos lábios. "Eu gosto da Miley porque ela é ela mesma", explicou. "Eu amava *Hannah Montana*. Assisti a todos os episódios. Mas eu cresci, assim como a Miley. Ela precisava se libertar e mostrar que não era mais uma estrela da Disney." A garota deu uma olhada no corredor. "E ela mostrou."

"Ela é o epítome da perfeição", entusiasmou-se sua amiga. "E *não* vai se encaixar em nenhum ideal cultural. Todo mundo lhe diz que garota você deve ser, mas a Miley? Ela é simplesmente o que é."

O show em si era um caleidoscópio de imagens meio psicodélicas. Uma caricatura animada de Miley (concebida pelo criador de *Ren & Stimpy*, John Kricfalusi), com olhos enfeitiçados, dentes protuberantes e gigantescas nádegas balançantes, sensualizava no telão enquanto a versão da vida real se apresentava com os ursos de pelúcia dançantes, beliscando e apalpando outras dançarinas. Uma cama enorme expelia dançarinos de ambos os sexos, que se juntavam a Miley em uma orgia simulada. Ela representava uma relação sexual com uma anã, fingia uma felação em uma dançarina vestida como Abraham Lincoln ("festa nos Estados Unidos!"). Incitava as pessoas do público a se atracarem arrastando as palavras: "Quanto mais língua, melhor. Quanto mais *sujo*, melhor." Os casais mais "indecentes", segundo ela, teriam a imagem projetada nos telões que ladeavam o palco. ("Meninas com meninas são sempre apreciadas", ela disse, sorrindo maliciosamente.)

O show era, sem dúvida, explícito, mas não particularmente erótico. As imagens e atitudes eram muito aleatórias, muito vazias de um significado ou propósito mais amplo. Era apenas uma coleção de coisas sem valor jogadas, aparentemente, para provocar uma reação – *qualquer* reação. *Veja, um gato de dez metros de altura! Miley está usando um collant de cannabis! Miley gozando na capota do carro! Miley trepada em um gigantesco cachorro-quente voador!* Cyrus, com seu cabelo curto platinado e repicado, estava mais magra que cinco anos antes, sem curvas no quadril ou nos seios. Ela parecia surpreendentemente andrógina, como uma Cathy Rigby* proibida para menores ou um Peter Pan doidão. Ao ver sua apresentação, eu me lembrei da observação de Ariel Levy de que Paris Hilton era a celebridade perfeita para um tempo em que o interesse na *aparência* de voluptuosidade é maior que o interesse na existência de prazer sexual. Nos famosos vídeos de sexo de Hilton, ela só parece excitada quando olha para a câmera. Durante o sexo real, ela dá a

* Ex-ginasta americana que ajudou a popularizar o esporte nos Estados Unidos. (N.T.)

impressão de estar entediada e chega a fazer um telefonema no meio do ato. A "cultura da obscenidade" de hoje, segundo Levy, não é libertadora nem progressista nem tem a ver com "abrir nossas mentes para as possibilidades e mistérios da sexualidade". Há uma desconexão entre as representações de "excitação" e o sexo em si. Até Hilton, Levy apontou, disse: "Meu namorado sempre me diz que eu não sou sexual. Sexy, mas não sexual."[34]

Talvez Miley proporcione uma liberação para seus fãs, uma fuga da respeitabilidade, uma visão – mesmo que comprometida – de uma garota que não perde o prumo quando alguém (os pais, outros artistas, a mídia) pensa que ela é "vadia demais". Os tapas na genitália, a bunda que rebola, a linguagem grosseira, as simulações do ato sexual – tudo isso passa a ilusão de liberdade sexual, a ilusão de revolta, a ilusão do desafio, a ilusão de que ela "não está nem aí". Mas é claro que Miley se importa. Ela se importa demais, como quem tenta manter o status de celebridade e de líder nas paradas musicais. Eu continuo voltando a ela, não por considerá-la única, mas o oposto disso: ela é um Rorschach humano,* uma colcha de retalhos de imagens e ideias sobre a mocidade *mainstream* de garotas de classe média. Quando ela tinha quinze anos, isso significava usar um "anel de pureza" e prometer se casar virgem; aos 23, passou a ser vestir um collant provocante estampado com notas de dinheiro e simular mecanicamente atos sexuais com um anão – e chamar isso de liberação.[35] Eternamente empenhada em mesclar o coquetel perfeito no seu *mixer* cultural, ela tanto reflete quanto rejeita o que uma jovem mulher precisa fazer para manter a fama, atrair atenção, virar notícia e ser "curtida" – tudo isso sem parecer que está tentando. E não é isso que toda garota se esforça para fazer, escrever em letras garrafais?

No meio do show, Miley parou um pouco de cantar para falar com o público. "Como vocês estão, caralho?", gritou. Depois ela se virou, levou o iPhone acima da cabeça, colocou a língua de fora e tirou uma selfie com a multidão ao fundo, que publicou imediatamente no Instagram. Ao que parece, ela era exatamente como suas fãs.

---

* Rorschach é um teste de psicodiagnóstico baseado em imagens de borrões de tinta e usado em vários países. (N.T.)

O pornô vira pop

"Sou muito impressionável com pornografia", disse Alyson Lee, puxando de maneira nervosa o cabelo escuro com uma madeixa roxa. Alyson era uma estudante de dezenove anos do segundo ano de uma universidade no meio da Costa Leste. Ela foi criada no que chamou de família chinesa "conservadora culturalmente", em um subúrbio de Los Angeles composto quase inteiramente por pais imigrantes e filhos de primeira geração, como ela. Ela estudou como os americanos costumam agir e sentir, particularmente em relação a sexo e romance, assistindo *Grey's Anatomy*. "Agora", disse, "eu tenho o ponto de vista tipicamente liberal das mulheres universitárias."

Um ponto de vista que inclui ambivalência sobre pornografia. Alyson teve dois namorados sérios – um no último ano do ensino médio, outro no primeiro da faculdade – e ambos lhe contaram a mesma coisa: "É claro que eu assisto pornô, todo garoto assiste."

"Não sou uma daquelas pessoas que pensam que pornô é errado e moralmente terrível e nojento", Alyson explicou. "Mas ele faz com que eu me sinta superinsegura. Tipo, eu não sou boa o bastante? Eu definitivamente não sou tão gostosa quanto uma estrela pornô. E não faço as coisas que as estrelas pornô fazem. Os dois namorados me garantiram que aquilo não tinha nada a ver comigo, e racionalmente eu sabia que não havia uma conexão entre eles assistirem pornografia e alguma falha minha. Mas isso ficou na minha cabeça."

Se, como bell hooks sugere, as representações de mulheres na cultura pop trazem a questão de "quem tem acesso ao corpo da mulher", a resposta pode estar, enfim, na influência sempre crescente do pornô. Ele é, afinal, a fonte das costas arqueadas, das bocas molhadas e abertas, dos seios e bundas que não param de aumentar, das dançarinas de *pole dance*, do *twerk* e dos atos sexuais simulados. Ele é a origem da sexualidade feminina como uma atuação para os homens.

A internet tornou a pornografia mais prevalente e acessível do que em qualquer outro período da história, em especial para os adolescentes. Assim como a cultura pop, ela estimulou uma intensificação do que é explícito, uma necessidade de ampliar as fronteiras para manter um público que se distrai com facilidade. Espelhando (e levantando mais questões sobre) o fascínio "por traseiros" da cultura dominante, em um estudo de grande escala sobre comportamento sexual e agressão nos pornôs mais vendidos o sexo anal foi retratado em mais da metade dos vídeos pesquisados como algo fácil, limpo e prazeroso para as mulheres. Quarenta e um por cento dos vídeos também incluíam "ânus a boca", nos quais o homem, imediatamente após tirar o pênis do ânus da mulher, o coloca na boca da parceira.[36, 37] Cenas de "bukake" (em que vários homens ejaculam no rosto de uma mulher), "abuso facial" (sexo oral que visa provocar vômito na mulher), penetração tripla e penetração por mais de um pênis em um orifício também estão em alta. Vou me arriscar aqui e dizer que na vida real a maioria das mulheres não se sentiria bem com essas práticas. Assistir a pessoas de aparência natural fazendo sexo consensual, prazeroso para ambos e realista pode não ser prejudicial – ao contrário, pode ser uma boa ideia –, mas, exceto pelo eventual site pornô feminista, não é o que a indústria pornô global de 97 bilhões de dólares oferece.[38] Os produtores têm apenas um objetivo: fazer com que homens gozem rapidamente para obter lucro. O modo mais eficiente de fazê-lo parece ser erotizar a degradação feminina. No estudo sobre comportamento na pornografia popular, quase 90% das 304 cenas aleatórias continham agressão física contra mulheres, enquanto cerca de metade continha humilhação verbal.[39] As vítimas quase sempre respondiam com indiferença ou com prazer. O mais traiçoeiro é que às vezes as mulheres resistiam ao abuso no começo, implorando aos parceiros para que parassem, mas, quando isso não acontecia, elas consentiam e começavam a gostar da atividade, independentemente do grau de dor ou de degradação que ela impingia. A verdade é que, como uma garota de dezoito anos que tentava a carreira pornô disse aos documentaristas Jill Bauer e Ronna Gradus, "esperam que eu faça sexo com caras com que eu jamais transaria e diga coisas que eu jamais diria. Não existe nada excitante. Você não passa de carne processada".[40]

Os meios de comunicação vêm sendo chamados de "superparceiros", porque ditam todos os "roteiros" de comportamento aos jovens, incluindo os dos encontros sexuais: expectativas, desejos, regras. Em uma época, eles aprendem que não se beija antes do terceiro encontro; em outra, que o sexo precede uma relação de exclusividade. Bryant Paul, professor de telecomunicações na Universidade de Indiana, em Bloomington, que estuda "teoria do roteiro", explicou: "Eu pergunto aos alunos: 'Pense como você aprendeu o que fazer em sua primeira festa universitária. Vocês nunca tinham ido a uma, mas sabiam que deviam se reunir perto da chopeira. Vocês sabiam que os casais iriam para o quarto de alguém.' E eles respondem: 'Sim, está em *American Pie* e nesses filmes todos.' Portanto, onde eles aprendem sobre socialização sexual, em particular quando se trata de comportamentos mais explícitos? Seríamos tolos se não pensássemos que eles adquirem suas ideias pela pornografia. Os jovens não são tábula rasa. Eles têm um senso de certo e errado. Mas, se são expostos repetidamente a certos temas, há um risco maior de eles os assumirem, internalizarem e incluírem em seus roteiros sexuais. Desse modo, se vemos representações consistentes de mulheres com múltiplos parceiros e de mulheres usadas como objetos sexuais pelos homens, sem um contraponto…"[41] Ele não terminou a frase, deixando a conclusão óbvia no ar.

Mais de 40% das crianças e adolescentes com idades entre dez e dezessete anos foram expostas a pornografia online, muitas por acidente.[42] Na universidade, segundo uma pesquisa com mais de oitocentos estudantes intitulados "Geração XXX", 90% dos homens e um terço das mulheres haviam visto pornografia no ano anterior.[43] Por um lado, as garotas que entrevistei sabiam que o pornô era tão realista quanto uma luta profissional, mas isso não as impedia de consultá-lo como a um guia. Sinceramente? É doloroso saber que o vídeo de fetiche escatológico *Two Girls, One Cup* foi, para algumas, o primeiro contato com sexo. Mesmo que o que elas assistam não seja nada de mais, no fim das contas ainda estão aprendendo que a sexualidade feminina existe para benefício dos homens. Por isso, eu me preocupei quando ouvi uma menina do segundo ano do ensino médio confidenciar: "Eu vejo pornô porque sou virgem e quero descobrir como o sexo funciona"; ou quando outra garota do ensino médio explicou que "assistiu para aprender como fazer sexo oral"; ou quando uma caloura da universidade me disse: "Existem algumas vantagens: antes de assistir pornô, eu não sabia que as garotas ejaculavam."

Há alguns indícios de que o pornô tem um efeito liberalizante: os homens heterossexuais que assistem, por exemplo, têm probabilidade maior de aprovar o casamento entre pessoas do mesmo sexo.[44] Por outro lado, eles também são menos inclinados a apoiar ações afirmativas para mulheres.[45] Entre meninos adolescentes, o consumo regular de pornografia foi correlacionado a uma visão de que sexo é algo puramente físico e de que as mulheres são "brinquedos".[46] Os consumidores de pornografia também têm maior probabilidade que seus pares de medir sua masculinidade, condição social e valor por seu sucesso com mulheres "gostosas" (o que pode explicar a pressão desproporcional que as garotas dizem sofrer para enviar mensagens com fotos delas nuas, assim como o enredo da maioria dos filmes de Seth Rogen).[47] Descobriu-se que universitários do sexo masculino *e* feminino que relataram o consumo recente de pornografia eram os que mais acreditavam em "mitos sobre o estupro": que apenas estranhos atacam sexualmente uma mulher ou que a vítima "estava pedindo" ao beber demais, usar roupa de "vadia" ou ir a uma balada sozinha.[48] Talvez porque o pornô represente a agressão como sexy, ele também parece dessensibilizar a mulher para a violência potencial: consumidoras de pornografia têm menos chance de intervir ao ver outra mulher sendo ameaçada ou atacada e demoram mais para reconhecer quando elas mesmas estão em perigo.[49]

Não surpreende que os garotos (tanto no ensino médio quanto na universidade) consumam pornografia com mais regularidade que as garotas. Pouco menos da metade dos homens universitários assistem toda semana, contra apenas 3% das mulheres.[50] Dado que consumidores regulares têm mais chance de considerar que ela representa o sexo realista, a pornografia pode distorcer as expectativas na cama. "Acho que a pornografia muda a maneira como os caras veem o sexo", refletiu Alyson Lee. "Em especial com meu primeiro namorado. Ele não tinha experiência. Ele achava que seria como nos vídeos pornô, que eu estaria pronta com muito mais rapidez, e ele conseguiria, você sabe, *martelar.*"

"Eles acham que a gente espera que ele faça essa coisa de martelar para-dentro-e-para-fora e que é disso que as meninas gostam", concordou uma estudante do segundo ano de uma universidade na Califórnia. "Eles não percebem: 'Cara, isso *não é gostoso.*' Isso é tudo o que eles sabem. É o que eles veem. Se você está apenas ficando com alguém, coisa de uma vez só ou algo assim, você simplesmente *finge* que está bom."

No profético livro *Pornified*, Pamela Paul descobriu que as mulheres começaram a sentir que competiam com as estrelas pornô e a temer que, a não ser que fizessem seu próprio show para manter o interesse do parceiro, poderiam perdê-lo para a internet. Elas acreditavam que a magreza artificial, os seios inflados e os lábios preenchidos das ciborgues operadas distorciam os padrões de beleza dos homens, minando a imagem corporal das próprias mulheres e aumentando sua insegurança.[51] "A pornografia tem efeitos terríveis sobre a aparência esperada das mulheres, em especial durante o sexo", disse Leslie Bell, psicoterapeuta e autora de *Hard to Get: Twenty-Something Women and the Paradox of Sexual Freedom*. "Existe essa ideia de que alguém vai avaliar sua aparência não apenas fora do quarto, o que era verdadeiro antes, mas também durante o sexo, e de que seu corpo tem que ter uma determinada aparência. Parece muito opressivo e um motivo de vergonha, porque os corpos não se assemelham com aquilo naturalmente." É necessário uma autoestima de aço para sair imune.

As garotas que entrevistei às vezes se desconectavam de seus corpos durante o sexo, assistindo e avaliando seus encontros como espectadoras. "Vou sair com um cara que é muito sexy", confidenciou uma aluna do terceiro ano do ensino médio do norte da Califórnia, "e nós vamos nos acariciar, nos esfregar e isso é bem legal. Depois as coisas ficam mais pesadas e de repente minha cabeça se transforma e eu não sou uma pessoa real, tipo: 'Essa sou eu me apresentando, essa sou eu representando.' É assim: 'Eu estou indo bem? Essa é uma posição difícil, mas não trema.' E eu penso: 'O que *ela* deveria fazer? *Ela* deveria chupar ele.' E eu nem mesmo sei quem eu estou imitando, quem é *ela* de verdade. É alguma garota de ficção, eu acho, talvez a garota do pornô."

Jon Martello é um cara simples, um nativo de Nova Jersey que se importa com "meu corpo, meu quarto, minha cavalgada, minha família, minha igreja, meus amigos, minhas garotas, meu pornô", não necessariamente nessa ordem. Protagonista do filme *Don Jon*, interpretado por Joseph Gordon-Levitt (que também assina o roteiro e a direção), Jon Martello ganhou esse apelido sedutor ao "pegar" uma garota diferente por fim de semana. Nenhuma parceira, no entanto, pode ser comparada à liberalidade que ele encontra online. "Todo o papo furado passa", ele diz com a voz empostada, "e a única coisa no mundo são aquelas tetas… aquela bunda… a chupeta… o cowboy, ela de quatro, ejacular no corpo dela e é isso, não preciso dizer nada, não preciso fazer nada. Eu simplesmente me libero pra caralho."

Durante um dos jantares de domingo depois da missa na casa dos pais de Jon, uma propaganda de Carl's Jr. passa na TV, que está sempre ligada em volume alto. A câmera filma sem pressa enquanto a modelo da *Sports Illustrated* Nina Agdal, de biquíni, esfrega bronzeador em seu corpo reluzente. Ela arqueia as costas como um gato, com as mãos e os joelhos apoiados na areia, cabelos ao vento, depois se senta com as pernas abertas e dá uma grande mordida sedutora em um sanduíche. A mãe de Don desvia o olhar e arruma um brinco. Sua irmã, que está de costas para a TV, não tira os olhos do celular. Don e seu pai, vestindo regatas brancas idênticas, olham para a tela com a mesma expressão boquiaberta. Em uma entrevista sobre aquela cena, Gordon-Levitt comentou: "O que digo é que a mensagem é a mesma, não importa se o vídeo é apenas para maiores de dezoito anos ou 'aprovado pelo Comitê Federal de Comunicação para o público em geral'."[52]

Ele tem razão. Você não precisa entrar no PornHub para assimilar seus roteiros, eles estão embutidos no *mainstream*. E o impacto dos meios de comunicação comuns e "pornificados" sobre os jovens – a revista *Maxim*, a propaganda da Dolce & Gabbana, *Gossip Girl*, os games *multiplayer* online e inúmeros clipes musicais – é indistinguível do pornô de verdade.[53] O adolescente médio é exposto a quase 14 mil referências a sexo por ano na televisão.[54] Atualmente, 70% do horário nobre da TV contém conteúdo sexual.[55] Universitários que jogam games violentos e sexualizados são mais inclinados a ver as mulheres como objetos sexuais, a aceitar os mitos sobre estupro, a ser mais tolerantes com o assédio sexual e a considerar as mulheres menos competentes que seus pares.[56] Universitárias que, como parte de um experimento, jogaram o game virtual *Second Life* usando um avatar sensual eram mais propensas a se auto-objetificarem offline do que as que jogaram com um avatar não sexualizado.[57] E, mais uma vez, corriam mais risco de ter crenças equivocadas sobre o estupro e as vítimas desse crime. (Parece que ver a si mesma como um objeto leva a mulher a ver as outras do mesmo modo.) Nesse meio-tempo, em outra pesquisa, garotas da segunda fase do ensino fundamental e do médio que viram imagens sexualizadas de mulheres atletas tiveram um grau mais alto nas medidas de auto-objetificação do que as que viram as mesmas atletas em, adivinhe, esportes de verdade.[58] Mulheres jovens que consomem mais mídia objetificadora também relatam mais disposição para se comportar de modo sexualizado, como fazer aulas de *pole dance* e participar de concursos da garota de camiseta molhada, e para considerá-las atividades empoderadoras.[59] Elas têm uma tendência maior a justificar a sexualização, e menos propensão a protestar contra isso. Em outras palavras, como Rachel Calogero, psicóloga da Universidade de Kent, na Inglaterra, escreveu, "objetos não objetam".[60]

O sexo na TV e no cinema pode ser simultaneamente explícito e ambíguo.[61] O sexo, em particular sem compromisso, costuma ser apresentado como divertido e apropriado e raramente é estranho, bobo, desafiador, confuso, ativamente negociado ou precedido de discussão sobre contracepção ou proteção contra doenças. Sempre há bastante espaço no banco de trás daquelas limusines, e nenhum buraco no asfalto. Claro que existem exceções: as primeiras temporadas de *Glee* habilmente exibiam questões acerca de gravidez na adolescência, sexo e deficiência, homossexualidade, bissexualidade, primeira transa, perseguição a gordas e vadias e a natureza do amor. *Orange Is the New Black*, série adorada por muitas das garotas que eu encontrei, levou de modo inédito a diversidade sexual e de gênero à TV. O sexo na obra de Lena Dunham é radicalmente cru. Uma das cenas mais realistas (ainda que deprimente) já filmadas pode ser encontrada em seu lançamento de 2010, *Mobília mínima*. Nele, uma caloura universitária chamada Aura, interpretada por Dunham, finalmente fica com o objeto de sua afeição, o chef grosseiro do restaurante em que ela trabalha. Uma versão típica de Hollywood de um encontro desses – que acontece à noite, ao ar livre, em um tubo de metal no cais de um porto enquanto os dois parceiros estão vestidos – teria sido limpa e fácil, com a mulher tendo um orgasmo instantâneo. Nas mãos de Dunham, foi mais ou menos assim: eles se beijaram por dez segundos, ele abriu o zíper da braguilha e, sem uma palavra, empurrou a cabeça dela para baixo. Ele lhe disse que "chupasse mais forte", xingou o celular dela, que não parava de tocar, e depois deu a volta em seu corpo para penetrá-la de quatro. Em menos de um minuto, ele ejaculou, e nunca mais olhou para a cara dela. A expressão de Aura alternava de excitada a confusa, de um ligeiro desapontamento à resignação. Depois, ele lhe disse adeus enquanto checava suas mensagens. A cena é dura de ver sem chorar – é pungente, é agoniante, é embaraçosa e é real.

Mulheres jovens crescem em uma cultura mercantilizada saturada de pornografia e centrada na imagem, na qual o "empoderamento" é apenas um sentimento, o consumo prevalece sobre a conexão, ser "gostosa" é um imperativo, a fama é a principal conquista e a maneira mais rápida de uma mulher ter sucesso é servir-se de seu corpo antes que alguém o faça. Se dez anos atrás Paris Hilton sintetizou o *zeitgeist*, é sua ex-melhor amiga, Kim Kardashian, quem o personifica hoje. Kardashian é o Horatio Alger* da sociedade da selfie – ela se levanta pela alça do próprio sutiã e transforma o exibicionismo e o talento para a autopromoção em um império impressionante de 85 milhões de dólares. Como Hilton, Kardashian ficou famosa com um vídeo de sexo em uma negociação que, segundo os boatos, foi agenciada pela mãe dela. Ela também parece estranhamente entediada na ação mostrada no vídeo, mascando chiclete do início ao fim. A notoriedade devido à especulação sobre a intencionalidade do vazamento foi suficiente para despertar o interesse do canal E! em um *reality show*. *Keeping Up with the Kardashians* (*KUWTK*) estreou em 2007. Logo depois, Kim posou para a *Playboy* após ser encorajada pela mãe no *KUWTK*. Em

* Escritor americano (1832-99) popular nas últimas décadas do século XIX. (N.T.)

2008, ela era a celebridade mais buscada do mundo no Google. A marca pessoal de Kardashian se expandiria para lojas, vídeos de boa forma, linhas de vestuário, produtos para a pele, perfumes, um videogame de sucesso e mais. Ela granjeou 18 milhões de dólares em patrocínios e direitos de exibição para seu casamento com o jogador de basquete profissional Kris Humphries, em 2011 (o casamento durou 72 dias, provocando rumores de que tenha sido uma manobra publicitária). Em 2015, ela estava em 33º lugar na lista da *Forbes* de celebridades mais bem pagas do mundo. Enquanto este livro era escrito, ela tinha mais de 44 milhões de seguidores no Instagram (ela mesma seguia apenas 96 pessoas) e havia ultrapassado Beyoncé como a pessoa com mais seguidores do site. Pelo que se diz, Kardashian ganha mais de 25 mil dólares por um tuíte patrocinado e uma média de 100 mil dólares por aparição pessoal. Sua já mencionada "lua cheia" na capa da *Paper*, embora não tenha "dominado a internet", gerou quase 16 milhões de *views* em um período de trinta horas. Ela agora está casada com um dos rappers mais importantes do planeta – em uma ode ao seu amor, ele escreveu uma letra tocante sobre a descoberta de que ela poderia ser sua "esposa, garota", "quando eu impregnei sua boca, garota" – e juntos eles têm uma filha pequena, North West.* Eu me pergunto como eles reagirão ao primeiro vídeo de sexo *dela*.

A escalada para o sucesso de Kardashian foi uma manifestação perfeita das mídias sociais e das culturas pop e pornô: sua fama não é resultado de talento, conquistas ou habilidades, mas da perseguição incansável de atenção – ela é famosa por ser #famosa. Curiosamente, o adjetivo mais usado sobre Kim por seus fãs (além de *gostosa*) é *conectável*. Ela parece autêntica para eles, embora eles saibam que a "realidade" dela é totalmente artificial: encenada, editada, curada, promovida, mercantilizada, aumentada e realçada. Talvez mais que qualquer outro, ela dominou o "produto" corpo: descobriu como, enquanto mulher, atender as demandas contraditórias do cenário midiático e fazê-lo com um lucro enorme para si mesma. Uma vez mais, isso pode ser lido como empoderamento – se a definição inclui a

* Mais tarde, Kim Kardashian e Kanye West tiveram também um menino, Saint West. (N.T.)

perpetuação de estereótipos sujos sobre a mulher. As garotas realçam seu estilo, sua ética de trabalho e sua riqueza – não são qualidades admiráveis? No entanto, como o blog *Sociological Images* observou depois que o boneco de cera de Kardashian foi instalado no Madame Tussauds, a verdadeira contribuição de Kim foi uma "pechincha patriarcal" engenhosa: a aceitação de papéis e regras que põem as mulheres em desvantagem em troca de qualquer traço de poder que se consiga arrancar delas.[62] É difícil ver como o sucesso de Kardashian poderia expandir as opções para qualquer um a não ser ela mesma. (Tudo bem, ajudou as irmãs dela.) Trata-se de feminismo definido como "I've Got Mine", ou "Eu garanto o meu", escrito sob o título cintilante do seu livro de 2015, *Selfish*. Até Tina Brown, antiga editora da *Vanity Fair* que praticamente inventou o jornalismo que mistura temas sérios e leves em uma única publicação, se preocupou com o fato de que uma capa da *Vogue* de 2014 posicionou Kim como uma "aspiração" para mulheres jovens. Esse desejo, escreveu Brown, "agora tem pouco a ver com qualquer noção de excelência, de caráter ou de conduta. Nossas esperanças se tornaram tão edulcoradas que mesmo o açúcar é falso".[63]

Se o roteiro fornecido por nossa cultura hipersexualizada expandisse a ideia do que é ser sexy para incluir uma ampla gama de habilidades e tamanhos físicos, tons de pele, identidades de gênero, preferência sexual e idade; se ensinasse às garotas que o modo como percebem seus corpos é mais importante do que como os outros o veem; se lhes recordasse que nem o valor nem o "empoderamento" dependem do tamanho dos seios, da barriga ou da bunda; se enfatizasse que elas têm o direito a encontros sexuais mutuamente prazerosos, recíprocos e éticos; então, *talvez*, eu o abraçasse. O corpo como produto, no entanto, não é o mesmo que o corpo como sujeito. Assim como aprender a ser sexualmente desejável não é o mesmo que explorar seu próprio desejo – suas vontades, suas necessidades, sua capacidade de se alegrar, de se apaixonar, de ter intimidade e de se extasiar. Não é surpreendente que as garotas se sintam poderosas quando se sentem "gostosas": isso é apresentado a elas interminavelmente como pré-requisito para o sucesso em qualquer campo. Mas a verdade é que "ser gostosa" retrata a sexualidade através de um prisma desumanizado que independe de quem está no "controle". "Ser gostosa" demanda que determinadas mulheres projetem uma disponibilidade sexual perpétua enquanto nega a outras qualquer sexualidade que seja. "Ser gostosa" diz às meninas que parecer confiante sexualmente é mais importante que conhecer seus próprios corpos. Por isso, com frequência, aquela confiança que "ser gostosa" confere cai junto com suas roupas.

2. Já estamos nos divertindo?

UM CAFÉ LATTE pode ser um grande aliado, quase como um cigarro em um filme *noir* dos anos 1940. O ato de misturar a bebida e dar um gole reflexivo oferece tempo para juntarmos forças, o que é essencial quando uma pessoa praticamente desconhecida, que tem idade para ser sua mãe, lhe pede que responda com que frequência você se masturba e se já teve um orgasmo, ou que descreva seu último encontro sexual. Na verdade, o café também dá à estranha que faz as perguntas algo em que se concentrar, porque, deixe que eu lhe diga, entrar em um diálogo sobre sexo oral com alguém que você acaba de conhecer, alguém com idade para ser sua filha, pode ser um pouco desconfortável. Por isso, foi um alívio quando Sam, uma garota de dezoito anos no último ano do ensino médio, decidiu me encontrar na área externa do seu café favorito, mesmo que estivéssemos sentadas próximas a dois homens de meia-idade com calças Dockers e camisas sociais que ficaram claramente chocados com a conversa. Sam era alta e voluptuosa, com a pele dourada e cabelos escuros ondulados e soltos que batiam quase no meio das costas. Sua mãe, uma professora de matemática do ensino fundamental, era afro-americana, e seu pai, que ela pouco viu depois da separação dos dois, era branco. Cerca de cinco anos atrás, sua mãe se casara novamente com um homem de Samoa que Sam chamava de pai. "Eu sabia sobre romance e tudo aquilo desde pequena porque conhecia os namorados da minha mãe", Sam me disse. "E, quando eu entrei na puberdade, ela tinha livros em casa."

Perguntei a Sam se sua mãe havia lhe falado sobre menstruação e reprodução. Ela assentiu com a cabeça. E sobre masturbação? Ela riu. "Não", disse. A localização do seu clitóris? Ela riu mais uma vez. E sobre orgasmo?

Ela balançou a cabeça negativamente. "Meus pais são liberais", ela disse. "E eles falam sobre sexo em geral e fazem brincadeiras sobre isso. Nós assistimos *South Park* e falamos sobre a mutilação de garotas no Oriente Médio. Mas, no que diz respeito a *mim*, eles são um pouco mais hesitantes. Parecem mais com uma família conservadora, em que não se fala diretamente. Se eu abordá-los, eles se abrirão para o diálogo, mas é difícil para eles e para mim começar a conversa."

Como a maioria das garotas que encontrei, Sam era curiosa e despachada em relação a sexo, por isso fez sua própria pesquisa sobre o assunto, olhando na internet tudo o que não sabia – por meio de pesquisas no Google do tipo "como fazer sexo oral" ou conferindo pornografia ("Apenas para saber como as coisas se encaixam", disse). E, claro, ela aprendeu na prática. "Foi no primeiro ano do ensino médio que a coisa se tornou realidade", recordou. "Sexo, álcool, tudo isso. É quando você não está mais apenas assistindo a tudo na TV. Mas nós ainda não estávamos curtindo *de verdade*. Era mais pela aparência. Tipo, a gente ia para um parque no fim de semana, tomava um *shot* e meio que fingia que estava bêbada. E saía com algum cara e talvez fizesse algumas brincadeiras mais avançadas."

Eu interrompi Sam bem nesse ponto. O terreno dos relacionamentos e da intimidade sexual mudou desde que eu era menina. Além disso, havia todo um novo vocabulário que tanto me deixava perdida como, sendo alguém apaixonada pelas palavras, me fascinava: *falar*, por exemplo, não significa ter uma conversa, mas é um sinônimo do que, no passado, seria "ver" alguém. Como em: "Não é nada sério, mãe. Nós estamos apenas nos falando." (Parece uma escolha particularmente irônica para os jovens de hoje, dada a preferência pela comunicação através de texto em vez de conversas reais.) "Ficar", uma expressão que inspirou enorme pânico na mídia sobre a moral de uma nova geração, pode significar qualquer coisa entre beijar e transar. Sua ambiguidade é fonte de eterno mal-entendido não apenas entre as garotas e os adultos, mas entre os próprios pares: *ficar* é um termo tão vago que elas nunca têm certeza do que as amigas fizeram ou não. *Apegar-se* significa desenvolver uma ligação emocional e é, para muitas garotas, algo de que devem se proteger quando estão ficando, assim como se protegeriam contra a transmissão de herpes ou clamídia. Chamar um garoto de "fofo" significa que ele "se apegou" porque age como alguém cuidadoso e envolvido com uma garota – o que eu teria chamado de "romântico". *Sair com alguém*, apesar de não ser uma expressão muito usada depois do sexto ano, é o último passo do caminho em direção a um relacionamento, vindo logo depois do "ficar" e do "ficar exclusivo". Às vezes, as meninas se referem aos seus genitais como "meu lixo", e a expressão "fazer amor" provoca ânsia de vômito. Não pude deixar de notar que muito desse novo léxico deriva de termos que não apenas conotam intimidade, mas também indicam diversão ou prazer.

"Então", perguntei a Sam, "qual é a versão atual para 'as bases'"?*

Ela tomou um longo gole de seu *latte*. "Bem, a primeira base seria beijar", respondeu. "A segunda base seria masturbar os caras e tocar com os dedos os genitais das meninas."

Eu levantei as sobrancelhas. Ainda me parecia que alguns passos haviam sido pulados.

"E terceira base seria sexo oral."

"Dos dois lados?", eu perguntei.

Sam riu novamente e balançou a cabeça. "Para o *cara*", ela disse. "Garotas não recebem sexo oral. Não. A não ser que estejam numa relação longa."

"Espere", eu disse. "Voltando. Na verdade, eu não lembro que o sexo oral fosse, de modo algum, uma base."

Sam encolheu os ombros. "Essa é uma diferença entre a minha geração e a sua", disse. "Para nós, sexo oral não é nada de mais. Todas fazem."

Por que você acha que eles chamam isso de "serviço" oral?

Nas duas últimas décadas, a dupla adolescentes e sexo oral vem gerando bastante ansiedade. Muito disso pode ser rastreado para o fim dos anos 90, quando uma reportagem do *New York Times* revelou que, entre os adoles-

* Gíria que atribui conotações sexuais a termos oriundos do universo do beisebol. (N.T.)

centes de classe média, o sexo oral – e "sexo oral" significava felação – não só estava se tornando onipresente como era praticado muito antes e de modo mais casual que os pais, trabalhadores ocupados (leia: negligentes), se davam conta. Um educador da área da saúde teria dito: "'Você cospe ou engole?' representa uma questão típica do sétimo ano."[1]

Dois anos depois, o *Washington Post* cobriu um encontro de pais convocado por orientadores de escolas do ensino fundamental em Arlington, na Virgínia, uma cidade de "casas de tijolo elegantes, sicômoros frondosos e muros de pedra" – mais uma vez, o código usado para a classe média branca –, para discutir a onda da felação entre garotas de treze anos. O repórter relacionou esse acontecimento a uma tendência regional mais ampla, baseado em grande parte em "boatos estudantis" – declarações de meninas que tinham ficado de joelhos na sala de aula ou no fundo do ônibus escolar.[2]

O corpo das garotas sempre foi um vetor de trepidações maiores sobre os papéis das mulheres na sociedade.[3] Assim, provavelmente não foi uma coincidência que o escândalo sobre os boquetes precoces tenha surgido na época em que o sexo oral estava nas primeiras páginas dos jornais por outra razão: o país estava dominado por uma obsessão acerca de um vestido da GAP e um charuto que não era, de modo algum, apenas um charuto. O alegado flerte do então presidente Bill Clinton com Monica Lewinsky, uma estagiária da Casa Branca com menos da metade de sua idade, dominava as manchetes, fazendo com que pais mortificados pulassem do sofá para mudar a estação de rádio ou para agarrar o controle remoto quando as últimas notícias iam ao ar. Em janeiro de 1998, em um episódio muito célebre, Clinton testemunhou sob juramento: "Eu não fiz sexo com aquela mulher, a senhorita Lewinsky." Alguns meses depois, quando descobriram DNA de seu sêmen no mítico vestido que ela tinha escondido como lembrança do encontro furtivo – e, devo dizer, repugnante –, ele insistiu que não tinha cometido perjúrio porque a relação deles incluíra *apenas* sexo oral. De repente, as pessoas de todo o país debatiam calorosamente se o contato entre boca e genital era, de fato, "sexo". Se não era, o que era exatamente? E como os americanos deveriam explicar a distinção detalhista do presidente para seus filhos?

O sexo oral se tornou uma parte corriqueira do repertório erótico dos americanos apenas recentemente. Em termos históricos, tanto a felação quanto a cunilíngua eram considerados *mais* íntimos que o coito, ações que deveriam ter vez apenas depois do casamento, se tanto. Em 1994, apenas alguns anos antes que o *affair* de Clinton viesse à tona, a pesquisa *Sex in America*, na época a mais conclusiva sobre as práticas sexuais do país, descobriu que, enquanto apenas uma minoria das mulheres com mais de cinquenta anos tinha feito uma felação *alguma vez*, três quartos das mulheres com menos de 35 anos o haviam feito.[4] (A maioria dos homens, de qualquer idade, disse que tinham tanto dado quanto recebido sexo oral.) O aumento da prática entre casais heterossexuais, segundo os autores, foi a maior mudança sexual no século XX. Em 2014, o sexo oral era tão comum a ponto de passar despercebido: como um pesquisador gracejou, o número de americanos que pensavam que Barack Obama era muçulmano superava o daqueles que nunca tinham dado ou recebido sexo oral.[5]

Mas a ideia de que a prática estava se tornando mais precoce, que entre os adolescentes ela se tornava mais comum e com menos significado que o ato sexual em si, era, definitivamente, um fenômeno novo, que pegou tanto pais quanto pesquisadores desprevenidos. Existem bem poucos números para embasar essas afirmações jornalísticas precipitadas. A academia considerou que seria impossível financiar estudos sobre a prática de sexo oral entre menores de idade – e, mesmo que isso acontecesse, que pai permitiria que o filho fosse questionado sobre o assunto?[6] De maneira mais geral, políticos conservadores supunham que falar com adolescentes sobre qualquer modalidade de sexo, mesmo em nome da pesquisa, seria o mesmo que lhes entregar um manual de instruções. Por isso, informações cruciais sobre o comportamento sexual das crianças, incluindo a transmissão de doenças, praticamente nunca foram levantadas.

Em 2000, a presidência de Clinton declinava, mas o pânico em relação ao boquete estava apenas começando. Uma nova reportagem no *New York Times* afirmava que estudantes do sexto ano estavam, basicamente, tratando a felação como um aperto de mãos feito com a boca.[7] De acordo com um psicólogo infantil de Long Island, garotas daquela idade teriam lhe dito a sério que tinham a expectativa de esperar até o casamento para ter relações sexuais, embora já tivessem feito sexo oral *cinquenta ou sessenta vezes.* "Para elas, é como um beijo de boa-noite", ele afirmou, "o modo de elas dizerem boa-noite depois de um encontro." O diretor do Instituto para Pais da Universidade de Nova York previu, no entanto, que logo um número "substancial" de crianças fariam sexo com penetração no ensino fundamental. "Isso já está acontecendo", ele disse ao *Times.* (Não era verdade: segundo os Centros de Controle e Prevenção de Doenças, na maioria dos estados as taxas de relações sexuais com penetração entre alunos do ensino fundamental vinham caindo.)[8] Um artigo na hoje extinta revista *Talk* culpava os pais que trabalham fora "que têm medo de exercer a paternidade" por uma epidemia de sexo oral entre estudantes do sétimo ano – uma vez mais gerando grande ansiedade nas mulheres, nesse caso mães que trabalhavam fora, devido à preocupação com filhas desobedientes e sem supervisão.[9]

Foi Oprah, entretanto – não é sempre a Oprah? –, que soou o alarme mais alto. Em 2003, ela convidou para seu programa um repórter da *O Magazine* que havia entrevistado cinquenta garotas sobre suas práticas sexuais. "Aguente firme", o jornalista disse antes de revelar sua última descoberta: a festa do arco-íris. Nessa versão de *Girls Gone Wild*, jovens mulheres que mal saíram da fase das Barbies passam diferentes tonalidades de batom e depois fazem sexo oral em grupos de garotos por vez, deixando para trás um "arco íris" de maquiagem em cada pênis. A garota cuja cor ficasse marcada mais perto da base seria declarada "vencedora".[10]

Bem, que pai não ficaria louco? As crianças estavam fazendo sexo indiscriminado (ou não sexo indiscriminado) em todo lugar! Debaixo da mesa de bar-mitzvas! Atrás de trepa-trepas durante o recreio! Ninguém, muito menos Oprah, pareceu questionar a verdadeira lógica de nada disso. *Como* exatamente as garotas conseguiam fazer atos sexuais variados e fortuitos durante os dias de aula sem que nenhum adulto percebesse? Os meninos de treze anos estavam realmente recebendo quinze boquetes em público no intervalo de algumas horas? Qualquer sinal de arco-íris não seria apagado ou ao menos manchado indelevelmente por cada parceira subsequente? Uma pesquisa de 2004 da NBC News/*People* realizada pouco depois que a história da festa do arco-íris estourou descobriu que, de fato, menos de 0,5% das crianças com idades entre treze e dezesseis anos disseram ter ido a uma festa de sexo oral. Embora o número não seja zero, ele não é galopante.[11]

Portanto, não, crianças não estavam fazendo orgias. Isto posto, a semente a partir da qual a "festa do arco-íris" brotou veio de algum lugar: o sexo oral se tornou relativamente comum entre os adolescentes. Quase um em cada cinco havia feito sexo oral no final do nono ano, e, aos dezoito anos, cerca de dois terços deles o fizeram, com prevalência maior entre adolescentes brancos e mais ricos.[12] Mas seria simplista – e incorreto – atribuir a mudança a Bill Clinton, à revolução sexual ou à permissividade dos pais. A influência da direita na educação sexual desempenhou um papel equivalente, se não maior.[13] Programas federais baseados somente na abstinência sexual, que começaram no início dos anos 80, não apenas reforçaram que o ato sexual era o limite de castidade que não deve ser ultrapassado como também, usando a ameaça da aids como justificativa, martelou a ideia de que ele também pode matar. Dessa forma, o sexo oral era a melhor maneira de contornar o problema. Eu duvido, entretanto, que os conservadores sociais considerariam uma vitória o fato de que, segundo diversos estudos, universitários que se identificam como religiosos têm probabilidade ainda maior que os demais de dizer que sexo oral não é "sexo", que mais de um terço dos adolescentes o inclui em sua definição de "abstinência" (quase um quarto incluiu o sexo anal) ou que cerca de 70% concordam que alguém que pratica sexo oral ainda é virgem.[14, 15]

Eu pensei, no entanto: se os adolescentes não consideram sexo oral como "sexo", como eles o concebem? O que significa para as garotas dar ou receber sexo oral? Elas gostam disso? Toleram-no? Esperam-no? Uma noite, pouco depois da formatura em uma escola de ensino médio do subúrbio de Chicago, uma jovem chamada Ruby permitiu que eu me juntasse a ela e quatro de suas amigas para uma conversa. Nós nos encontramos no quarto de Ruby, que tinha uma das paredes pintadas por ela de azul-escuro. Calças legging, camisetas e saias caíam de cômodas meio abertas. As garotas se espalharam no chão, pela cama ou em um pufe.

Quando perguntei sobre sexo oral, uma garota chamada Devon balançou a cabeça. "Isso não é mais uma questão", ela disse, com um gesto de desprezo.

"Mas então o que é?", eu perguntei.

Devon deu de ombros. "Não é nada."

"Bem, não é que não seja *nada*", acrescentou Rachel.

"Não é *sexo*", contestou Devon.

"É como um passo depois de dar uns beijos em alguém", disse Ruby. "É um modo de ficar. Um modo de ir além sem que isso seja visto como uma grande coisa."

"E não tem a mesma repercussão que o sexo vaginal", acrescentou Rachel. "Você não perde a virginidade, não pode engravidar nem pegar uma DST. Então é mais seguro."

Isso, infelizmente, não é bem verdade. Pelo fato de o sexo oral, mais uma vez, ser ignorado por pais e educadores, existe uma crença generalizada entre os adolescentes de que ele não oferece nenhum risco.[16] O resultado é que, enquanto as taxas de sexo com penetração e gravidez caíram nos últimos trinta anos, as de doenças sexualmente transmissíveis não seguiram o mesmo curso.[17] Adolescentes e jovens respondem por metade dos novos diagnósticos de DSTs por ano, e as mulheres são a maioria. A nova popularidade do sexo oral foi relacionada ao aumento das taxas de herpes tipo 1 e de gonorreia (uma doença que os pesquisadores acreditavam, cerca de uma década atrás, que estivesse em vias de ser erradicada).[18] Mas as meninas não praticam sexo oral para prevenir DSTs. A razão número um pela qual elas o fazem é, segundo um estudo com alunos do ensino médio, para melhorar seus relacionamentos.[19] (Quase um quarto das meninas disse isso, em comparação a 5% dos meninos.) O que, no entanto, significa exatamente "melhorar o relacionamento"? Em particular porque muitas me disseram também que o sexo oral, ao menos no que dizia respeito à felação, era um modo de se distanciar emocionalmente dos parceiros e se proteger contra o superinvestimento que elas temiam que pudesse vir com a penetração. Por anos, psicólogos advertiram que garotas aprendem a suprimir seus próprios sentimentos para evitar conflitos e preservar a paz nas amizades e nos relacionamentos românticos.[20] Praticar sexo oral seria uma nova versão disso? Parece que a felicidade do parceiro era a maior preocupação delas quando queriam atrair e sustentar o interesse de um garoto ou acalmá-lo. Os meninos, aliás, distantes de tudo isso, disseram que a principal razão para praticar sexo oral era o prazer físico.[21]

Para ambos os sexos, mas em particular para as garotas, fazer sexo oral também era visto como um caminho para a popularidade.[22] Enquanto o sexo com penetração poderia provocar um estigma e transformá-las em "vadias", o sexo oral, ao menos sob certas circunstâncias, conferia o tipo certo de reputação.[23] "Sexo oral é como dinheiro ou algum tipo de moeda", explicou Sam. "É como você fica amiga dos caras populares. E é como você ganha pontos por ficar com alguém sem fazer sexo de verdade e pode dizer 'eu fiquei com essa pessoa e aquela pessoa' e aumentar seu status social. Acho que é mais impessoal que sexo, portanto as pessoas acham, tipo: 'Não é grande coisa.'"

Eu posso ser de outra geração, mas, sinceramente, é difícil para mim considerar ter um pênis na minha boca como algo "impessoal". Além disso, eu me preocupava com a dinâmica acerca do sexo oral: a avalanche de obrigações, pressões e julgamentos dirigidos às meninas, os cálculos e compromissos que elas fazem para obter favores dos meninos enquanto permanecem "seguras" emocional, social e até fisicamente, a falta de reciprocidade ou de prazer físico que elas descrevem ou esperam.[24]

Numa tarde no parque Golden Gate, em São Francisco, eu encontrei Anna, uma caloura de uma pequena universidade na Costa Oeste. Anna cresceu em uma família politicamente liberal e frequentou escolas particulares progressistas até o fim do ensino médio. Ela usava jeans skinny com botas de amarrar, tinha o cabelo castanho ondulado repartido para um dos lados e exibia o novo *piercing* prateado de argola no pequeno pedaço de cartilagem da orelha. "Às vezes", ela me disse, "uma garota faz um boquete num cara no fim da noite porque não quer transar com ele e ele espera ser satisfeito. Então, se eu quero que ele vá embora e não quero que nada aconteça..." Ela interrompeu a frase, deixando que eu imaginasse o resto.

Existe tanta coisa para desenvolver nessa pequena afirmação: por que um homem jovem deve ter a *expectativa* de ser sexualmente satisfeito?; por que uma garota não apenas não se ofende com isso como considera sua obrigação consentir?; por que ela pensa que um boquete significa que "nada está acontecendo"?; a pressão enfrentada pelas jovens em todo relacionamento pessoal para que ponham as necessidades do outro antes das suas; a potencial justificativa de um abuso sexual seguida por um sentimento de culpabilização da vítima. "E voltamos ao lugar onde as garotas se sentem culpadas", disse Anna. "Se você vai para o quarto de um cara e está ficando com ele, você se sente mal de deixá-lo sem antes lhe agradar de alguma maneira. Mas, você sabe, é injusto. Eu não acho que ele se sinta mal por você."

Em sua pesquisa sobre sexo oral entre garotas do ensino médio, a professora de psicologia da Cuny (City University of New York) April Burns e seus colegas descobriram que as garotas pensavam no sexo oral como uma forma de dever de casa: uma pequena tarefa a ser realizada, uma habilidade a ser dominada e sobre a qual elas esperam ser avaliadas, possivelmente em público. Assim como em relação à tarefa de casa, elas se preocupam em falhar ou em ter um mau desempenho – e receber o equivalente a notas baixas. Embora elas tenham satisfação com uma tarefa bem-feita, o prazer que descreviam nunca era físico e nunca estava localizado em seus próprios corpos. Elas eram indiferentes ou pouco entusiasmadas quanto ao sexo oral – educadas, segundo a conclusão dos pesquisadores, a se verem como "aprendizes" em seus encontros, em vez de "desejantes".[25]

A preocupação em agradar, em oposição a sentir prazer, era difundida entre as garotas que encontrei, em particular as do ensino médio, que estavam apenas começando suas experiências sexuais. Elas sentiam com frequência, por exemplo, que uma vez que tivessem aceitado transar com um parceiro não podiam nunca mais dizer não, estivessem ou não "no clima". "Eu lembro que meio que odiava isso", disse Lily, agora aluna do segundo ano de uma universidade pública da Costa Oeste, sobre sua relação sexual com um namorado do ensino médio. "Eu queria agradá-lo, mas às vezes era como se não pudéssemos ter uma conversa normal porque ele estava distraído querendo transar. E eu não podia pensar de verdade em uma *razão* para recusar" – não querer transar não parecia adequado. "Às vezes eu me sentia como um simples receptáculo para os hormônios dele."

O pânico sexual inflado pelos meios de comunicação tende a alimentar os medos dos pais sobre a promiscuidade ou a vitimização das meninas, e a reação trata ambas como exageradas. Raramente alguém pergunta às próprias garotas o que elas pensam, o que ganham ou aproveitam de suas experiências. Sam mencionou o status social. Lily falou sobre agradar o namorado. Gretchen, uma colega de turma de Sam de dezessete anos, disse que gosta da emoção, ainda que breve, de ter poder sobre um garoto. "Até agora fiz sexo oral em quatro garotos. Eu nem sei, de verdade, por que faço isso." Ela fez uma pausa, mordendo o lábio de baixo, pensativa. "Acho que gosto da sensação de 'Rá! Você não consegue isso com mais ninguém. Aqui eu estou no controle!'. Você sabe que eles querem *muito* e você poderia dizer, tipo: 'Não! Não!', e então eles diriam, tipo: 'Por favor! Por favor!', porque estavam muito desesperados. Essa parte é divertida. Mas definitivamente não é pelo lado físico, porque é muito nojento e realmente machuca minha garganta. Quer dizer, é meio divertido entrar no ritmo. Mas nunca é uma diversão *divertida*."

Realizar sexo oral pode fazer com que as garotas se sintam como o parceiro mais ativo em um encontro. Em contrapartida, elas descrevem o ato de receber sexo oral e o sexo com penetração como passivos, como algo que é feito *para* elas e que as deixa vulneráveis. Os sentimentos de empoderamento em relação à felação, entretanto, coexistem com seus opostos: a falta de controle, a pressão para ceder e a ameaça velada do perigo. Sam comentou que, enquanto seus colegas homens foram advertidos para não forçarem as meninas ao sexo, empurrá-las para o oral era válido. Por isso, mesmo que tivesse "um monte de amigos homens", ela preferia não ficar sozinha com eles (o que seria, parece, um obstáculo para a amizade verdadeira). "No meu mundo social, se você passa um tempo sozinha com um garoto, a expectativa geral é que você fique com ele", explicou. "E, se você decidir não fazê-lo, ele pode tentar pressioná-la. Então eu fico perto de um garoto na escola, mas *nunca* vou à casa dele nem ao cinema ou a qualquer lugar que possa ser interpretado como algo mais que 'apenas amigos', a não ser que eu queira que isso aconteça. Não é que eles vão se forçar para cima de você, é que haverá uma *pressão*. Haverá *desapontamento*. E pode haver uma tensão na nossa relação se não rolar."

Quero ser clara agora. Sam não era boba, nem uma garota submissa ou calada. Ela era uma boa aluna, editora do jornal da escola e jogadora de tênis universitário. Ela se identificava como feminista e tagarelava descontraída sobre termos como *slut shaming*,* binarismo de gênero e cultura do estupro. Ela estava se candidatando a universidades de alto nível. Era uma observadora astuta de seu mundo. E estava também, definitivamente, imersa nesse mundo. Quase todas as garotas que entrevistei eram brilhantes, assertivas e ambiciosas. Se eu as tivesse entrevistado sobre seus sonhos profissionais ou suas atitudes em relação a liderança ou seu desejo de competir com os garotos na sala de aula, eu teria ido embora inspirada. Uma aluna do segundo ano de uma universidade da Ivy League, jogadora de lacrosse, filha de uma das sócias de um grande escritório de advocacia, se gabava para mim sobre as "mulheres fortes" de sua família. "Minha avó é um estrondo aos 88 anos, minha mãe é louca e minha irmã e eu seremos tão loucas quanto elas", disse. "Na minha família, você precisa ter personalidade e ser espalhafatosa. É assim que interagimos. É uma forma de poder feminino e de autoconhecimento."

Ainda assim, descreveu como, aos treze anos, ela escapou para um quarto com o melhor amigo de seu irmão mais velho, um garoto do nono ano por quem ela nutria uma paixão havia tempo. Embora nunca tivesse beijado um menino antes, nunca tivesse nem dado as mãos ou tido um namorado, de alguma forma – ela não se lembra dos detalhes – ela acabou fazendo sexo oral nele. Depois, ele nunca mais falou do incidente, e ela também não. Suas experiências sexuais subsequentes, um monte de ficadas casuais, não foram muito diferentes. "É sempre a mesma sequência implícita", disse. "Vocês se beijam longamente, ele passa a mão

* Ato de estigmatizar uma mulher por um comportamento considerado promíscuo ou vulgar. Em tradução livre, "envergonhar a vadia" (N.T.)

em você, você faz sexo oral nele e pronto. Acho que as garotas não são ensinadas a expressar suas vontades. Somos essas doces criaturas que aprendem apenas a agradar."

"Espere um momento", eu respondi. "Você não acaba de me falar sobre todos os modelos de mulheres fortes na sua família, sobre como vocês são espalhafatosas e têm uma grande personalidade e não engolem sapo?"

"Eu sei", ela disse. "Acho que eu não percebi..." Ela fez uma pausa, tentando conciliar a contradição. "Acho que ninguém nunca me disse que a imagem da mulher forte se aplicava também ao sexo."

As discussões sobre assédio sexual e consentimento dado com entusiasmo e consistência estão, felizmente, se tornando mais comuns na universidade e em escolas, embora, se adolescentes pensam em sexo oral como não sexo (ou como "nada"), se ele é entendido como um direito ou considerado conciliador, tanto o direito de as garotas dizerem não quanto a obrigação de os rapazes as respeitarem estão ameaçados, e as fronteiras entre o consentimento e a coerção e o risco de assédio sexual são imprecisas. "Você sabe", Anna refletiu, "de certa forma fazer sexo oral é mais importante que sexo. Porque não necessariamente traz algo para *mim*. Portanto, é como fazer um favor para a pessoa porque você a ama e se importa com ela. E, se é alguém com quem você está saindo, há uma expectativa de que ele faça o mesmo. Mas, nas ficadas, os caras são tipicamente uns verdadeiros babacas quanto a isso. E existe uma pressão para que a garota faça sexo oral. A questão é se você se sente confortável para resistir à pressão ou não. Fica estranho continuar resistindo."

A maioria dos homens, é claro, aceita o não como resposta. Ainda assim, quase toda garota com quem conversei teve ao menos uma experiência com um garoto que tentou, a despeito de sua recusa clara, coagi-la ou forçá-la a fazer sexo oral: verbalmente, através de mensagens de texto insistentes, ou fisicamente, colocando as mãos nos ombros delas e empurrando-as para baixo. Uma garota do segundo ano de uma universidade pública do Meio-Oeste, por exemplo, me disse que se sentia sortuda por nunca ter sido agredida sexualmente. Alguns minutos depois, ela descreveu como foi para o quarto de um garoto depois de uma festa durante seu ano de caloura. Eles se beijaram um pouco e ele tentou o truque do ombro. Ela disse não e ele recuou, apenas para tentar mais uma vez alguns minutos depois e, em seguida, em um intervalo ainda menor. Quando ela recusou pela terceira vez, ele perdeu a cabeça. "Vai se ferrar, então. Eu vou encontrar outra pessoa", ele disse, e a expulsou de seu quarto. Era uma madrugada de inverno, e o quarto dela ficava a três quilômetros dali. Ela chorou durante todo o trajeto para casa.

Outra jovem, uma caloura de uma universidade da Nova Inglaterra, me disse que fez sexo oral pela primeira vez logo depois de seu aniversário de dezesseis anos. Não foi por escolha própria. "Foi no verão depois do segundo ano do ensino médio", ela lembrou. "Eu estava conversando com aquele garoto fazia um tempo, ele parecia legal. Nós estávamos nos beijando no banco traseiro do carro dele. Ele simplesmente... Não sei como aconteceu. Eu estava chapada e foi confuso. Ele foi muito agressivo. Ele queria transar e eu falei: 'Não acho que seja uma boa ideia.' Ele não aceitou. Ele continuou tentando transar comigo. E eu dizia *não*. Então ele meio que forçou o sexo oral. Ele empurrou meus ombros para baixo. E eu não sabia como sair dali. Eu fiquei simplesmente chocada. Não era um bom sentimento. E durou bastante. Nunca mais gostei da ideia de fazer sexo oral depois daquilo. Ainda não gosto."

Faz tempo que as garotas foram transformadas em guardiãs do desejo masculino, encarregadas de contê-lo, distraí-lo e controlá-lo. Oferecer um alívio adequado para eles agora também se tornou uma responsabilidade delas. Para elas, o sexo oral se tornou uma conciliação, um meio de fuga, uma estratégia para realizar a expectativa com o mínimo de rebuliço físico, social ou emocional. "É quase... *limpo*, entende o que eu quero dizer?", uma novata do ensino médio de uma escola pública de Nova York me disse. Eu não sabia o que ela queria dizer, não mesmo. "É tipo...", disse, "é tipo... o que se espera de você."

As meninas raramente mencionaram masturbação em um garoto. Se o objetivo era permanecer desconectado e impessoal, eu pensaria que essa seria a escolha óbvia. "Não", disse Ruby, de Chicago. "Um cara pode fazer isso sozinho. 'A punheta é serviço de homem. O boquete é serviço teu.' É isso o que os garotos diriam. 'Simplesmente me chupe, se é que você vai fazer alguma coisa.'"

Depois de ouvir histórias de sexo oral forçado, às vezes coagido e em geral unilateral, comecei a me perguntar: e se, em vez de boquetes, os garotos esperassem que as meninas, digamos, fossem buscar um café *latte* para eles no Starbucks? As garotas seriam tão obedientes?

Sam riu quando eu lhe fiz essa pergunta. "Bem, um *latte* custa dinheiro..."

"Tudo bem", eu disse. "Finja que é grátis. Vamos dizer que os garotos esperassem que você buscasse um copo de água para eles na cozinha toda vez que vocês ficassem a sós. Você seria tão obediente? E você se importaria se ele nunca se oferecesse a pegar um para você como retribuição?"

Sam riu novamente. "Bem, acho que quando você coloca desse modo..."

Como Anna disse, a reciprocidade nunca foi estabelecida em encontros casuais.[26] Isso não era um problema para algumas garotas, era até um alívio, mas as que gostavam de sexo oral, como Anna, ficavam zangadas. "Simplesmente se espera que o garoto tenha um orgasmo", ela reclamou, "e então, talvez, ele dirá:" – ela baixou o tom de voz e levantou o queixo em um gesto de indiferença – "'Hm, você quer que eu...?' Nunca é como se ele fosse fazer algo por mim e *talvez* eu fizesse algo por ele depois. É como se o *natural* fosse eu fazer alguma coisa e depois ele perguntar se eu 'quero' que ele faça."

Uma jovem que eu encontrei, uma caloura na universidade que se autodescreveu como ninfomaníaca (que também passou, segundo ela, todos os verões de sua adolescência em "acampamentos cristãos"), me disse que não tolerava mais a falta de reciprocidade dos seus ficantes "ocasionais". "A pior experiência que eu tive foi quando fiquei com um cara e ele me deixou de calcinha e sutiã e ficou de cueca. Geralmente, o próximo passo é ele tirar o meu sutiã. Mas não foi isso que ele fez. Em vez disso, do nada ele tirou a cueca. E depois ele fez isso" – ela fez o gesto do empurrão no ombro. "E eu fiquei tipo: 'Espera aí, só porque meus órgãos são internos e os seus são externos eu não vou ganhar *nada* e você espera que eu te chupe?' Eu falei: 'Chega. Isso não vai rolar.' Mas foi extremamente estranho. Tive de tirá-lo do meu quarto."

Lá embaixo é sagrado. E também desagradável

Quando minha filha era neném eu li em algum lugar que, enquanto nomeiam as partes do corpo do seu bebê ("esse é seu nariz", "aqui estão os seus dedos"), os pais costumam incluir os genitais do filho (ao menos um "esse é o seu pipi"), mas não os da filha. Deixar algo sem nome o torna, quase literalmente, indizível: um vazio, uma ausência, um tabu. O silêncio não muda muito quando uma garota cresce. Os pênis dos adolescentes insistem para ser reconhecidos. Entre em qualquer escola de ensino médio e você os verá em rabiscos por toda parte: armários, cadernos, carteiras, pranchetas. Parece que os garotos não conseguem se segurar, e desenham seus órgãos sexuais, de modo visível e orgulhoso, em qualquer superfície livre. Mas cadê a vulva cheia de pelos, a magnífica vagina, a xoxota triangular?

Eu ouvi um "eca"? Exatamente.

Mesmo as aulas de educação sexual mais completas se apegam apenas às partes internas da mulher – útero, trompas e ovários. Os diagramas tradicionais do sistema reprodutivo feminino, com um formato de cabeça de boi, se dissolvem num Y cinzento entre as pernas, como se a vagina e os grandes lábios, para não dizer o clitóris, não existissem. Imagine não dar pistas a um garoto de doze anos sobre a existência de seu pênis! E, enquanto a puberdade masculina é caracterizada pela ejaculação, pela masturbação e pelo surgimento de um desejo sexual quase irrefreável, a feminina é definida pela... menstruação. E a possibilidade de gravidez indesejada. Onde está a discussão sobre o desenvolvimento sexual das meninas? Quando falamos com as garotas sobre desejo e prazer? Quando lhes explicamos as nuances milagrosas de sua anatomia? Quando mencionamos a exploração e o autoconhecimento? Não admira que as necessidades sexuais dos garotos pareçam incontornáveis para os adolescentes, enquanto as das garotas são, na melhor das hipóteses, opcionais.

Poucas das meninas heterossexuais que entrevistei já haviam tido orgasmo com um parceiro, ainda que a maioria delas, de tempos em tempos, fingisse ter chegado lá, conforme aprendido na trilha sonora dos filmes pornô. Cerca de um terço se masturbava regularmente, e eu me surpreendi ao descobrir que essa era a média.[27] Cerca de metade disse que nunca se masturbou. É difícil imaginar que adultos tolerariam tamanha ignorância ou falta de curiosidade sobre qualquer outra parte do corpo. A maior parte das meninas rechaçou minhas perguntas sobre masturbação, dizendo coisas como: "Eu tenho um namorado para isso" (embora essas fossem as mesmas garotas que nunca gozaram com um parceiro). Além de torná-las dependentes de alguém para sentir prazer, essa era outra inversão do que elas pensavam dos garotos: que, como eles podem se masturbar sozinhos (era um "serviço de homem"), eles não precisam de uma parceira para isso. Quanto a estar na posição de quem recebe, as meninas tendiam a descrever a permissão para que um garoto se dirigisse para baixo como um ato íntimo, emocional, que exigia um nível profundo de confiança (para não dizer *de desejo*). "Eu estava numa relação com um menino há um ano quando fiz sexo oral nele", recordou Rachel, em Chicago, "mas nunca me senti confortável para que ele retribuísse o favor. Porque... tudo bem, é estranho dizer isso, mas um garoto fazer sexo oral na gente é mais como uma coisa sagrada. Como se, uma vez que fizéssemos *aquilo*, eu precisasse estar confortável de verdade com a pessoa, porque não seria algo que eu simplesmente deixaria qualquer um fazer."[28]

"Eu prefiro fazer sexo antes de fazer isso", concordou Devon.

"Um cara tem plena consciência de como ele é lá embaixo", Rachel continuou, "mas eu não sei o que ele vê em mim. Eu não consigo ver."

"Bem", eu disse, "você já ouviu falar em espelho?"

"Sim", disse Rachel, "eu não vou fazer isso."

É compreensível que as garotas não deixem o parceiro "descer até lá" se elas próprias têm nojo de seus genitais. Elas se preocupam com a possibilidade de sua vagina ser feia, malcheirosa e desagradável. Uma vez mais, não são preocupações novas – eu me lembro de esconder um frasco de "spray desodorante feminino" no fundo de uma gaveta no fim do ensino fundamental –, mas como é que elas ainda existem? Será que essas meninas não ouviram falar dos *Monólogos da vagina*? Erin, uma garota do terceiro ano do ensino médio, de São Francisco, que presidia o clube de assuntos feministas de sua escola, se orgulhava por fazer sexo oral "muito bem" no namorado dela havia um ano, mas quando perguntei como ela se sentia ao receber sexo oral ela franziu o nariz. "Ele não faz em mim", disse. "Ele não quer fazer. E eu nunca pedi. Porque…" Ela deu um suspiro profundo. "Eu não gosto da minha vagina", admitiu. "Sei que isso é péssimo. E não sei por que deveria ser muito diferente, mas eu internalizei essa ideia."

"É como aquela coisa sobre flatos vaginais", continuou.

"Flatos vaginais?", perguntei.

"É", ela respondeu. "É um peido pela vagina. Fizeram uns episódios de *South Park* sobre isso e agora os meninos acham que é algo que eles podem falar sobre as meninas, e as meninas sabem que os garotos pensam isso, e você se sente estranha." Ela suspirou. "Tipo assim, existe toda uma cultura de comédia voltada a fazer graça da sexualidade feminina, sabe? E ela é superforte."

Enquanto os flatos vaginais felizmente escaparam do meu radar, o crescimento generalizado da palavra vagina como um refrão não escapou. Referências grosseiras às partes baixas das mulheres são o novo *viado* – um modo de denegrir a masculinidade, de ridicularizar ou dominar um oponente. Até mulheres usam a palavra para sinalizar que elas estão "tranquilas com isso", ao lado dos seus chapas. A implicação disso é que *todo mundo* compartilha uma repugnância secreta das partes íntimas da mulher, ou ao menos uma sensação de que a palavra *vagina*, por si só, é um equívoco (em oposição a *buceta*, que não é nem um pouco engraçada, ou *xoxota*). Assim, no filme *Ligeiramente grávidos*, de 2007, Jason Segel insulta um Martin Starr barbado dizendo: "Sua cara parece uma vagina." Em *Ressaca de amor*, Mila Kunis ataca Segel de um modo parecido quando ele hesita antes de mergulhar de um penhasco no Havaí: "Posso ver sua vagina daqui", ela diz no mar abaixo dele. "Eu consigo ver sua xoxota." Outra personagem feminina, no trailer do fracasso de Adam Sandler *Este é o meu garoto*, perturba o inútil Andy Samberg dizendo: "Jogue [a bola], seu bocetudo!" Fora das telas, um ensaio no site Thought Catalog intitulado "Eu sou feminista, mas não chupo xoxotas" viralizou em 2013. Entre suas observações precisas, o autor, homem, diz que, enquanto a vagina "é muito gostosa quando seu pênis está dentro dela", ela é "evidentemente grosseira… coberta de pelos. Ela baba e solta gosma…" Ela é suja, continua ele, e tem gosto ruim, e para as mulheres que esperam receber sexo oral, "quando sabem o peso que isso deposita nos homens, é uma atitude egoísta e, sinceramente, discriminatória".[29] Como se isso não fosse suficiente para atirar a jovem comum em uma espiral de vergonha, o adorado ator Robert Pattinson, que fez fama e fortuna a partir das fantasias eróticas das adolescentes, confessou despreocupado à revista *Details*: "Eu realmente odeio vaginas. Sou alérgico a vagina."

Inscreva-me no time de Jacob.*

Não admira que as garotas sejam inseguras. Vocês se lembram do empurrão no ombro? O gesto sem palavras que os garotos fazem para forçar as garotas a se abaixar? As jovens tinham sua própria versão, mas nela as duas mãos estavam bem *longe* da pélvis, em um redirecionamento silencioso para um território mais seguro, ainda que menos erógeno. Sam disse que seu ex-namorado, com quem ela ficou por um ano, fez sexo oral nela exatas duas vezes durante todo o relacionamento. Em ambas, a ideia foi dele. "Não era divertido para mim", ela disse. "Eu não estava nem um pouco confortável. Acho que é porque eu nunca me senti confortável com as minhas partes de baixo. Não é algo que eu considere atraente. Por isso não gosto da ideia de ter alguém ali embaixo." Para ser justa, ela disse, ele a "dedava", mas não tinha ideia do que dava prazer. Nem ela, visto que nunca tinha se masturbado. E, mesmo que soubesse, ela provavelmente não conseguiria dizê-lo em voz alta. Na maioria das vezes, ele simplesmente colocava o dedo nela e o movia um pouco.

É claro que eu não esperaria que garotas tivessem plena consciência de suas necessidades sexuais ou que fossem capazes de expressá-las com facilidade – muitas mulheres adultas não conseguem fazê-lo nem com parceiros de longa data –, mas elas estão em uma encruzilhada crítica de seu desenvolvimento, aprendendo lições básicas sobre atração, intimidade, excitação e direito ao sexo. As experiências iniciais podem ter um impacto duradouro na compreensão e no desfrute da sexualidade.[30] Por isso a aversão aos seus próprios genitais é desanimadora. Quando vi as

---

* Referência ao personagem Jacob Black, rival de Edward Cullen, o personagem interpretado por Robert Pattinson na série de livros de fantasia "Crepúsculo". (N.T.)

garotas se contorcerem diante de minhas perguntas, pensei novamente nas imagens de sexualidade feminina que as tomavam de assalto: a menção de Fergie a "se ajoelhar" na canção "London Bridge"; Miley nua balançando em uma bola de demolição; Beyoncé dançando de calcinha em volta do marido vestido de terno; Nicki fazendo *lap dance* para Drake (e tuitando que tinha simplesmente dado um gole em um "suco da confiança").* A cultura está entupida de partes do corpo feminino, com roupas e posturas que supostamente expressariam confiança sexual. Mas o que importa se alguém tem orgulho da aparência do próprio corpo, mas não aproveita suas reações? Uma estudante do segundo ano da faculdade me mostrou fotos suas no Instagram nas quais ela estava vestida para uma festa com um top com estampa de oncinha, uma saia minúscula e salto alto. Depois, durante a entrevista, ela admitiu: "Não gosto de receber sexo oral. Fico muito pensativa. Tudo o que eu penso é se deveria dizer a ele que não está sendo gostoso ou se ele está ficando cansado ou mesmo enojado."

Os sentimentos das mulheres sobre seus genitais vêm sendo diretamente relacionados a como desfrutam do sexo.[31] Em uma pesquisa, universitárias que não se sentiam confortáveis com sua genitália não apenas estavam menos satisfeitas sexualmente e tinham menos orgasmos que as outras, mas corriam mais risco de apresentar comportamentos de risco.[32] (Entre os garotos, era o oposto: os que se sentiam *bem* com seu pênis tinham uma probabilidade maior de incorrer em comportamentos de risco.) Em outra pesquisa, com mais de quatrocentos universitários, descobriu-se que o contato precoce com a felação causava sentimentos de inferioridade e menor autoestima entre as meninas, mas, em contrapartida, cunilíngua na mesma idade foi associada a mais autoconsciência, abertura em relação ao sexo e assertividade.[33] E mulheres jovens que sentem confiança para se masturbar durante o sexo mais que dobram a chance de orgasmo tanto em suas ficadas quanto nos relacionamentos.[34]

Dessa forma, o modo como as garotas se sentem sobre "lá embaixo" é importante. Muito importante.

---

* A autora se refere a cenas de apresentações e clipes musicais das cantoras citadas. (N.T.)

A clitorectomia psicológica

Quando se pensa em Indiana, sexo provavelmente não é a primeira coisa que vem à cabeça. Mas a Universidade de Indiana, em Bloomington, é a sede do Instituto Kinsey, um centro de pesquisas de saúde sexual fundado pelo biólogo Alfred Kinsey. Em uma tarde gelada de inverno, voei até lá para encontrar Debby Herbenick, uma professora associada da Escola de Saúde Pública da universidade. Herbenick, que também é colunista de sexo e autora de livros como *Sex Made Easy*, era a própria imagem da especialista em sexo moderna, com trinta e tantos anos, cabelos pretos e longos, olhos brilhantes e minivestido xadrez com botas acima do joelho. A pesquisa que ela realiza é na área de autoimagem genital, ou seja, sobre como as pessoas se sentem sobre suas partes íntimas. Nos últimos anos, ela me disse, a autoimagem genital das jovens esteve sob estado de sítio, quando havia mais pressão que nunca sobre elas para que não aceitassem suas vaginas no estado natural. "Elas precisam raspá-las, decorá-las ou prepará-las de algum modo antes do sexo", disse. "Há um sentimento verdadeiro de vergonha como mulher se você não prepara seus genitais, um sentimento verdadeiro de que existe a possibilidade de que alguém vá julgá-la."

A maioria das jovens que encontrei raspava ou depilava todos os pelos púbicos desde os catorze anos. Quando eu lhes perguntava o motivo, as garotas começavam dizendo que jamais tinham se questionado: elas já raspavam pernas e axilas e viam meninas mais velhas que não tinham pelos, então essa parecia a coisa certa a fazer. Elas disseram que se sentiam mais "limpas" sem pelos (o que é um equívoco, ao contrário do que pensavam. Embora reduza o risco de piolho pubiano, tirar todos os pelos cria um cenário perfeito para a maioria das outras DSTs: sem o escudo dos fios protetores, por exemplo, os grandes lábios podem ficar cobertos de verrugas genitais). Assim como ocorre com a auto-objetificação, as garotas consideram a depilação uma escolha pessoal, algo feito "para si mesma", por conforto, higiene, praticidade. Invariavelmente, no entanto, ela está ligada a outra motivação: evitar a humilhação. Levemos em consideração a trajetória dos comentários de Alexis, uma garota de dezesseis anos do ensino médio de uma escola pública no norte da Califórnia. "Eu realmente não penso sobre isso", começou. "Uma amiga minha tinha uma irmã mais velha que se depilava, portanto ela começou também e depois todas nós nos depilamos. Foi como uma reação em cadeia."

"Mas, um dia, ouvi os garotos na classe falando sobre uma menina. O short dela tinha cintura baixa e, quando ela levantou os braços, a camiseta dela subiu. Eles falaram assim: "Eu vi os pelos púbicos! Cara, foi tão nojento!""

As meninas já se sentem inseguras sobre sua (tipicamente não nomeada) região púbica, por isso não é preciso muito para alimentar esse sentimento. Ruby, de Chicago, foi uma das garotas que me disseram que raspar os pelos fazia com que ela se sentisse "limpa", em particular durante a menstruação. Mas ela também acrescentou: "Lembro dos garotos contando histórias sobre uma menina que era 'rodada'. Quando os caras colocavam o dedo nela, ou outra coisa, tinha cabelo e eles ficavam horrorizados. Então eu simplesmente... Quer dizer, os caras agem como se fossem sentir *nojo*."

Herbenick disse que, na cidade onde fica sua universidade, lousas anunciam ofertas de "depilação de volta às aulas" dos salões de beleza, enquanto o mês de abril traz promoções semelhantes de depilação à brasileira para o *spring break*, o feriado de primavera. "São lembretes bastante públicos de que é melhor você ter uma determinada aparência", disse. Alguns anos atrás, ela teve uma aluna que lhe confidenciou que começou a se depilar depois que um menino anunciou, durante uma das discussões em uma das aulas de Herbenick, que jamais tinha visto pelos púbicos em uma mulher na vida real e que, caso se deparasse com essa situação com uma garota com quem estivesse ficando, iria embora.

A depilação frontal completa – que é não apenas cara, mas também muito dolorosa – foi, no passado, território de fetichistas e, claro, de estrelas da pornografia. O primeiro salão "brasileiro" (assim chamado porque suas proprietárias eram do Brasil) nos Estados Unidos abriu em Nova York em 1987, mas foi um episódio de *Sex and the City* que tornou a prática popular. Em 2006, a formadora de opinião e ex-Spice Girl Victoria Beckham declarou que a depilação à brasileira deveria ser "obrigatória" a partir dos quinze anos. (Vamos revisitá-la em 2026, quando sua filha chegar a essa idade, certo?) Não há dúvida de que uma vulva depilada é macia. Sedosamente macia. Macia como um bebê – alguns diriam, de forma perturbadora. Talvez nos anos 20, quando as mulheres começaram a raspar pela primeira vez suas pernas e axilas, aquilo também parecesse horrivelmente infantil, mas agora depilar essas áreas é um rito de passagem padrão para as garotas, um anúncio, em vez de uma negação, da sexualidade adulta. Aquela primeira onda de remoção de pelos foi incentivada por modas que exibiam os membros de uma mulher; braços e pernas não faziam mais, pela primeira vez, parte da esfera privada. A remoção atual dos pelos púbicos pode indicar algo similar: abrimos nossas partes mais íntimas para um escrutínio, uma avaliação e uma mercantilização sem precedentes. Em grande parte resultado da tendência brasileira, foi registrada uma explosão de casos de labioplastia – redução das dobras da pele ao redor da vulva.[35] Embora continue bem atrás das plásticas no nariz e nos seios, segundo a Sociedade Americana de Cirurgiões Plásticos (Asaps), o procedimento teve um aumento de 44% entre 2012 e 2013, e um salto de 64% no ano anterior. A labioplastia quase nunca está relacionada à função ou ao prazer sexual – ela pode, na verdade, impedir ambos. Não importa: Michael Edwards, presidente da Asaps em 2013, festejou o aumento como parte de um "conceito de beleza e autoconfiança que está sempre evoluindo". O visual mais procurado, a propósito, é chamado de Barbie.[36] "Um efeito tipo 'concha' no qual os lábios externos parecem fundidos e os pequenos lábios não sobressaem." Creio que não preciso lembrar ao leitor que a Barbie é (a) feita de plástico e (b) *não tem vagina*.

Herbenick me convidou para assistir à aula de sexualidade humana, um dos cursos mais populares do campus de Indiana, que ela estava prestes a dar. Naquele dia, ela proferia uma aula expositiva sobre disparidades de gênero na satisfação sexual. Mais de 150 estudantes já estavam sentados na sala de aula quando nós chegamos. Praticamente todas eram mulheres, e a maioria usava moletom e o cabelo puxado em rabos de cavalo casuais. Elas ouviam arrebatadas enquanto Herbenick explicava as vastas diferenças de linguagem que mulheres e homens jovens empregavam para descrever o "bom sexo". "Os homens têm mais probabilidade de falar sobre prazer, sobre orgasmo", disse Herbenick. "As mulheres falam mais da ausência de dor. Trinta por cento das universitárias dizem sentir dor durante seus encontros sexuais, em oposição a 5% dos homens."[37]

A taxa de dor entre as mulheres, ela acrescentou, salta para 70% quando se inclui o sexo anal.[38] Até recentemente, o sexo anal era uma prática relativamente rara entre jovens. Mas, como se tornou desproporcionalmente comum na pornografia – e a grande recompensa em filmes para menores de dezessete anos acompanhados de adultos como *Kingsman* e *The To Do List* –, ele também está aumentando na vida real. Em 1992, apenas 16% das mulheres com idades entre dezoito e 24 anos disseram que haviam tentado o sexo anal.[39] Nos dias de hoje, 20% das mulheres de dezoito e dezenove anos já fizeram, e na faixa etária de vinte a 24 anos, mais de 40%. Em um estudo de 2014 com heterossexuais de dezesseis a dezoito anos – e podemos fazer uma pequena pausa apenas para pensarmos em quão jovem é isso? – descobriu-se que eram principalmente os homens que davam um empurrão para a "quinta base", aproximando-se dela menos como uma forma de intimidade com a parceira (que eles presumiam que precisaria e *poderia* ser coagida a isso) e mais como uma competição com outros garotos. Esperava-se que as garotas tolerassem o ato, que elas relatavam sistematicamente como doloroso.[40] Ambos os sexos culpavam as próprias garotas pelo desconforto, por serem "ingênuas ou fracassadas", incapazes de "relaxar". Sem fazer rodeio, Deborah Tolman chamou o anal de "o novo oral". "Como agora se supõe que toda garota tenha o sexo oral no repertório", disse, "o sexo anal está se tornando o novo 'ela vai fazer isso ou não vai?', o novo 'prove que você me ama'." E ainda, ela acrescentou, "o prazer sexual das garotas não é parte da equação". Segundo Herbenick, o aumento do sexo anal coloca novas pressões sobre as jovens para que o façam ou, então, sejam rotuladas de puritanas. "É uma metáfora, um símbolo em um comportamento concreto da falta de educação sexual, da normalização da dor da mulher. E o que um dia era estigmatizado se tornou, ao longo de uma década, esperado. Se alguém não quer fazê-lo, subitamente não é mais boa o suficiente, é frígida, está em falta, não explora sua sexualidade, não é aventureira."

Eu me lembrei de uma conversa que tive com Lily, a garota que ficou irritada com a preocupação de seu namorado do ensino médio com a transa. Ele também assistia a muita pornografia, segundo ela, e estava decidido a tentar em particular o sexo anal. Ela consentiu principalmente porque queria agradá-lo. "Na primeira vez, tivemos que parar logo porque eu odiei", disse. "Depois, ele me pressionou para fazermos de novo. Ele disse que, na verdade, nós não tínhamos feito antes, porque foi muito rápido. Àquela altura, acho que eu fiz por teimosia. Tipo, ok, tudo bem. 'Vou fazer isso de novo e vou continuar não gostando.'" Ela riu. "O que obviamente não é muito saudável."

Ao que parece, nos encontros sexuais as meninas estão ficando mais acostumadas à coerção e ao desconforto que, digamos, ao orgasmo; receosas de dizer "não" para não parecerem travadas. Consideremos que em todas as idades três quartos dos homens relatam que chegam ao clímax no sexo, ante apenas cerca de 29% das mulheres.[41] Ou que as garotas têm probabilidade quatro vezes maior que os meninos de participar de uma atividade sexual de que elas não gostam ou não querem, em particular sexo anal e oral.[42] As mulheres também, disse Herbenick, usam mais linguagem negativa que os homens quando descrevem experiências sexuais *insatisfatórias*. Uma vez mais, elas falaram sobre dor. Mas também falaram sobre os sentimentos de degradação e de depressão. Nem um único homem entrevistado expressou sentimentos parecidos. De acordo com Sarah McClelland, que cunhou o termo *justiça íntima*, toda a ideia de comparar os relatos de "satisfação sexual" de homens e mulheres supõe uma compreensão geral do significado da expressão.[43] Obviamente, esse não é o caso. Não se, em seus encontros, as mulheres preveem menos prazer e mais dor que os homens. Entre os universitários que McClelland estudou, as mulheres tinham tendência a usar o prazer físico do *parceiro* como medida para a *sua* satisfação, dizendo coisas como, "se ele estiver satisfeito, eu estou sexualmente satisfeita". Para os homens, era o oposto: a medida era o seu próprio orgasmo.[44] (O comprometimento das mulheres com a satisfação de seus parceiros, por sinal, não dependia do gênero daquela pessoa, o que pode explicar, em parte, por que as garotas têm mais probabilidade de chegar ao orgasmo em encontros com outras garotas.)[45] Assim, quando as jovens relatam níveis de satisfação sexual igual ou maior que o dos homens – o que elas fazem com frequência em pesquisas –, isso pode ser ilusório. Se uma garota vai a um encontro esperando que não sinta dor, querendo se sentir próxima do parceiro e esperando que *ele* tenha um orgasmo, ela ficará satisfeita se esses critérios forem preenchidos. Não há nada de errado em querer se sentir próxima do parceiro ou em querer que ele fique feliz, mas "ausência de dor" é um parâmetro muito baixo para sua própria satisfação física. Uma aluna do ensino médio de dezoito anos me disse: "Eu entendi antes de começar minha vida sexual o que significa para um garoto chegar ao fim. Você sabe que isso tem de acontecer para que o sexo termine e para que ele se sinta bem. Mas eu não tinha ideia do que isso significava para uma menina. Sinceramente? Ainda não sei. Nunca se fala disso. Então, participo de tudo sem me entender de verdade."

Quando ouço a ladainha das meninas sobre experiências precoces incorpóreas, às vezes me impressiono por termos realizado o equivalente psicológico de uma clitorectomia em nossas filhas. É como se acreditássemos, de algum modo, que, escondendo delas a verdade (que o sexo, incluindo o sexo oral e a masturbação, pode e deve ser maravilhoso), elas não a descobririam e permaneceriam "puras". E se o oposto fosse verdade? E se ao entender as reações físicas de alguém e "expressar sua sexualidade" de fato em vez de uma sexualidade impessoal as meninas pudessem realmente aumentar suas expectativas sobre os encontros íntimos? E se o autoconhecimento as encorajasse a ter um padrão mais alto para suas experiências, tanto em relacionamentos como fora deles? O que significa, ou deveria significar, "sexualmente ativo", afinal? Obviamente, a definição clássica é obsoleta. Pode ser que tenhamos de rever por completo o conceito de "sexo", a começar pela virgindade.

3. Como uma virgem, seja lá o que for isso

CHRISTINA NAVARRO ASSISTIA a um vídeo do YouTube em seu laptop, sentada com as pernas cruzadas sobre uma almofada no chão do centro acadêmico da faculdade. Na tela, uma mulher de uns quarenta anos chamada Pam Stenzel caminhava para a frente e para trás diante de uma placa na qual se lia "O alto custo do amor livre". Ela vestia jaqueta e calça jeans e falava com os jovens sobre virgindade com uma voz grave de quem diz "estou com vocês". "Se você está aqui hoje e é virgem", ela disse a uma plateia absorta de estudantes do ensino médio, "*Que bom para você! QUE BOM PARA VOCÊ!* Você tem algo *muito* especial, tão valioso que merece *todos os esforços* para chegar ao seu casamento sem um passado, medo ou doença." Os estudantes a ovacionaram.

Stenzel é uma das mais renomadas (ou, dependendo de como você entende, mais famosas) educadoras de abstinência, já tendo sido convidada para a Casa Branca e para a ONU, para programas como *The Dr. Laura Show* e *Politically Incorrect with Bill Maher*. Ela se apresenta como filha de uma vítima de estupro que foi adotada em um lar cristão e dedicou sua vida a promover a castidade e a exaltar os virgens. Ela chega a ganhar 5 mil dólares por apresentação. Segundo registros fiscais, sua empresa, a Enlighten Communications, capta cerca de 242 mil dólares ao ano.

Eu vi Christina assistir ao vídeo com uma expressão de deleite no rosto. Ela tinha vinte anos, embora parecesse e soasse muitos anos mais nova, e estava no primeiro ano de uma universidade pública na Costa Oeste. As paredes da sala em que nos sentamos eram roxas, e havia colchas com estampas indianas pregadas no teto e sobre o colchão. Havia um prato com os restos de um burrito vegetariano no chão perto da porta. Se eu estivesse desavisada, poderia jurar que tinha feito uma viagem no tempo de volta aos anos 80. Christina me contou que, na semana anterior, os moradores da casa tinham entrado em uma discussão animada (que me trouxe nostalgia do meu próprio tempo de faculdade) sobre se as mulheres deveriam ser livres para andar nas áreas comuns de topless.[1] "O tema despertou uma longa conversa sobre como os seios das mulheres foram transformados em objetos e sexualizados pelos meios de comunicação", ela disse, "e sobre como na nossa casa deveríamos poder mostrar nossos corpos e estar em segurança." Naturalmente, a decisão foi determinada por consenso.

Sinceramente, garotas nuas em dormitórios universitários podem parecer muito distantes do discurso extravagante de Pam Stenzel sobre castidade, mas Christina cresceu em Colorado Springs, no Colorado, uma das cidades mais conservadoras dos Estados Unidos e sede de tantas organizações cristãs fundamentalistas que foi apelidada de Vaticano evangélico. Christina não foi criada naquela tradição – ela é católica –, mas a "educação sexual" que recebeu em sua pequena escola provinciana foi idêntica na essência e pode ser resumida em uma palavra: *não*. No primeiro ano do ensino médio, a sexualidade humana foi abordada nas aulas de teologia, e não de biologia. O currículo consistia, na maior parte, de estatísticas assustadoras sobre a inevitabilidade da gravidez e de doenças para os que faziam sexo antes do casamento e sobre os riscos do aborto. Os alunos eram instruídos a memorizar trechos da Bíblia interpretados como condenatórios da homossexualidade e defensores da castidade. Assistir aos vídeos de Stenzel naquela aula era um evento anual, Christina lembrou, uma espécie de rito de passagem entre os colegas de classe, semelhante ao que os filmes repulsivos de vítimas incineradas em acidentes de carro representavam para quem frequentava a autoescola. Stenzel, que vive em um local a cerca de uma hora de distância de Colorado Springs, chegou a dar uma conferência, em pessoa, em um evento na escola de Christina. Foi saudada com a expectativa e comoção dedicadas a uma estrela do rock. Christina disse que mesmo naquela época ela suspeitou que a apresentação de Stenzel era "tendenciosa" e que ela se esforçava para convencer a plateia, mas não necessariamente a considerou incorreta. E nunca questionou o valor de permanecer "pura" até o casamento.

Na tela, Stenzel ainda falava: "Uma vez que ela se perde, não tem volta." "Demora isso" – ela estalou os dedos – "para jogá-la fora. É preciso muita integridade para esperar."

Seguiram-se mais aplausos, e em seguida o vídeo acabou. Ficamos em silêncio por um momento. "Você ainda pretende se guardar para o casamento?", perguntei a Christina.

Ela riu e balançou a cabeça. "Ah, não", disse. "É tarde demais para isso."

Passando o "cartão V"*

Praticamente dois terços dos adolescentes tiveram pelo menos uma relação sexual antes da faculdade – a idade média em que se perde a virgindade no país, como eu disse, é dezessete anos – e, enquanto a maioria fez sexo com um parceiro com quem tinha uma relação amorosa, um número considerável de garotas passou o que os jovens chamam de "cartão V" para um amigo ou um cara que acabaram de conhecer.[2, 3] Mais da metade, segundo tanto pesquisas nacionais quanto minhas próprias entrevistas, estavam bêbadas na ocasião.[4] A maioria delas diz que se arrepende da experiência e que queria ter esperado, talvez não até o casamento, mas mais um tempo.[5]

De alguma forma, fiquei surpresa ao saber que as garotas com quem falei ainda consideravam a primeira transa um marco. A maioria era sexualmente ativa havia muitos anos àquela altura, mas, uma vez mais, apenas se considerássemos que o sexo oral (ou qualquer outra coisa além do sexo com penetração) "conta" como "sexualmente ativo". Pode-se dizer que, no mundo moderno, a "virgindade" como símbolo de iniciação sexual é um conceito ultrapassado e sem sentido. Seja como for, nunca foi baseado em dados médicos de verdade (muitas garotas não têm hímen ou o romperam fazendo exercícios, durante a masturbação ou com absorventes íntimos), e nem mesmo em significados sociais amplamente aceitos. Em seu livro

---

* A letra "V" se refere a virgindade. Portanto, as garotas que passaram o cartão V não são mais virgens. (N.T.)

The Purity Myth, por exemplo, Jessica Valenti escreve sobre o conceito de "virgindade secundária", a ideia de que a virgindade pode ser restabelecida em um passe de mágica mesmo após o sexo, desde que em seguida a pessoa se comprometa com a abstinência até o casamento.[6] Isso permite que os defensores da pureza acolham aqueles que "escorregaram" e mostra, ao mesmo tempo, como a definição de "virgindade" pode ser arbitrária. Não estou insinuando que a primeira relação sexual seja insignificante do ponto de vista físico ou psicológico. De modo algum. Mas por que as garotas, em particular, elevam esse ato único (que, entre outras coisas, raramente é prazeroso de início para elas) a um status além de todos os demais? Por que elas imaginam que essa forma única de expressão sexual será transformadora, a linha mágica entre inocência e experiência, ingenuidade e sabedoria? Como essa ideia de "virgindade" enquanto uma categoria especial molda sua experiência sexual? Como ela afeta o desenvolvimento sexual, a autocompreensão, o desfrute do sexo, a comunicação física e emocional com um parceiro?

Em uma agradável manhã de domingo na primavera, encontrei Christina novamente, dessa vez com um grupo de amigas no terraço do apartamento. As outras garotas ouviram, de olhos arregalados, Christina falar sobre seu passado, achando suas histórias exóticas e um pouco chocantes. "É muito surpreendente para mim", disse Caitlin, levantando seus óculos roxos de Clark Kent até a parte superior do nariz com *piercing*. "No ensino médio, davam camisinha grátis na minha escola. Eles distribuíam *lubrificante*!"

Até Annie, uma garota sardenta que frequentava uma escola católica somente para meninas em Orange County, na Califórnia, considerou liberal sua criação, comparada à de Christina. "No ensino médio, minha professora desembrulhou um pão de mel e o colocou no chão", Annie recordou. "Depois, ela perguntou se nós o comeríamos. Claro que todo mundo disse: 'Argh, não!' E ela disse: '*Exatamente!* Depois que vocês forem "abertas", ninguém vai querer vocês!'"

As garotas se exaltaram. "Mas", Annie acrescentou, "minha mãe era meio *hippie*. Ela me falou para esquecer tudo aquilo. Disse: 'É realmente importante fazer um *test-drive* no carro antes de comprá-lo, e não simplesmente dar partida.'"

Quando Brooke estava no ensino fundamental, sua mãe lhe deu uma pilha de livros antigos que tratavam o sexo de forma positiva, como *Our Bodies, Ourselves*. ("Todos eles tinham umas capas totalmente anos 1970", ela recordou. "Era hilário!") E Caitlin, cuja escola pública distribuía preservativos gratuitamente, foi levada por sua mãe a uma *sex shop* "amigável para mulheres" para comprar um vibrador quando tinha quinze anos. "Ela disse: 'Acho que é muito importante que você tenha contato com seu próprio corpo e sexualidade antes de começar a fazer sexo com outra pessoa.'"

Nem Caitlin nem Brooke jamais cogitaram guardar a virgindade para o casamento. Antes de encontrarem Christina, nunca tinham conhecido ninguém que tivesse ao menos considerado tal possibilidade. "Acho que as palavras exatas da minha mãe foram 'virgindade é uma construção patriarcal'", Caitlin disse, e riu. Sua primeira relação sexual ocorreu aos dezesseis anos, com um garoto com quem ela namoraria pelos próximos três anos. "Na verdade, eu teria feito antes, com outro cara, no segundo ano", disse, "mas ele nunca despertou minha vontade. E fico contente. Porque eu teria feito. Não porque *quisesse* transar com ele, mas porque queria agradá-lo e me sentir importante. Quando finalmente transei, meu relacionamento tinha apenas dois meses, mas eu senti que *queria*. Foi realmente empoderador ter certeza absoluta da decisão e perceber que antes eu não estava pronta, mas naquela hora definitivamente sim."

A primeira transa de Brooke foi ainda mais cedo, aos quinze anos. Ela tinha imaginado que seria com um garoto de quem ela gostava – ela nunca usou a palavra *amor* –, no tipo de lugar romântico que vemos em anúncios clássicos: à beira de um penhasco, com as águas do oceano Pacífico se chocando contra as rochas abaixo. "É provável que eu estivesse pensando mais sobre como seria me lembrar daquilo mais tarde do que no ato em si", ela admitiu. "Tipo, como soaria enquanto história."

Não aconteceu daquela maneira: uma das razões é que nem Brooke nem seu namorado de sete meses tinham carro, por isso não havia como chegarem à praia. Além disso, era inverno. De qualquer modo, e se alguém passasse e os visse? No final, eles perderam mutuamente a virgindade de um modo bem banal: no beliche dele durante um fim de semana em que os familiares viajaram. Ela levou a camisinha, que demorou séculos para escolher em uma farmácia próxima, e o lubrificante; e, por alguma razão de que não consegue lembrar, levou uma fornada de cookies caseiros. "A verdade é que perder a virgindade é o ato sexual menos sexy que existe", disse. "É estranho, principalmente quando o outro também é virgem. A colocação da camisinha é tudo menos algo tranquilo. Não parece que as coisas vão se encaixar. Você não sabe quanto do seu peso pode pôr em cima da outra pessoa. É meio suarento. E não é gostoso." Depois de cerca de um minuto, eles sentiram que já tinham "transado" o suficiente para poder dizer que transaram (tanto para eles próprios quanto para os amigos), por isso eles... pararam. "Mas você sabe", Brooke acrescentou, "foi uma experiência muito positiva para mim. Nós nos ligamos um ao outro pela inabilidade e foi divertido. E, embora o sexo tenha sido morno, eu me senti totalmente confortável com a situação e com ele, e sou agradecida por isso." Eles dormiram juntos mais algumas vezes antes de terminar o namoro, e Brooke guardou o embrulho da camisinha como lembrança, escrevendo nele a data em que foi usada.

Tanto Brooke quanto Caitlin estavam aliviadas por terem perdido a virgindade no momento certo e da maneira apropriada: muitas de suas amigas, segundo elas, estavam desesperadas para se desfazerem "dela" antes da faculdade e, como resultado, fizeram escolhas precipitadas que levaram a experiências desagradáveis. A universidade era vista como o prazo final para muitas garotas com quem conversei: ser rotulada de caloura puritana parecia uma ameaça maior para elas do que ser considerada uma vadia. Era melhor acabar com aquilo logo e fazer sexo com *alguém* em vez de arriscar ser vista como uma "anormal sem experiência", ou, pior ainda, como "muito feia para trepar". Em geral, os jovens superestimam o número de colegas que já fizeram sexo, quantas vezes eles o fizeram e quantos parceiros tiveram (para não mencionar se alguma das relações foi boa). Um em cada quatro jovens de dezoito anos não teve relações sexuais.[7] Entretanto, a não ser no caso dos religiosos, a maioria não anuncia essa condição – alguns até mentem.[8] Christina, que como caloura da universidade ainda esperava permanecer virgem até o casamento, sentia que precisava defender eternamente aquela escolha, deixando isso claro assim que conhecia um garoto em uma festa, para evitar qualquer pressão ou pretensão. "Mas se você pensar bem", disse Brooke, "o que acontece é ridículo. Quer dizer, a pessoa tem dezessete anos, está se formando no ensino médio e está tão preocupada em chegar virgem à faculdade que se embebeda e faz sexo com um cara qualquer. Não é que isso nos prepare para coisa alguma. Não é que nos dê experiência e uma compreensão do sexo. As pessoas, incluindo eu, falam como se a simples realização do ato fosse transformadora..."

"Meu Deus!", Annie interrompeu. Ela tivera uma relação sexual pela primeira vez no ano passado, com dezenove anos, com um namorado de longa data. "Pensei que entraria num mundo completamente novo depois que fizesse sexo pela primeira vez! Aprendi na escola e na igreja que, quando você encontra a 'pessoa certa' e está realmente apaixonada e vocês fazem sexo, você é transformada. Tipo, esse véu seria levantado. Mas eu não me senti assim. Não me senti como uma nova pessoa. Não havia pássaros cantando nem sinos tocando. E pensei: 'Ai, caramba, talvez não fosse a hora certa, afinal, ou talvez nós não tenhamos feito isso direito.' Eu me senti enganada."

Em seu livro *Virginity Lost*, Laura Carpenter constata que há quatro modos de os jovens se referirem à virgindade, e cada um está mais ou menos refletido no que as meninas descreveram para mim.[9] O primeiro grupo acredita que a virgindade é como um presente: uma expressão preciosa de amor, embora não mais relacionada ao casamento. Como Annie, e em certo grau como Brooke, aquelas que "presenteiam" romantizaram sua primeira vez – a pessoa, o lugar, o significado – e esperavam que tudo fosse "perfeito" e que o sexo fortalecesse sua relação e aprofundasse o comprometimento do parceiro. Se a experiência não tivesse sido à altura, em particular se elas se sentissem enganadas ou coagidas ao sexo, elas ficam arrasadas. Pior ainda, a traição muitas vezes fazia com que elas se sentissem sem valor, incapazes de defender a si mesmas em relacionamentos vindouros. "Após entregar sua virgindade a alguém que claramente não deu valor a isso", Carpenter escreveu sobre uma garota, "Julie sentiu-se tão diminuída em sua autoestima que deixou de acreditar que fosse especial o bastante para recusar-se a fazer sexo com um homem menos especial." O risco das que "presenteiam", portanto, segundo Carpenter, é que a experiência da perda da virgindade em si e do que vinha depois era definida pelas reações de seus parceiros.

Do outro lado do espectro estavam aquelas que tratavam a virgindade como um estigma e viam-na como um empecilho e uma perturbação crescente conforme se aproximavam do fim do ensino médio. Elas imaginavam que a primeira relação sexual era uma espécie de transformação de *reality show* que fazia com que mudassem de pato para cisne, de criança para adulto. Relacionamento? Romance? Esqueça. Esse grupo queria simplesmente *tirar isso do caminho*. Embora tendessem a estar mais satisfeitas com a experiência que aquelas que veem a virgindade como um presente de amor (em grande parte porque suas expectativas eram muito mais baixas), em geral se desiludiam com a pequena mudança que de fato lhes acontecia depois.

Cerca de um terço das pessoas ouvidas por Carpenter, assim como Caitlin, viam a perda da virgindade mais como um processo, um rito de passagem – uma parte do que era se tornar adulto, mas não um fator determinante. Elas nem idealizavam a virgindade nem a viam como um peso. A primeira relação sexual era simplesmente um passo natural e inevitável do crescimento e da exploração da sexualidade.[10] Elas se sentiam mais no controle de suas escolhas que os demais grupos, em especial sobre com quem e quando elas fizeram sexo. Elas também tendiam a ter experimentado extensamente com ao menos um outro parceiro antes da relação sexual e viam o fato de fazerem "tudo menos aquilo" como sendo um valor em si. Em contrapartida, aquelas que consideravam a virgindade como um presente viam "menos" atos sexuais como um modo importante de medir a confiança e o comprometimento de seus parceiros. Aquelas que viam a virgindade como um marco consideravam qualquer coisa fora o sexo com penetração uma humilhação, um prêmio de consolação.

Como a maioria dos americanos de hoje, as jovens desses três grupos não esperavam permanecer abstinentes até o casamento. Ao mesmo tempo, Carpenter descobriu que uma minoria substancial de adolescentes, que poderia incluir Christina, seguiu resoluta o outro caminho, tornando-se mais comprometida e verbalizando mais a decisão de permanecer casta até a noite de núpcias. Para eles, também, a virgindade era um "presente" para ser compartilhado com um parceiro verdadeiro, mas também era outra coisa: um modo de honrar a Deus.

Esperando o príncipe

Um casal atraente saiu de um carro esportivo rebaixado na entrada do East Ridge Country Club em Shreveport, na Louisiana. Ele tinha cabelos escuros e vestia terno, enquanto ela parecia usar um vestido de noiva, tomara que caia, com um corpete brilhante branco e saia de tule de metros de comprimento. À segunda vista, no entanto, notei que alguma coisa não combinava: havia uma mecha cinza na têmpora do homem. A mulher não era, na verdade, nenhuma mulher: era uma garota de catorze anos. Eles não eram recém-casados, mas pai e filha, e estavam ali para o sétimo Baile da Pureza Ark-La-Tex, que acontece anualmente.* No interior, outros casais, vestidos no mesmo estilo, se espalhavam em torno de uma mesa lotada de doces: balas de goma rosa e laranja e bolas de chiclete. A maioria deles era branca, embora houvesse alguns afro-americanos e uns poucos latinos. Um grupo de pais e filhas (ou outros "mentores" homens, que eram igualmente bem-vindos) se postava perto das cortinas cobertas de luzes cintilantes. Alguns já estavam em seus lugares em mesas redondas e decoradas com velas e flores de seda. Alguns posavam para fotos comemorativas da noite, que, segundo o convite online, era "planejada para prover e encorajar jovens do sétimo ao 12º ano escolar a se manterem puras até o casamento". Por

* O nome do baile faz referência à região de fronteira entre os estados norte-americanos Arkansas, Louisiana e Texas. (N.T.)

cem dólares o casal (mais cinquenta dólares cada um por filha), o site dizia: "Esse evento permite aos pais a oportunidade de se empenharem para amar e proteger suas filhas. Ele também ajuda jovens mulheres a começarem a perceber a verdade: que elas são princesas de valor incalculável pelas quais '*vale esperar*' [ênfase no original]."

O primeiro baile da pureza do mundo foi organizado em 1998, em Colorado Springs, a cidade em que Christina cresceu, por um pastor chamado Randy Wilson. Como pai de sete filhos, cinco deles meninas, Wilson acreditava que era seu dever "proteger" a virgindade de suas filhas. Não se sabe ao certo quantos eventos como esse acontecem a cada ano – falava-se em 1,4 mil no mundo, mas o número se mostrou ser falso. É difícil obter estatísticas mais acuradas porque os bailes, como todo evento comunitário, têm altos e baixos de acordo com o interesse local e a capacidade dos organizadores. De todo modo, eles ultrapassaram o movimento mais difundido chamado "O amor verdadeiro espera" lançado pela Convenção Batista do Sul em meados dos anos 90. No primeiro ano da campanha, mais de 100 mil jovens participaram por meio da assinatura de um pacto de abstinência até o casamento. Em 2004, mais de 2,5 milhões haviam feito a promessa – uma em cada seis garotas americanas.[11] Outra campanha, a Silver Ring Things, que até 2005 era parcialmente financiada pelo governo dos Estados Unidos, realizou mais de mil eventos. Ela usava rock cristão, hip-hop e um clima animado semelhante ao de uma balada como atrativos, e mais de cinquenta eventos foram agendados na primeira metade de 2015.

O baile a que eu fui tinha algo incomum, porque era totalmente organizado por mulheres, apesar do enfoque nos pais e nas filhas. Sua fundadora, Deb Brittan, era, no início, uma educadora de saúde sexual em um Centro de Gravidez Não Planejada, uma espécie de organização que conduz mulheres em uma gravidez não planejada para longe do aborto e em direção à adoção ou a assumirem a criança. "Meu desejo de coração era e sempre foi que essas meninotas tenham o melhor sexo", ela me disse enquanto os participantes da festa se empanturravam de peito de frango assado e batatas. "Obviamente, quando olhamos as estatísticas, fica *muito evidente* que a escolha mais saudável e a única garantia para se evitar uma doença sexualmente transmissível ou o risco três vezes maior de suicídio é um compromisso de abstinência até o casamento."

Fiz uma anotação para conferir esse número sobre o suicídio.[12] Ele não está errado e veio de um estudo de 2003 da conservadora Fundação Heritage. A relação entre sexo e suicídio, no entanto, dificilmente poderia ser classificada como causal. As meninas, por exemplo, também têm mais probabilidade que os meninos de sofrerem bullying e serem estigmatizadas pelas atividades sexuais, o que por si só as coloca em risco de depressão e suicídio.[13] Então, o problema pode ser o constrangimento incutido nas adolescentes sexualmente ativas em vez do próprio sexo. Pode ser também que seja maior a probabilidade de meninas adolescentes que já estão deprimidas participarem de atividades sexuais e depois se arrependerem. Ou pode ser que as expectativas das adolescentes sobre sexo sejam irreais e direcionadas pelos meios de comunicação, ou que ter a primeira relação sexual alcoolizada exponha as adolescentes a maior risco. Seja qual for o caso, o trabalho de Brittan era visitar escolas locais públicas e particulares e, como Pam Stenzel, dar aos estudantes a sua versão dos fatos da vida. "A escolha depois disso cabe a eles", ela me disse. "Mas quando eu acabo de falar" – ela piscou e me deu um toque brincalhão com o ombro – "elas não podem mais dizer que ninguém as avisou."

MAIS CEDO NAQUELE DIA, parei no Country Club para conversar com algumas participantes do baile anterior, que retornam todo ano para ajudar com as festividades. Muitas delas usavam moletons com as iniciais S.W.A.T.,* um clube formado com o intuito de apoiar garotas que fizeram voto de castidade. Troquei três vezes de camisa antes de sair. De repente, uma malha justa com decote cavado por cima da regata me pareceu muito reveladora, particularmente porque a malha tendia a escorregar e deixar à mostra uma das alças do sutiã. Um cardigã por cima da mesma regata

* Referência ao esquadrão policial homônimo, aqui significando "Sisters Walking Accountable Together", em português "Irmãs que Caminham Responsáveis Juntas". (N.T.)

também pareceu potencialmente obsceno. Escolhi uma malha com gola canoa, esperando que não fosse considerada muito justa. Devo dizer que esses não são pensamentos típicos quando me visto de manhã, mas de algum modo a ênfase do Baile da Pureza no "recato" e na "pureza" fez com que eu tivesse mais preocupação sobre como meu corpo e a maneira como me apresento poderiam ser julgados pelos outros do que eu havia tido desde que era adolescente.

À luz do dia, o salão de baile era de um bege impiedoso e dava para um campo de golfe coberto de neve sob um céu pesado. Diversas meninas amarravam faixas de tule cor-de-rosa às cadeiras. Haylee, uma aluna do último ano do ensino médio que usava calça de moletom e um blusão com a sigla S.W.A.T., deu um passo para trás, com as mãos nos quadris e a sobrancelha franzida, para avaliar o resultado. "Acho que parece um pouco 'meus quinze anos' demais", ela disse.

"Mas essa é a idade das garotas!", respondeu outra menina.

De várias maneiras, Haylee era como qualquer uma das adolescentes que encontrei: esperta e articulada, excepcional na escola e atlética. (Participava de torneios de futebol desde os cinco anos de idade e dava aulas de windsurf no verão.) Ela frequentou até mesmo o que chamou de uma escola de arte "hipster faça-o-que-quiser". Em um sábado gelado, ela tinha prendido o cabelo em um coque descontraído e estava com o esmalte vermelho nas pequenas unhas descascado. Perguntei se havia muitas outras meninas em sua classe que tinham feito o juramento. Ela bufou, rindo. "Não", disse. "Na verdade, é muito fácil ser qualquer coisa na minha escola, menos cristã. As pessoas aceitam que você adote o gênero que quiser. Isso é tranquilo. E você pode ter a sexualidade que quiser, também, *exceto* ser pura. É estranho. A maioria das pessoas com quem eu falo sobre o Baile da Pureza diz: 'Você julga muito.' E eu digo: 'Você está me julgando!'" Ela diz que a consequência é que ela tem poucos amigos na escola, a maioria de um pequeno grupo de atletas parecidos com ela. Segundo me disse, o baile, do qual participara pela primeira vez quatro anos atrás, aos treze, havia sido uma revelação para ela. "Eu nunca tinha me sentido especial de verdade como o baile fez com que eu me sentisse", ela explicou. "Eu não sabia que poderia amar nem ser amada do modo como posso e amo agora."

Haylee nunca teve um namorado. "Minha escola tem dois terços de meninas, e a maioria dos caras é gay", disse alegremente. Se tivesse tido, no entanto, ela acha que teria limitado o contato a mãos dadas. *Talvez* um beijo, mas nada além disso. "Acho que seria muito legal não dar o primeiro beijo antes do dia do casamento", disse. Outras garotas que estavam perto concordaram. Uma delas disse que nunca ficaria a sós em uma sala com um menino, nem mesmo em um cinema escuro – "*Talvez* uma mesa para dois em um restaurante", ela admitiu. Outra menina limitou os abraços no namorado a apenas três segundos para que, segundo ela, "as coisas não esquentassem".

Haylee e suas amigas pareciam absolutamente sinceras e totalmente confiantes em suas crenças. Se elas continuarem assim, no entanto, estarão em minoria. Segundo Mark Regnerus, sociólogo da Universidade do Texas, quase três quartos dos adolescentes brancos evangélicos desaprovam o sexo antes do casamento, em oposição a metade dos protestantes e a um quarto dos judeus. (Virgens evangélicos, aliás, também são os que têm menos chance de imaginar que o sexo será bom, enquanto os judeus são os que mais provavelmente citarão o prazer como uma razão para ceder.) Apesar disso, os evangélicos são o grupo sexualmente *mais* ativo entre eles. Elas perdem a virgindade mais cedo, aos dezesseis anos em média, e tendem a se proteger menos de uma gravidez ou de doenças, talvez devido a uma falha educacional ou porque o preparo para a relação sexual faça com que seus pecados pareçam premeditados.[14]

Votos de abstinência têm algum impacto, em particular entre adolescentes mais novos. Segundo os sociólogos Peter Bearman, da Universidade Columbia, e Hannah Brückner, de Yale, jovens de quinze e dezesseis anos que fizeram o juramento demoram dezoito meses a mais que seus colegas para ter uma relação sexual (embora isso definitivamente *não* signifique "até o casamento") e têm menos parceiros sexuais. Mas o efeito diminui se mais de 30% de jovens em uma dada comunidade quiserem fazer parte do grupo. O juramento tem que parecer especial, como seria se tornar sócio de um clube exclusivo.[15] A isso se deve, eu suponho, a atração dos símbolos da abstinência: anéis, camisetas, cadernos, pulseiras, bonés e outras quinquilharias que anunciam "Não beba e estacione" ou "Mantenha a calma e continue puro" ou simplesmente "O amor verdadeiro espera".

Talvez isso seja verdade, mas não indefinidamente e não para tudo. Os homens que fazem o juramento têm quatro vezes mais chances de fazer sexo anal que outros jovens, e tanto homens quanto mulheres que fazem o juramento têm uma probabilidade seis vezes maior de praticar sexo oral.[16] Aos dezoito anos, a resolução começa a se afrouxar, e aos vinte mais de 80% dos que fizeram o juramento ou o negam ou se esquecem de que um dia o fizeram.[17] A única lição duradoura é que eles continuam entre os que têm menos chance de usarem contraceptivos e têm chances drasticamente menores de se protegerem contra doenças.[18] Depois de ouvir Pam Stenzel avisar repetidas vezes que a camisinha é inútil contra infecções e que os anticoncepcionais deixam uma garota "estéril ou morta", acho que não me surpreendo. Ainda assim, é interessante que jovens retenham as mensagens de sexo de risco ensinadas pela educação da abstinência mesmo que rejeitem o resto. A conclusão é que os jovens que fizeram o juramento têm a mesma taxa de DSTs e gravidez que a população em geral, ainda que comecem a ter relações sexuais mais tarde e que relatem um número total de parceiros menor. O casamento também não os protege completamente: as meninas que fizeram o juramento se casaram mais cedo que as outras mulheres, mas mesmo aquelas que não haviam tido relações sexuais antes (cerca de 12%) alcançaram a mesma taxa de resultados positivos em exames para detectar DSTs que as mulheres casadas em geral.

Gente como Wilson e Stenzel gosta de dizer que esperar por seu único parceiro de verdade fará o sexo não apenas mais sagrado como mais caloroso. As substâncias químicas que o cérebro libera durante o sexo, segundo eles, os ligarão a determinada pessoa, treinando-os, como fez Pavlov, a se sentirem excitados e sensuais sempre que estiverem juntos. Trata-se de uma ideia romântica, mas, uma vez mais, não parece verdadeira. Um estudo de 2014 com jovens homens cristãos evangélicos ofereceu um vislumbre mais objetivo do leito matrimonial pós-abstinência. Verificou-se que os homens não conseguiam derrubar a ideia de que o sexo era "animalesco" depois que fora levantada a proibição contra ele. Eles se surpreenderam ao se encontrar ainda assolados por tentações: pornografia, masturbação, outras mulheres. Na época em que eram solteiros, tinham o apoio de outros homens abstinentes. Uma vez casados, descobriram que falar com amigos sobre problemas sexuais era considerado uma traição à mulher, e não tinham ideia de como conversar diretamente com ela.[19]

Uma jovem que fez o juramento da virgindade na Igreja batista aos dez anos contou uma história parecida no site xoJane.[20] Depois do casamento, não conseguia se livrar da vergonha e da culpa que haviam sido incutidas nela. "O sexo parecia sujo, errado e pecaminoso mesmo que eu estivesse casada e que se supusesse que fosse apropriado naquela hora", escreveu. "Às vezes eu choro na hora de dormir, pois queria gostar [de sexo], porque não é justo. Fiz tudo certo. Fiz o juramento e não o quebrei. Onde estava o casamento abençoado que me prometeram?" Enquanto isso, uma pesquisa de 2011 com mais de 14,5 mil pessoas revelou que aqueles que deixaram a religião estavam sexualmente mais satisfeitos e sentiam menos culpa em relação à vida sexual do que quando eram crentes.[21]

No BAILE, AS GAROTAS e os pais se levantaram da mesa, olharam nos olhos uns dos outros e trocaram votos. As meninas se comprometeram com a castidade. Os homens prometeram "proteção" às filhas, encaminhá-las, guiá-las e rezar por elas. As garotas recitaram o seguinte juramento: "Sabendo que valho a espera, eu me comprometo com Deus, comigo, minha família, meus amigos, meu futuro marido e meus futuros filhos a levar uma vida de pureza, incluindo a pureza sexual, desse dia até o dia em que eu entrar em uma relação marital bíblica." Em seguida, os casais se reuniram no fundo da sala. Os pares se deram os braços e, um a um, se dirigiram ao centro da pista de dança, quase como em um casamento. Os pais retiraram tiaras prateadas de uma cesta e "coroaram" suas filhas, e as meninas escolhiam uma rosa branca de outra cesta.

Brittan me apresentou a Dave, um empresário divorciado de 39 anos que estava ali com a filha de catorze anos. "Como pai, o que eu desejo para ela é a melhor vida possível", ele me disse. "E a verdade é essa: tudo o que fazemos entre o tempo em que começamos a nos tornar uma jovem mulher ou homem até nosso casamento de verdade, tudo o que acontece em cada relacionamento que temos, seja físico, seja emocional, seja mental, toda experiência que temos nós levaremos para o casamento. A castidade pode, na verdade, cortar pela raiz muito sofrimento futuro. Em vez de ter que se curar de algo, não é melhor não ficar doente? Quem pode discordar disso?"

Ele deve saber, e continuou. Fraquejou antes do próprio casamento, algo de que ele se arrepende e que responsabiliza, em parte, por seu fracasso final. "Fui para a faculdade e fiquei por minha conta", ele disse. "E me desviei do caminho. Não me cerquei de pessoas parecidas comigo. Havia muita angústia e muito sofrimento. É a razão por que acho que isso é tão importante. Dizem-nos o tempo todo que ninguém praticará a abstinência, que não há como a praticarem. Por quê? Trata-se de uma escolha." Ele apontou para a filha, que estava em silêncio ao lado dele, girando sua rosa branca. "Se alguém pusesse uma arma na cabeça dela todos os dias e dissesse que se ela perdesse a pureza atiraria nela, eu garanto que ela não perderia sua pureza. É tudo uma questão de escolha."

Ao menos aparentemente, Dave não seguia um padrão duplo. A abstinência, para ele, era tão importante para os homens quanto para as mulheres. Ele planejava servir de modelo para os filhos, permanecendo casto até (ou a menos) que se casasse novamente. Ele também esperava "pureza" de seus filhos. Uma vez mais, sua preocupação parecia menos com o sexo e mais com o sofrimento causado pela intimidade emocional – sofrimento que outros podem considerar essencial para o crescimento pessoal e para o desenvolvimento de ideias e expectativas maduras sobre os relacionamentos.[22]

Depois de ouvir Dave, me ocorreu que a ideia de que a pureza protegeria tanto ele quanto os filhos do divórcio – que experiências de intimidade emocional ou física antes do casamento ameaçariam, em vez de aprimorar uma parceria – parecia um conto de fadas, assim como a coroa falsa que ele acabara de pôr na cabeça de sua filha. Estou casada há quase 25 anos. A virgindade, na época longínqua em que nos casamos, não era algo especial ou estimado que meu marido e eu demos um ao outro – nosso amor e comprometimento eram. Isso vale para todos os casais que conheço que são casados há muito tempo e valeu igualmente para todos que conheço que se divorciaram. Além disso, se Dave realmente quisesse que os filhos ficassem casados para sempre, ele poderia começar conferindo os anúncios de imóveis em regiões liberais como Nova York, Boston ou São Francisco.[23] Estatisticamente, o fator prognóstico de taxas mais altas de divórcio em qualquer região é a concentração de protestantes conservadores ou evangélicos, em parte porque eles se casam e têm filhos mais cedo.[24] Tabus contra experiências sexuais e intimidade emocional podem, assim, ter um efeito bumerangue para pais como Dave, empurrando seus filhos a se casarem com alguém incompatível ou antes que estejam prontos para que possam ter um relacionamento abertamente físico.

É fácil para nós, que achamos que o juramento é uma loucura, nos sentirmos um pouco superiores. No entanto, me ocorreu que as meninas que são "virgens para Deus" não são realmente muito diferentes daquelas que pensam na virgindade como um "presente" ou mesmo daquelas que a veem como um entrave: todas acreditam que *um* ato sexual poderia transformá-las como um passe de mágica – para melhor ou para pior – e, como resultado, todas elas correm o risco de prejudicar seu desenvolvimento sexual e emocional. Todas definem seu valor, qualificam seu autorrespeito e julgam o caráter de outras garotas (implícita ou abertamente) a partir do que acontece, ou não, entre suas pernas. E todas ainda se definem basicamente por sua sexualidade: por se, quando, onde, com quem e quantas vezes tiveram uma relação sexual.

Ao se concentrarem na virgindade, os jovens minimizam (e muitas vezes passam a toda velocidade por) outras formas de expressão sexual, negando a si mesmos oportunidades diferentes de conhecimento e experiência. Afinal, ir adiante lenta e intencionalmente com um parceiro não é apenas incrivelmente sensual, é vital para aprender, *aprender* de verdade, sobre desejo, prazer, comunicação, reciprocidade e intimidade. Isso, enfim, muda a vida muito mais do que "realizar" uma relação sexual. "'A experiência' é um modo estúpido de pensar sobre isso", disse Dennis Fortenberry, professor de pediatria do curso de medicina da Universidade de Indiana e um dos mais notáveis pesquisadores da sexualidade dos adolescentes. "Se você pensa nisso como um conjunto de experiências de proximidade, afeto, desejo, atração, excitação, toque, orgasmo – todas são parte das possibilidades do aprendizado sexual. Isto é o que os jovens deveriam fazer: aprender sobre essa coisa cheia de nuances incríveis que chamamos de sexo e que supomos que será parte da nossa vida em diferentes situações pelos próximos sessenta anos, mais ou menos. Acho que não vou estar aqui para ver, mas e se pudéssemos ao menos começar a pensar em dizer às crianças: 'Passem um ano ou dois fazendo sexo oral com as pessoas com quem vocês gostariam de fazê-lo e aprendam de verdade o que é isso e, assim, entendam o que deve vir depois'?"

Perambulei pelo salão perturbada, para dizer o mínimo, pelos vestidos brancos, o tema matrimonial e a ideia de os pais serem guardiões da "pureza sexual" das meninas. Os pais ainda recebiam uma moeda de prata, encapsulada em uma caixa translúcida, que eles deveriam guardar como símbolo da virtude das filhas até o dia do casamento (como nos versos "*something borrowed, something blue, and a silver sixpence in her shoe*").* O que poderia ser mais patriarcal, mais retrógrado que isso? Ao mesmo tempo, a sexualização excessiva na cultura secular, que mede o valor de uma mulher primeiro e acima de tudo por quanto ela é "gostosa", não é muito melhor. Eu discordo absoluta e veementemente da abordagem dos pais, mas, assim como eu, eles desejam apenas o melhor para suas filhas. Ao seu próprio modo, eles acreditam que estão ajudando as meninas a combater as pressões modernas e os estereótipos degradantes. Brittan conversou comigo sobre a "epidemia pornô" e a importância de "empoderar" jovens para que consigam "navegar o assédio da hipersexualização onde quer que

---

* Versos populares que descrevem o que as noivas devem vestir no dia do casamento para ter sorte: "algo emprestado, algo azul e uma moeda de prata de seis centavos no sapato". (N.T.)

estejam" de modo que possam fazer "escolhas sexuais saudáveis", éticas e responsáveis. Como eu, ela acreditava que devíamos educar as crianças "de forma muito direta" sobre o sexo. A linguagem era a mesma, mas o objetivo era completamente diferente. Para mim, a pureza e a hipersexualização são lados opostos da mesma moeda. Eu preferiria que as meninas fossem ensinadas que seu status sexual, independentemente de qual seja ele, não é uma medida de sua personalidade, sua moralidade e seu valor.

Depois de completarem a cerimônia de coroação e de assinarem um "pacto" de pureza, pais e filhas se dirigiram à pista para sua "primeira dança", outro ritual que espelhava um casamento. Eles pareciam muito felizes, e as meninas se deliciavam com a atenção de seus pais ou mentores. Eu posso não ter concordado com o motivo do encontro, posso não ter concordado com a mensagem, mas me agradou ver que os pais se comunicavam com suas filhas e dedicavam tempo para aprofundar a ligação com as meninas, para criar confiança, para discutir ética e valores relacionados ao sexo. Entrevistei mais de setenta jovens mulheres para este livro, e apenas duas delas tinham tido alguma vez uma conversa relevante sobre sexo com o pai. As demais apenas riram quando toquei no assunto. As mães não se saíram muito melhor. Mesmo as que acreditavam que haviam conversado com suas filhas sobre sexo tendiam a superestimar a eficácia, a transparência e o nível de conforto desses diálogos.[25] De algum modo, muitos pais não sabem o que falar quando param de dizer "não". Assim, embora seja fácil nos chocarmos com o machismo gritante dos pais do Baile da Pureza – e, sim, eu realmente me choquei –, é igualmente chocante para mim que a alternativa a ele pareça ser o silêncio completo.

Depois de uma ou duas músicas, os pais foram deixando a pista, enquanto as meninas tiravam o salto alto. Elas se espalharam em pequenos grupos para "purificar" músicas pop como "Happy", de Pharrell Williams. Quando cruzei a porta, "Let it Go", a música-tema de *Frozen*, começou a tocar. No refrão, como fazem as jovens de todo lugar, as meninas abriram bem os braços e cantaram a letra a plenos pulmões. Os pais olharam com sorrisos indulgentes, aparentemente sem que percebessem que o sentido da música – "Sem certo ou errado, sem regras para mim. Eu sou livre!" e

"Aquela garota perfeita se foi" – é que Elsa, a princesa, está assumindo o poder e rejeitando a moralidade falsa e restritiva que lhe fora imposta por seu pai, o rei.

O checklist de uma boa pessoa

Christina conhecia Brandon desde o jardim de infância. Eles correram um atrás do outro no parquinho da escola e foram às festas de aniversário um do outro na pista de patinação local. Ele ganhara o primeiro prêmio da feira de ciências do ensino fundamental, ela ficara com o segundo. Eles se beijaram pela primeira vez depois da festa de inverno quando estavam no terceiro ano. Com o tempo, sua intimidade física se aprofundou, mas o espectro da igreja nunca deixou os pensamentos dela.

"Era assim: 'Meu namorado tirou minha camiseta. E se alguém descobrir?'", ela lembrou. "Mesmo hoje, posso racionalmente negar esses sentimentos, mas eles ainda estão lá. Existem graus de vergonha e de culpa que provavelmente ficarão impregnados em mim para sempre. Eu gostaria que não fosse assim. Eles assombram muitas das minhas ações." Ela fez uma pausa para refletir. "Mas eu não sei qual é o limite entre a minha criação e o que é simplesmente a minha personalidade. Sou uma pessoa muito cautelosa por natureza."

Talvez. Quando encontrei Christina, ela planejava passar um semestre fora, em Botsuana, o que me pareceu muito audacioso. Ela também escolhera de propósito uma universidade que desafiaria seus valores antigos, e procurara uma moradia que a levaria ainda mais além. A disposição de Christina para tamanho afastamento da bolha em que fora criada – algo difícil para todo jovem, independentemente de suas políticas – me pareceu admirável, até mesmo corajoso. Ela não conseguia explicar bem por que agira assim. Pode ter sido porque seus pais não eram tão conservadores quanto seus professores. A mãe de Christina nunca contradisse as lições da escola sobre castidade, mas não aceitava que condenassem a homossexualidade como pecado. "Ela foi direta comigo: 'Não é verdade'", Christina disse. Além disso, Christina sempre se sentiu diferente de seus colegas. Os outros alunos do seu ano eram brancos e ela se parecia com o pai filipino, era a única asiática em toda a escola. No ensino fundamental, os meninos zombavam do formato dos seus olhos e da cor da sua pele, o que fazia – e faz até hoje – com que ela não se sentisse atraente nem desejável. Esse sentimento de diferença e isolamento pode ter sido suficiente para fazer com que ela buscasse alguma coisa.

Christina esperava que seus valores fossem testados quando ela entrasse na faculdade. "Eu sabia que teria de me apegar à minha conduta", disse. "Se não quisesse beber, eu não o faria. Se não quisesse fazer sexo com alguém, eu não o faria." Em alguns meses, no entanto, ela começou, como ela mesma definiu, "a se soltar": se aventurava em festas, tomava um ou dois drinques e beijava os garotos na pista de dança. "Acho que eu meio que glamorizei tudo aquilo", admitiu. "Acho que invejava a liberdade das garotas que não tinham um monte de regras estabelecidas para elas. Eu queria saber como era isso."

Em uma dessas festas, no começo da primavera de seu segundo ano, ela encontrou Ethan, um garoto alto e gentil que, como ela, vinha de uma comunidade conservadora. Eles conversaram a noite toda e descobriram que gostavam da companhia um do outro. De início, ela hesitou em começar um relacionamento, mas em cerca de um mês eles estavam ficando exclusivamente um com o outro, e, no fim de outubro, começaram a fazer sexo. "Foi simplesmente muito natural", Christina disse. "Eu queria conhecê-lo daquela maneira, e ele queria me conhecer daquela maneira. Não houve pressão. Foi uma decisão completamente minha e tudo com muita parceria."

É exatamente assim que se poderia esperar que fosse a relação sexual de uma garota. O cuidado e a preocupação em relação ao parceiro podem ter sido consequência de sua educação conservadora? Ou foi simplesmente porque ela era mais velha que muitas garotas quando teve sua primeira relação sexual? É difícil dizer. Christina credita à sua escola o ensinamento de uma ética da bondade e de respeito pelo outro – embora pareça que essa ética não impedira que as pessoas a provocassem por causa de sua etnia. Ela também acreditava que, uma vez que o sexo estivesse fora de cogitação, os meninos da turma seriam forçados, em sua maioria, a ver as garotas como algo além de objetos sexuais. Ao mesmo tempo, essa educação a deixara especialmente insegura e ignorante sobre seu corpo e suas reações. "Eu não sabia *nada* antes de ir para a universidade", disse. "Não tinha ideia do que era um clitóris. E ainda tem muita coisa que não sei." "Como o quê?", eu perguntei. "Bem", ela disse sem pressa. "Eu me preocupo com o que é 'normal' no sexo, mas não dá para perguntar porque cada um é de um jeito. Então eu não posso...", interrompeu. "Não sei. Não sei o que é 'normal' para mim. Como..." Ela hesitou mais uma vez e depois me olhou envergonhada. "É normal nunca ter orgasmo?"

Christina e Ethan ficaram juntos por cerca de seis meses. Ela nunca se arrependeu de perder a virgindade com ele, mas, quando eles terminaram, ela se perguntou o que aconteceria. "Serei uma pessoa que só dorme com outra se estivermos em um relacionamento sério? Será que quero criar uma regra de que preciso ir a um número determinado de encontros com alguém antes de dormirmos juntos? E, se eu dormir com outra pessoa, meu número passará para dois. Eu me importo com esse número?"

O "número" era uma fonte comum de preocupação entre as garotas. Mesmo as que achavam que a virgindade era um vestígio de outra época se perguntavam quantos parceiros sexuais seria demais. (O "número", como a própria virgindade, incluía apenas relações sexuais – ninguém contava os garotos com quem, digamos, fizeram sexo oral.) Perder a virgindade em si pode não ter deixado uma mácula nelas, mas seria possível ir mais longe? O estigma da vadia, a garota que era excessiva e aberta demais sexualmente e que se permitia ser usada, ainda existia: sua reputação ainda poderia ser comprometida, tanto para si como para os outros, por sua atividade sexual. "Acho que eu me sentiria nojenta se meu número começasse a subir para os dois dígitos", admitiu Brooke. Ela deu uma olhada rápida em Christina, que estava contando os dedos, enumerando em silêncio o número de casos de Brooke. "Pare com isso!", ela vociferou, rindo, e depois ficou séria. "Eu sinto que sexo é importante. Não quero fazer sexo com pessoas que não significam nada para mim. E ainda não tenho idade suficiente para ter tido tantos parceiros que tenham significado alguma coisa."

Caitlin balançou a cabeça e arregalou os olhos, impaciente. "Eu meio que não me sinto assim", disse. "Acho que eu poderia fazer sexo com alguém e não significar nada. Eu me lembro da primeira pessoa com quem fiz sexo depois do cara com quem fiquei durante três anos. Foi muito surpreendente que pudesse ser... emocionalmente leve, apenas divertido, relaxado e fácil."

"E, de toda forma, o que é isso, 'significar algo'?", ela continuou. "Significa que você precisa amar a pessoa? Seria como uma experiência fora do corpo? Poderia ser apenas que essa pessoa era boa e eu gostava de como ela era gentil? Isso não é significativo?"

Brooke deu de ombros, pegando seu esmalte. "Talvez seja meu próprio desconforto. Para mim, dizer 'não' é muito difícil em qualquer circunstância, mesmo que seja a um favor para um amigo. Por isso, consigo me ver deixando as coisas esquentarem com alguém sem que eu queira que isso aconteça com aquela pessoa, e eu não me sentiria bem. Mas acho que se eu ficasse excitada com alguém com quem não estivesse envolvida emocionalmente... Não consigo imaginar isso de verdade, mas seria tudo bem."

"É muito relativo", refletiu Christina. "O significado do sexo para mim é muito diferente, porque eu vim de um lugar muito diferente do de vocês. Se um ano atrás eu fizesse sexo com duas pessoas, eu não ficaria bem. Mas agora estou. Por isso acho que o 'significativo' tem de ser uma definição que muda tanto para cada pessoa quanto ao longo do tempo. Eu penso... Penso que não me importo mais com o número de alguém. Quer dizer, para o sexo seguro, sim, mas em termos de achar que elas são pessoas moralmente melhores ou piores... Eu costumava achar que a checklist para saber se você é ou não uma boa pessoa era 'você bebe, você fuma, você faz sexo, você está solta nisso tudo'? Essa não é mais a minha checklist mesmo. Porque todo mundo tem muito mais profundidade e mais dimensões."

"E não acho que eu queira continuar a estabelecer limites para mim mesma, também", ela acrescentou. "Porque vou ficar desapontada quando ultrapassá-los. Tenho de confiar em mim mesma para saber o que é gostoso e natural e o que não é."

Caitling estava mexendo no computador de Christina e tinha deixado outro vídeo de Pam Stenzel pronto para exibição. Esse se chamava "Definição de sexo". Stenzel ainda estava diante da placa que levava os dizeres "O alto custo do amor livre", discursando como uma comediante de stand-up. Falou sobre uma garota que ela conhecera que havia sido submetida a uma "histerectomia radical" aos dezoito anos por um diagnóstico de câncer de colo do útero no nono ano, causado pelo HPV que ela contraíra no sétimo. (Embora tenha avisado, corretamente, que a camisinha não protege totalmente contra o HPV, Stenzel negligenciou a informação de que existe uma vacina contra o vírus, recomendada por pediatras para crianças a partir dos onze anos de idade.* Ela também não mencionou que a realização regular do Papanicolau faz uma triagem eficaz de eventuais anormalidades.) Depois, ela começou a falar uma vez mais sobre virgindade. "Agora vou lhes apresentar a definição médica de 'sexo'", disse. (E nesse ponto o espectador deveria desconfiar, porque, como eu disse, de fato ela não existe.) "Esse é o limite médico que você não pode ultrapassar, e, se você alguma vez ultrapassou essa linha, você se arriscou a ter uma doença *e* precisa fazer exames. E não *OUSE*! Não *OUSE* dizer a ninguém que você é virgem! Essa é a linha em que você não pode pisar. Absolutamente *nenhum contato genital de nenhuma espécie*: mão-no-genital, boca-no-genital, genital-no-genital. Sexo oral, que é boca-no-genital, é sexo, daí o nome 'sexo oral'. E, se você já fez sexo oral, você não é virgem e não *ouse* dizer a ninguém que você é."

As garotas que assistiam ao vídeo riam e de vez em quando perdiam o fôlego, em choque. Estranhamente, no entanto, eu me vi concordando com Stenzel, ainda que não com suas conclusões ou seu esforço para envergonhar e aterrorizar a audiência. Nossa definição de "sexo" é muito restrita. Eu percebi que é idealista propor uma descontrução da virgindade em nome da saúde das meninas, mas mesmo questionar as implicações de nossas hipóteses sobre ela tem valor. Vale a pena perguntar de que modo ter colocado esse único ato em uma categoria separada está man-

* No Brasil, a vacina é recomendada para crianças a partir dos nove anos de idade. (N.T.)

tendo as garotas (e os garotos) mais livres de doenças, coerção, traição e assédio; se lhes dá mais controle sobre sua experiência sexual; se encoraja a reciprocidade e o cuidado; como afeta sua percepção de outros tipos de interações sexuais; o que significa para os adolescentes gays, que podem ter múltiplos parceiros sexuais sem a penetração heterossexual. Uma vez mais, não digo isso porque essa forma de relação sexual não é nada de mais, mas porque ela não é a única importante. Seria melhor que os jovens pensassem em sexo horizontalmente, como Dennis Fortenberry sugeriu, como uma maneira de explorar a intimidade e o prazer, mais que como uma corrida vertical desgovernada rumo a um objetivo. E se o primeiro beijo fosse uma forma de perda de virgindade? A primeira vez que você fez sexo oral? E se fosse o primeiro amor? E se, como Jessica Valenti sugere em *The Purity Myth*, uma menina não perdesse a virgindade até que tivesse o primeiro orgasmo com um parceiro?[26]

Antes de deixar Christina e suas amigas, eu lhe perguntei como criaria uma filha. Ela meditou por um instante. "Existem falhas enormes na minha educação sexual que eu não posso ignorar", ela disse, enfim, "mas, devido ao risco de perder as outras lições que me beneficiaram, eu não gostaria de ter feito de outro modo. Entretanto, quero de verdade ter conversas mais abertas com meus filhos. Não consigo me imaginar chegando ao nível de dizer: 'Está bem, isso é o seu clitóris', mas, de novo, eu acharia isso bom se os deixasse mais à vontade no mundo."

"Acho que eu teria que dizer à minha filha: 'A decisão é completamente sua'", ela continuou. "'Seja lá o que te deixe confortável. Mas você tem de se proteger: essas são as coisas ruins que podem acontecer no sexo, mas também há os benefícios.' Eu gostaria de lhe dizer: 'Depende muito de você e do que você sente.' Porque eu acho que, no fim das contas, trata-se da decisão mais pessoal de todas."

4. Ficadas e saídas

Holly, uma estudante do segundo ano de uma universidade particular da Costa Oeste, se ofereceu para falar comigo por uma razão específica. Ela queria que soubessem que algumas universitárias, garotas como ela, gostavam da chamada cultura do ficar. "Livros e artigos sempre dizem que se garotas ficarem com muitos caras serão chamadas de vadias ou que todas as garotas querem apenas relacionamentos, na verdade", ela disse, ajeitando o cabelo loiro cacheado sobre um dos ombros. "Ou, então, simplesmente que a cultura do ficar é boa para os garotos e que eles se sentem realizados quando fazem sexo com várias garotas. Mas só digo o seguinte: eu me sinto realizada depois que faço sexo com alguém com quem queria fazer sexo. Na manhã da última quinta-feira, acordei e parecia que todo mundo na república onde moro sabia que eu tinha transado porque elas ouviram a cama rangendo lá em cima. E todas disseram: 'Holly! Bate aqui! Você conseguiu, garota!' Eu me senti realizada, assim como um garoto se sentiria. Foi tipo: 'Na noite passada eu saí, estava bonita, me expus e consegui. Bom para mim.'"

O que serve para um serve para o outro

Assim como o sexo oral nos anos 90, as discussões sobre a "cultura do ficar" em vigor são terreno fértil para o bom e velho pânico induzido pelos meios de comunicação. As conclusões da maioria das reportagens tendem a oscilar entre extremos: Ficar é terrível para as garotas! As ficadas são libertadoras para as meninas! As garotas estão sendo vitimizadas! As garotas estão ficando selvagens! Eis o que elas raramente dizem: os jovens não estão, de fato, fazendo mais sexo do que costumavam fazer – ao menos se definirmos sexo como uma relação sexual. A mudança sísmica no comportamento sexual pré-marital aconteceu, na verdade, com a geração *baby boom*, segundo Elizabeth Armstrong, uma socióloga da Universidade de Michigan que, com seus colegas, realizou a mais ampla pesquisa sobre o ficar entre os universitários.[1] Isso aconteceu quando a introdução da pílula, o crescimento do movimento feminino e o relaxamento na supervisão das jovens em colégios e universidades mistos deram início à revolução sexual. Também não foram os jovens de hoje que inventaram o conceito de sexo casual. O que mudou entre os universitários e cada vez mais entre os estudantes do ensino médio, entretanto, foi que os relacionamentos, quando existem, não começam mais com um encontro, mas muitas vezes com um contato sexual sem compromisso. Em vez de ser um produto da intimidade, portanto, o sexo se tornou seu precursor ou, às vezes, seu substituto. É isso o que se entende pelo termo *cultura do ficar*.[2] "O sexo casual já acontecia antes nas universidades", disse Debby Herbenick, do Instituto Kinsey da Universidade de Indiana, "mas não havia a ideia de que era isso que você *deveria* fazer. Agora há. Tenho alunos que dizem que as pessoas deveriam ser capazes de não ter emoções no sexo, e que, se uma pessoa não consegue fazer isso, há algo errado com ela e ela está perdendo alguma coisa."

Como eu disse, a própria palavra *ficar* é ambígua e indica qualquer coisa entre beijo e sexo oral, relação sexual e sexo anal. Para tornar as coisas mais confusas, existem tipos diferentes de ficadas: ficada única, ficada repetida, ficada exclusiva, "amizade colorida". O único fio condutor geral é que não existe fio – ou, para ser mais exata, não existem *amarrações*: nem compromisso emocional nem promessa entre os parceiros de nada além do momento. Segundo a Pesquisa Online de Vida Social na Universidade, que incluiu cerca de 20 mil estudantes de 21 universidades, 72% dos estudantes, tanto homens quanto mulheres, ficaram ao menos uma vez no último ano, com uma média de sete parceiros.[3] O comportamento é mais típico de heterossexuais brancos abastados e menos comum entre mulheres afro-americanas e homens asiáticos.[4] Vinte por cento dos estudantes universitários ficaram dez vezes ou mais no último ano de faculdade, enquanto 40% ficaram até três vezes. Apenas um terço dessas ficadas incluiu relação sexual, outro terço envolveu sexo oral e alguma forma de estimulação manual dos genitais, enquanto o restante se resumiu a beijos e ao que meus avós teriam chamado de "carícias intensas".[5] Assim, não estamos presenciando exatamente a queda de Roma. Os próprios jovens tendem a superestimar a atividade sexual de seus colegas, uma vez mais, guiados talvez por "roteiros" dos meios de comunicação – de 92% das músicas da parada da *Billboard* que falam de sexo a filmes como *Sexo sem compromisso* e *Amizade colorida*, passando por programas de TV, de *Maldosas* a *Diários de um vampiro*, de *Awkward* a *Grey's Anatomy* (Mindy Kaling, criadora e estrela de *The Mindy Project*, brincou que seu personagem epônimo saiu com mais homens em poucas temporadas – beijou trinta deles – que ela, a verdadeira Mindy, em toda a sua vida).[6, 7, 8] Também há o crescimento dos aplicativos para encontros, como o Tinder, que retrata milhões de pessoas como aqueles que pulam de cama em cama alegremente. Mas o exagero sobre a quantidade de sexo em jogo não é a única lacuna dos jovens na percepção da realidade: quando Herbenick fez uma pesquisa anônima com os 150 alunos da aula de sexualidade humana que assisti, mais de 70% deles, de ambos os sexos, acreditavam que seus colegas buscavam apenas ficadas, enquanto menos da metade achava que os outros estavam interessados em relacionamentos. A verdade é que quase três quartos dos meninos e 80% das meninas disseram que preferem um encontro a uma ficada, e quase 80% de ambos os sexos gostariam de estar em um relacionamento amoroso no ano subsequente.[9]

Algumas meninas, como Holly, disseram que se sentem asseguradas pelas ficadas, livres da responsabilidade emocional por seu parceiro, livres para reconhecerem o simples tesão. Mas e o sexo de fato? *Bem...* A satisfação física das garotas nas ficadas tende, uma vez mais, a ser secundária, algo fora do plano original. Elas têm uma chance consideravelmente menor de, por exemplo, receber sexo oral em encontros casuais, e quando o recebem é raro chegarem ao clímax: apenas 17% das mulheres relataram orgasmo em uma primeira ficada que incluiu somente sexo oral, ante 60% que receberam sexo oral em um relacionamento. (Homens em ficadas, aliás, superestimam de um terço a metade dos orgasmos de suas parceiras.) Nas ficadas com relação sexual, 40% das mulheres disseram que gozaram (metade da taxa dos homens), ante três quartos em relacionamentos sérios.[10] O orgasmo pode não ser a única medida de satisfação sexual – algumas garotas se queixaram para mim que a pressão que os namorados fazem para que elas "atinjam" o clímax as estressava, em particular quando eram sexualmente inexperientes –, mas, como as chances de uma jovem dizer que gostou de um encontro é seis vezes maior (tanto em um relacionamento quanto em uma ficada) quando ela tem um orgasmo, nenhuma das duas coisas é irrelevante.[11] Talvez alguém possa argumentar que leva tempo para que o homem conheça o corpo de uma parceira e suas reações, mas isso também exige interesse – e respeito básico. Os rapazes costumam demonstrar bem menos de ambos por parceiras de uma ficada do que por uma namorada ou mesmo por uma "amizade colorida". Como um garoto disse a Armstrong e seus colegas, "em uma ficada, eu não estou nem aí".[12] Já as mulheres investem no prazer do parceiro de todo modo. Isso pode explicar em parte por que 82% dos homens disseram que, na manhã seguinte a uma ficada, eles em geral se sentem contentes com o que aconteceu, comparado a 57% das mulheres.[13]

Ainda assim, 57% é um monte de meninas, o bastante para mostrar com clareza que as ficadas não são nem conduzidas pelos meninos nem são eles os únicos beneficiados. Conforme a idade do primeiro casamento aumentou e a ideia de encontrar um marido na faculdade se tornou anacrônica, Armstrong e seus colegas descobriram que o desejo das meninas de dedicar tempo aos relacionamentos diminuiu.[14] Com anos de vida de solteira pela frente, muitas querem concentrar as energias em seu "autodesenvolvimento", buscando objetivos acadêmicos, pessoais e profissionais ou saindo com os amigos. Os pais também as incitam a focar em ambição em vez de romance. As ficadas permitem que elas façam tudo isso enquanto aproveitam a vida sexual ativa. Além disso, quantas vezes você pode – ou *quer* – se apaixonar? A cultura do ficar, assim, age como uma espécie de amortecedor, uma distração até que comece o momento de parcerias adultas mais oficiais. As garotas que conheci disseram muitas vezes que eram muito "ocupadas" para ter um relacionamento. De um lado, foi confortante ouvir que suas vidas não giram em torno dos homens. Também foi difícil imaginar uma época em que essa "ocupação" diminuiria – é provável que se torne mais intensa depois da faculdade, quando elas estarão construindo uma carreira ou fazendo pós-graduação. O que as mantém tão ocupadas, afinal? Não é que elas tenham de comprar comida, preparar a própria refeição ou pegar as crianças na escola. Enquanto eu tentava ampliar as possibilidades, me perturbou a ideia de que romance e ambição sejam mutuamente excludentes. Ela soou por demais evocativa do "não se pode ter tudo", uma frase que culpa as mulheres, e não as desigualdades estruturais, por nossas batalhas no trabalho e em casa.

"Agora existe essa ideia de que a identidade é construída independente dos relacionamentos, e não neles", disse a psicoterapeuta e escritora Leslie Bell. "Assim, apenas quando uma pessoa estiver 'completa' como um adulto ela poderá manter um relacionamento. É uma mudança interessante do pensamento acadêmico e da sabedoria popular anterior, de que as mulheres são naturalmente voltadas aos relacionamentos e se desenvolvem quando estão em um mais do que independentemente deles." Bell não se opõe ao ficar, mas descobriu que os participantes da sua pesquisa, que eram cinco a dez anos mais velhos que os da minha, não estavam tendo a experiência de testar o amor, a intimidade, a vulnerabilidade ou a autodefesa com um parceiro. Sua vida adulta e sua independência se baseavam na negação em vez da expressão de uma conexão emocional através da sexualidade. "Tudo gira em torno da importância de não se frustrar", ela disse. "Por que não se discute tanto o que é ter uma experiência amorosa ruim e aprender com ela? Por que não existem muitas histórias sobre a importância de assumir riscos mesmo que no final você se sinta usado? É como uma perversão de conexão e interdependência – ainda que para as mulheres a participação em um relacionamento vai sempre significar uma perda de si mesma."

Ao ouvir Bell, eu me lembrei de uma conversa que tive com Mackenzie, uma estudante do segundo ano do ensino médio de uma escola da Bay

Area dominada pela cultura do ficar. Ela passava por um momento de dificuldade quando nos encontramos, porque o namorado com quem estava havia um ano tinha acabado de traí-la. Ele beijou outra garota quando estava bêbado em uma festa, e ela estava em dúvida se terminava o relacionamento. Seus olhos se encheram de lágrimas muitas vezes enquanto conversávamos, e ela descreveu como tinha "se perdido de si" na relação deles. "Não estou dizendo que seja tudo uma coisa negativa", ela acrescentou. "Também aprendi muito sobre mim mesma. Aprendi que eu tenho muito. Tenho muito para dar. Também aprendi muito sobre mim e sobre vulnerabilidade. Posso amar muito profundamente, e acho que isso é bom. Aprendi muito sobre meu corpo, sobre minha cabeça, simplesmente por estar com outra pessoa, ao ouvir a visão dele sobre as coisas, ao ser íntima. Ainda estou aprendendo. Estou aprendendo a lidar com meu coração partido e com uma pessoa que eu acreditava que nunca me machucaria, mas machucou. Tudo isso."

Nos *campi* das universidades que visitei, ficar era considerado um ingresso para a vida social, para o prazer, para o empoderamento e mesmo para um potencial relacionamento. As garotas que não queriam ficar, em especial as novatas, podiam acabar sozinhas e entediadas em uma noite de sábado (ou de sexta ou de terça-feira). Que graça tinha aquilo? Suas objeções não eram morais, em geral. Elas não pensavam que as garotas que ficavam eram "sujas" ou pouco seletivas a ponto de o sexo casual parecer emocionalmente vazio, potencialmente inseguro e, às vezes, nada higiênico. Becca, uma caloura de uma universidade particular da Costa Leste, por exemplo, foi apelidada de vovó pelas amigas porque ela muitas vezes ia para a cama às nove. Ela teve diversas "ficadas" quando era mais nova – beijou garotos na escola judaica particular onde estudava no ensino médio, fez sexo oral pela primeira vez no nono ano, perdeu a virgindade aos quinze em uma névoa de maconha e álcool. Aquelas experiências fizeram com que se sentisse péssima. Desde o começo do último ano, ela tinha um namorado fixo por quem estava apaixonada e se manteve comprometida com ele ainda que ele frequentasse uma universidade em outro estado. "Meus amigos me disseram: 'Bec, você não deveria ter um namorado na faculdade!'", ela me contou. "Então, na noite passada fui a uma festa e duas pessoas vieram me falar que um garoto do segundo ano queria me comer. Eu disse: 'Ótimo. Ele não quer me conhecer, mas quer me *comer*?' Encontrei alguém que eu amo de verdade e não vou deixar que isso acabe para ficar com pessoas aleatórias. Quer dizer, você quer que eu fique com um monte de garotos e pegue mononucleose? Eu não entendo." (Becca, vale dizer, era a única garota do seu campus que eu entrevistei que não estava doente com uma infecção respiratória que os estudantes chamavam de barro.) Assim como Sam, a garota do ensino médio que não ficava sozinha com seus amigos homens, Becca também sentia que a cultura do ficar era um obstáculo a relações platônicas. "Tipo, recentemente eu estava em uma república depois de uma festa diurna", disse. "Estava simplesmente passando tempo e conversando com os caras, e um deles não teve vergonha de demonstrar que estava confuso sobre o meu motivo para estar ali, já que eu não estava ficando com ninguém."

Sierra também teve a sua cota de ficadas no ensino médio, mas as considerou insatisfatórias. Quando nos encontramos, ela era caloura de uma universidade e estava com o namorado atual havia quase um ano. "Eu costumava pensar que a coisa sexual era uma conexão emocional", disse. "Mas não é verdade. A conexão emocional vem antes. É isso que fez o sexo ser tão bom. Na primeira vez que transamos, meu subconsciente estava pensando: 'Ele está excitado não apenas por fazer, mas por fazer *comigo*. Por fazer sexo com alguém que ele vai acabar amando.' Ele se preocupa com os meus sentimentos. Ele me manda uma mensagem de manhã: 'Bom dia! Como você está hoje?' Se eu respondo que estou cansada, ele escreve de volta: 'Tá. Mas como você *está* hoje? Mentalmente? Você está estressada? Está feliz? Está triste?' Isso é saber que temos de conhecer um ao outro, saber o que nos deixa irritados, felizes ou tristes. É a conexão, a garantia de que não se trata de transar e sair correndo. Nós vivemos o momento e amamos cada segundo, mas certamente é a conexão emocional antes da coisa sexual que fez com que valesse a pena."

No outro extremo, ou pelo menos foi assim que pensei de início, estava uma caloura de uma universidade do Meio-Oeste que me regalou com histórias de suas aventuras sexuais por quase duas horas, me contando como rejeitou garotos cujo tamanho do pênis "não se enquadrava aos seus padrões" ou que eram muito pesados ("Não gosto de caras gordos", disse). No entanto, no fim da nossa conversa, quando lhe perguntei se havia algo que ela gostaria de acrescentar, ela hesitou e disse quase sussurrando: "filofobia".

Eu a encarei com um olhar de interrogação. "É o medo de se apaixonar ou de amar alguém", ela explicou. "Li sobre isso em um livro. Às vezes sinto que é por isso que eu nunca entro em uma relação de verdade. É muito difícil para mim ter uma ligação emocional com as pessoas. Eu não quero me machucar. Por isso pulo de garoto em garoto e ponho uma barreira entre mim e os outros para evitar que isso aconteça algum dia."

Não quero idealizar os relacionamentos. Enquanto algumas garotas encontraram neles amor e alegria, outras vivenciaram manipulação e destruição. Becca passou por dois episódios depressivos depois de terminar com namorados no ensino médio. Mackenzie chorou até vomitar quando descobriu a traição do namorado, e passou dias sem comer. Seus estudos também foram afetados.[15] Mais de metade dos abusos físicos e sexuais contra garotas acontecem em um relacionamento, e essas experiências preparam as meninas para serem novamente vítimas quando se tornarem adultas.[16, 17] Uma garota com quem falei descreveu como seu namorado do primeiro ano do ensino médio a estapeou e a atirou contra uma cerca quando ela ameaçou terminar a relação. Outra menina, que estava no segundo ano da faculdade, não percebeu que poderia ser estuprada pelo novo namorado – e que isso estava acontecendo. Incentivar as garotas a explorar a sexualidade em relacionamentos com conexão emocional e cuidados mútuos é uma coisa, *insistência* é outra. Isso pode transformar o sexo em uma mercadoria que as meninas negociam pela "segurança" do compromisso, e implicitamente tonar aceitável que aquelas que não consentem se sintam constrangidas.

Entre as meninas que encontrei, não havia uma atitude consistente em relação a ficadas ou relacionamentos. Todas elas, entretanto, tinham que negociar com a cultura do sexo casual, tanto se participassem dela ou não. Todas tinham de encontrar um terreno confortável em uma cultura que era ao mesmo tempo divertida e contraditória, despreocupada e, no entanto, cheia de riscos. Dessa forma, para mim a questão era menos se o ficar era "bom" ou "ruim" para as meninas do que sobre como assegurar reciprocidade, respeito e compromisso independentemente do contexto de um encontro sexual. Isso significa compreender os contornos da nova liberdade das garotas assim como as restrições, tanto físicas quanto psicológicas, que restaram.

A ficada feliz

Holly, que cursava uma especialização em espanhol e psicologia, repensou sua definição de "vadia" pela primeira vez aos dezesseis anos. Ela crescera em um subúrbio da Costa Leste predominantemente branco, abastado e liberal e frequentara uma escola progressista para meninas no ensino médio. Sua mãe lhe dissera que esperasse até o casamento para fazer sexo, mas nas aulas de educação sexual ela aprendeu sobre controle de natalidade e praticou a colocação da camisinha em pênis de borracha. (Uma vez mais, no entanto, a localização do clitóris, a masturbação e o orgasmo feminino não foram mencionados.) No primeiro ano, algumas de suas amigas começaram a fazer sexo oral em seus namorados, e depois de cerca de um ano passavam para as relações sexuais. "Minha opinião era algo como 'São apenas as garotas repugnantes da escola pública que estão fazendo esse tipo de coisa'", disse Holly. "Mas, se minhas amigas estavam fazendo sexo, ele tinha de ser ok, certo? Eu tive de reavaliar. Pensei: 'Tudo bem, eles estavam saindo fazia um ano. Eles construíram um relacionamento de confiança.'"

Holly, entretanto, continuou casta e sóbria: uma "boa menina" que pensava que guardaria o sexo para um relacionamento amoroso e o álcool até os 21 anos. Quando ela se imaginava com um namorado, suas fantasias tendiam para o lado romântico – geralmente incluindo praias e pores-do-sol – em vez do sexual. Holly entrou na universidade, segundo ela, "muito pura", mas a vida no campus rapidamente a transformou. Em sua quarta noite na universidade, ficou com um rapaz que mal conhecia em uma festa. Foi divertido. Uma semana depois disso, ela masturbou o mesmo garoto e ele acariciou seus seios. "Foi uma coisa *enorme* para mim", ela se lembrou. "Eu toquei o pênis de um garoto! Ele tocou meus seios! Eu me senti levemente impressionada, porque três semanas antes eu teria dito não. Mas eu queria fazer aquilo, e nada além." No começo de outubro, ela tinha ficado, feliz, com mais dois rapazes, beijando-os na pista de dança e indo até o quarto deles depois. "Quase me senti como se desejasse a oportunidade", ela disse. "Porque no ensino médio eu nunca tive a chance de ficar com os garotos. E na faculdade eu tenho oportunidades sem fim para ficar, portanto senti que poderia."

Holly conheceu Connor, que morava no andar dela, em um jogo de futebol americano da faculdade e os dois se identificaram pelas opiniões políticas – que eram mais liberais que as de muitos de seus colegas – e uma paixão mútua por *The Daily Show*. Eles começaram a trocar mensagens, e uma noite Connor perguntou se Holly e suas amigas o levariam a uma festa de fraternidade. O primeiro ano era difícil para os meninos em *campi* dominados pelas fraternidades. Com o objetivo de "preservar a proporção" de meninas por garoto em uma festa – de modo que os anfitriões estivessem em vantagem –, as fraternidades limitavam o número de homens não associados que tinham permissão para entrar. Assim, a não ser que um calouro estivesse acompanhado por um grupo grande o bastante de meninas (três, quatro, às vezes mais), ele corria o risco de ter que dar meia-volta ao chegar.

Holly me mostrou uma fotografia dela em uma balada recente que publicara no Instagram. Ela estava vestida com o que pensei que fosse o uniforme da irmandade: minissaia preta justa, pernas à mostra, top e salto alto. Seu cabelo estava alisado, e ela usava delineador preto e batom vermelho. Parecia outra pessoa em comparação com a garota de pele limpa diante de mim. "São poucas as vezes em que me sinto confiante com meu corpo além de quando estou usando um top que destaque os seios e mostre as pernas e saltos muito altos", ela me disse. "Nunca me sinto mais livre do que nessas ocasiões. Eu me orgulho do meu corpo, e gosto de exibi-lo."

A expressão "orgulho do meu corpo" ficou me atormentando. De um lado, eu admirava a bravata das jovens, seu desejo de se exibir abertamente, sua recusa de se envergonhar pelo que vestem ou deixam de vestir. Ao mesmo tempo, apenas determinados corpos tinham permissão para ser uma fonte de "orgulho", para serem vistos como "sexuais", para recusarem a vergonha – e o de Holly nem sempre fora um deles. Quando era caloura, ela estava com onze quilos a mais do que quando nos encontramos pela primeira vez – ela fizera dieta e exercícios o verão todo para perder peso – e seu guarda-roupa era consideravelmente mais conservador. "Eu nunca usaria nada que mostrasse muito o meu corpo porque não estava feliz com minha aparência", ela disse. "Aparecer com roupas decotadas teria tido um impacto muito negativo no meu estado mental, porque algumas pessoas, em particular meninos, diriam: 'Ela é gorda e por isso deveria usar outra coisa.'" É compreensível que Holly se sentisse bem em mostrar o corpo "certo" – traz segurança atrair a aprovação dos homens e mesmo a inveja das mulheres –, mas é difícil ver seus trajes como "libertadores" quando a ameaça do ridículo está sempre à espreita. Uma de suas amigas da irmandade, por exemplo, engordara recentemente. "Não é que ela *não pudesse* vestir roupas mais decotadas", disse Holly. "Mas ela sabe como se sentiria se uns babacas dissessem: 'Ela é gorda.'"

Na maioria dos *campi* que visitei, as fraternidades (ou casas em que os atletas viviam) eram o centro do cenário das ficadas.[18] As 26 irmandades da Conferência Nacional Pan-Helênica são abstêmias por opção. Por isso são as fraternidades que sediam, controlam a entrada e providenciam álcool para a maioria das festas. A fraternidade garante a condução de grupos de meninas de alojamentos de calouros ou de irmandades para eventos (embora não necessariamente de volta para casa) que podem oferecer variações infinitas de um único conceito: mulheres jovens como prostitutas. Os temas incluem *"CEOs and business hos"*, *"workout bros and yoga hos"*, *"lifeguard bros and surfer hos"*, *"GI Joes and army hos"*.* Garotas

* Em tradução livre, "CEOs e prostitutas de negócios", "irmãos malhadores e prostitutas de yoga", "salva-vidas e prostitutas surfistas", "militares e prostitutas do exército".

que gostavam de se divertir davam de ombros a essa depreciação (semelhante ao modo como ignoram versos degradantes em suas músicas prediletas), algo como "meninos serão sempre meninos", como se isso não tivesse relação com o modo como a maioria dos rapazes agiria "pessoalmente". As fraternidades se encrencavam apenas quando seu machismo se tornava ainda mais notório ou se misturava a racismo: em 2013, a unidade Phi Sigma Kappa da Politécnica da Califórnia foi investigada pela administração por sua festa "Colonial Bros and Nava-Hos". (Não foram encontradas violações às políticas da universidade.) A unidade Sigma Chi de Harvard levantou polêmica com uma festa semelhante, chamada "Conquistabros and Navajos". Paralelamente, a unidade Kappa Sigma da Universidade Duke foi suspensa em 2013 depois que se espalharam notícias sobre sua festa racista "Asia Prime", cujo convite começava assim: "Orá Garera Legal de Duke!!" (Membros da Universidade Duke renderam notícias nos últimos anos por práticas como convidar "todas as meninas comíveis em potencial" para um "esquenta plano B" e enviar um e-mail para colegas do sexo feminino no qual pediam que fossem à festa de Halloween vestidas "como enfermeira vadia, médica vadia, estudante vadia ou apenas como uma vadia completa".) A unidade Delta Kappa Epsilon de Yale foi banida do campus em 2010 depois que seus membros se reuniram perto dos alojamentos dos calouros e cantaram "Não significa sim, sim significa anal!" e "Meu nome é Jack, eu sou um necrófilo, eu como mulheres mortas e as encho com meu sêmen". Em 2012, estudantes protestaram depois que a unidade de Amherst da mesma fraternidade imprimiu em uma camiseta a imagem de uma mulher de sutiã e calcinha amarrada a um espeto e com uma maçã na boca, as laterais do corpo machucadas e um porco a seu lado, para a festa anual do porco no rolete. Na legenda se lia: "Assando gordas desde 1847." Em 2014, a unidade Phi Delta Theta da Universidade de Tecnologia do Texas

---

Jogos de palavras com *bro* e *ho*, diminutivos de *brother*, irmão, e *hooker*, prostituta. Logo adiante, o jogo de palavras se repete com *conquistabros*, *colonial bros* e *nava-hos*, aludindo a conquistadores e à tribo indígena Navajo. (N.T.)

teve seu estatuto rejeitado por exibir um banner em que se lia: "Não significa sim, sim significa anal!" em uma festa, ao lado de um "irrigador de vagina" que atirava água nos convidados. Os membros de todas essas associações, como na maior parte do sistema de fraternidades, eram na maioria brancos e ricos. De algum modo, eles acreditavam que o racismo e a misoginia os marcavam como rebeldes e não como apenas os últimos recrutas de uma velha guarda entrincheirada.

Há uma expectativa tácita de que as jovens retribuam a generosidade de seus anfitriões com sexo ou ao menos com a promessa dessa possibilidade. "Toda menina sabe que ao entrar em uma fraternidade seu bem mais valioso é o seu *sex appeal*", me disse uma estudante do penúltimo ano de uma universidade da Costa Leste. "Todo mundo sabe que está implícito que as meninas devem fazer sexo com os caras para que eles lhes deem álcool, drogas, carona ou o que for. Todo mundo joga esse jogo, e, como na minha faculdade somos todas bem-sucedidas, fazemos isso muito bem!"

Na faculdade de Holly, garotas aceitas em uma irmandade, mas que ainda não entraram efetivamente nela, precisavam frequentar festas de fraternidades ao menos quatro vezes por semana. (Havia "esquentas" todas as noites, menos às segundas.) Antes do evento principal, elas deveriam fazer um "esquenta" em outra fraternidade, quando socializavam e bebiam por uma ou duas horas. Nessas ocasiões, Holly costumava tomar três ou quatro cervejas e, às vezes, também um par de *shots*. Em seguida, as garotas seriam reunidas para a segunda rodada do roteiro obrigatório de iniciação e levadas à festa de verdade. "Em algumas fraternidades, você basicamente chega, desce para o porão, esfrega-se com um garoto e volta com ele. Rápido assim. Mas, na minha fraternidade preferida, converso com meus amigos, jogamos, dançamos um pouco, voltamos e fumamos um pouco. Às vezes eu só danço com minhas irmãs, e isso é bem legal. E se esfregar também é divertido. É divertido ter um cara grudado em você. Você não precisa ficar com ele – e, de qualquer modo, nas festas há mais garotas que garotos, portanto nem todo mundo tem alguém. Mas muitas vezes tudo é um grande cenário para ficadas."

Quando somei tudo, concluí que Holly bebia regularmente de três a seis (ou mais) drinques em uma noite. Para as mulheres, quatro deles já configuram *binge drinking*.* Ela não se considerava uma consumidora excessiva de álcool, e suas amigas também não. Bebida alcoólica é endêmica à cultura do ficar. As ficadas não são apenas lubrificadas pela bebida: são *dependentes* dela, com o objetivo de criar o que a professora associada de sociologia da Ocidental College Lisa Wade chama de "negligência compulsória".[19] É o que uma estudante do segundo ano de uma universidade da Costa Leste me disse: "É como se as meninas que eu conheço levassem uma vida dupla. Da noite de domingo à tarde de quinta-feira estamos o tempo todo na biblioteca, dando muito duro. Depois chega o fim de semana. Todas nós entornamos bebidas em nossos alojamentos antes de uma festa de fraternidade. De quatro a oito *shots* num intervalo de cerca de meia hora. É absolutamente normal. E depois é normal acordar ao lado de um garoto e não se lembrar de como você chegou lá."

O álcool, segundo Wade, é como os estudantes sinalizam para outro que o sexo que eles estão fazendo não significa nada. Para sua própria pesquisa, ela pediu que 84 calouros fizessem anotações semanais, durante um semestre, sobre sexo e encontros no campus. "Eles falaram sobre fazer sexo sóbrios em tom reverente", ela disse, "como se fosse um unicórnio maravilhoso: era 'significativo' de um modo que o sexo com álcool não é." A bebedeira substituiu a atração mútua como combustível para interações sexuais na universidade: "Em uma recapitulação na manhã do dia seguinte", Wade continuou, "o álcool é uma razão em si mesma para ter feito sexo."

Na verdade, assim como ocorreu com as relações sexuais, a proporção de jovens que bebem caiu na última década, mas a *quantidade* que as meninas, em particular (e especificamente garotas brancas), bebem em cada ocasião, não.[20] Uma pesquisa feita em 2013 pelos Centros de Controle e Prevenção de Doenças revelou que uma em cada quatro universitárias e uma em cada cinco estudantes do ensino médio beberam

* Ingestão pesada de álcool. (N.T.)

excessivamente nos trinta dias anteriores.[21] O comportamento típico era beber em excesso três vezes em um mês, engolindo uma média de seis drinques em cada ocasião. Outras pesquisas revelaram que quase dois terços das mulheres universitárias e mais de 80% dos homens tiveram episódios de *binge drinking*, e relacionaram a prática a um transtorno alimentar – chamado às vezes de "*drunkorexia*" – comum entre garotas que tentam restringir o consumo de comida para reservar as calorias para o álcool.[22] Oitenta e nove por cento dos universitários ficam bêbados antes de uma ficada fortuita, consumindo uma média de quatro ou mais drinques por vez. Três quartos se embriagam antes de ficar com alguém conhecido. Eles têm maior probabilidade de estarem mais bêbados quando o encontro inclui alguma forma de penetração: oral, vaginal ou anal.[23] E também têm maior probabilidade de expressar arrependimento depois dessas experiências.

As garotas com quem conversei falavam com frequência de "ficar louca" como uma parte vital da "experiência universitária" – parecia que todas elas citavam um mesmo panfleto de viagem. Não sei bem quando essa frase começou a se referir especificamente à diversão alcoolizada. Embora eu me recorde de uma certa quantidade de álcool e erva na minha época de faculdade, se alguém me pedisse para descrever a "experiência universitária" eu diria que era mais sobre me redefinir longe da minha família por meio de conversas intensas com amigos até tarde da noite e da exposição a músicas e filmes alternativos, descobrir minhas paixões, me apaixonar por alguém. Mas, de acordo com um relato virulento de Caitling Flanagan em *The Atlantic*, com a explosão dos custos das mensalidades, aparentemente as universidades precisam convencer os "consumidores" (seus aguardados estudantes) de que o gasto estonteante que eles terão para estudar lá vale a pena. Existe tentação maior que apresentar a educação superior não apenas como edificante, mas também como diversão irrestrita? "Cada instante da experiência é tornado mais atrativo", escreveu Flanagan, "pela ideia de que com cada festa regada a álcool ... eles estarão ativamente engajados no ato de autoaperfeiçoamento mais significativo disponível a um jovem americano: a universidade!" Trata-se de um grande desvio do propósito original das universidades: treinar homens jovens para o clero, um processo que envolvia ascetismo, moderação e castidade.[24]

Quando lhes perguntei por que não ficavam quando estavam sóbrias, as meninas riram e disseram que isso seria *constrangedor* – a palavra mágica delas (ao lado de *desconfortável* e, às vezes, *estranho*) para qualquer emoção desagradável. Nesse caso, o que parecia irritá-las não era apenas o fato de não terem nada para "responsabilizar" por seu comportamento, mas a ideia de estarem completamente presentes em termos emocionais, psicológicos e físicos em um encontro sexual. "Estar sóbria faz parecer que você quer ter um relacionamento", uma caloura me disse. "É realmente desconfortável."

Na primeira noite em que Connor saiu com Holly, os dois ficaram um pouco bêbados e se beijaram na pista de dança. No dia seguinte, foram a um jogo de futebol americano juntos. Em uma semana, ela havia feito sexo oral nele, algo que nunca tinha feito antes. "Eu estava tipo: 'Epa! De onde veio isso?', ela disse. "Ele nem me consultou. Eu estava ligeiramente bêbada e foi, tipo: 'Ok, eu simplesmente vou nessa.' E pensei: 'Sabe, não é tão ruim assim. Por que eu dava tanta importância para isso?'" Ela fez uma pausa para refletir. "Aquele foi o momento, acho, em que eu me tornei bem menos tensa."

Ao refletir sobre a cena, Holly achava que tinha sido "muito generosa" com Connor – ela queria fazê-lo "feliz", mas não parecia ser recíproco. "Teve uma noite em que eu perguntei: 'Você quer fazer sexo oral em mim?'", ela disse. "Ele me chupou por cerca de meio segundo e disse: 'Eu simplesmente não consigo fazer isso. Me deixa enojado.'"

"Quer dizer, eu me diverti", ela disse, "mas não era para *mim*. Meu orgasmo nunca era óbvio. Não era tão importante. Não era parte do acordo."

Duas semanas depois da primeira vez que eles ficaram, Connor pediu Holly em namoro. Ela ficou eletrizada. Ele nunca a pressionou para uma relação sexual, ela disse, apenas lhe disse que o avisasse quando estivesse pronta. Um mês depois ela estava. Ela pensou que seria "como nos filmes, um momento mágico e bonito", e até decorou seu quarto com luzes de Natal para a ocasião. Em vez disso, doeu. Muito. "Eu o fiz parar. Nós nos beijamos um pouco e ficamos abraçados e fomos fofos um com o outro. E então eu disse que podíamos tentar mais uma vez. Durou um pouco mais, mas também doeu muito."

A relação sexual pode ter sido uma decepção para Holly, mas ainda era como se fosse uma conquista, um marco. Depois que Connor foi embora, ela entrou no quarto de uma amiga tocando a canção "I Just Had Sex" em seu iPod (uma escolha meio irônica, já que a letra – "Eu acabei de transar/ E foi tão bom/ Uma mulher deixou que eu pusesse meu pênis dentro dela" – descreve um cara comicamente cego para a parceira). "Eu estava me sentindo tão *descolada*!", ela disse. "Me senti como se fosse adulta! E compartilhei esse momento especial com um garoto de quem eu gostava e em quem confiava e por quem eu tinha sentimentos e que tinha sentimentos. Além disso, estava sóbria, o que foi muito importante para mim. Eu não iria fazer sexo pela primeira vez quando estivesse bêbada. Queria ser capaz de *experimentar* a coisa."

Connor terminou com ela dois dias depois.

Esse era o garoto que havia comparado seu relacionamento com o dos pais (que também haviam começado a sair um com o outro no segundo mês do primeiro ano de faculdade). Ele falara sobre como sentiria a falta dela nas férias de inverno, que só começariam em um mês. Ele havia pedido que ela fosse sua *namorada*. Holly ficou destruída. Ela deixou a faculdade dois dias antes do feriado de Ação de Graças porque precisava dar um tempo.

Quando os pais a buscaram na estação de trem, sua mãe a olhou de cima a baixo. "Você perdeu a virgindade", ela disse.

"Eu lhe perguntei como ela sabia", Holly me disse. "E ela respondeu: 'Olhe para você. Você está um trapo! Espero que tenha sido uma boa lição sobre não entregar seu corpo a qualquer um.'"

As ideias e as atitudes das garotas sobre o sexo são moldadas pela família, pelos meios de comunicação, pelos amigos e por sua própria experiência. Holly seguira as regras contemporâneas da respeitabilidade sexual feminina, fazendo tudo o que achava que era "certo", e fora traída. Ela reagiu desistindo do amor e do compromisso. Queria "não exatamente não ter sentimentos, mas não estar em uma relação". Além disso, estava ocupada fazendo suas tarefas escolares, comprometida com a irmandade, indo a festas. Ela ainda planejava guardar as relações sexuais para um parceiro com quem tivesse um compromisso, sabe-se lá quando. "Eu sentia que" – ela interrompeu a frase e se corrigiu. "Eu *ainda* sinto que isso significa alguma coisa, que você está intimamente conectada e realmente gosta dessa pessoa e que está mostrando sua afeição."

Como não tinha namorado, Holly convidou um colega de alojamento para a festa de inverno de sua irmandade, em fevereiro. Eles já chegaram bêbados – ela tinha bebido seis *shots* em "esquentas". Depois da festa, ela foi para o quarto pensando que eles deviam se beijar, mas ainda estava terrivelmente bêbada. Por isso, quando ele disse que ela era linda e que gostaria de fazer sexo com ela, Holly pensou: "Por que não?"

Alguns minutos depois, ela se sentiu como se tivesse saído do transe. "Eu pensei: 'Puta merda! Estou fazendo sexo e não deveria estar a não ser que estivesse em um relacionamento.'" Holly entrou em pânico e disse para o garoto que eles precisavam parar. Ele implorou para que ela ficasse, mas ela pulou da cama e pôs o vestido. Ainda descalça, segurando os sapatos, abriu a porta do quarto com força e deu de cara com um grupo de rapazes parados bem do lado de fora, ouvindo. Ela correu para o quarto de uma amiga e chorou.

"Fiquei muito chateada comigo mesma por ter feito sexo sem estar em uma relação", Holly disse. "Depois, superei o acontecimento, e hoje não ligo muito para isso. Só me preocupo em conhecer o garoto. Mas na época, na minha cabeça, eu era uma piranha. Era uma daquelas vadias que simplesmente fazem sexo com as pessoas. Eu era uma pessoa ruim."

A amiga vadia que todo mundo tem

Em uma parede do quarto de Megan Massoud se via a foto de um gatinho. Acima de seu travesseiro havia um pôster de *Pulp Fiction*, no qual Uma Thurman está deitada de bruços em uma cama, com os pés com sapatos de salto alto cruzados na altura do tornozelo, um cigarro bamboleando nos dedos de uma das mãos e uma arma depositada casualmente perto da outra. A escrivaninha de Megan estava cheia de garrafas de Coca Zero pela metade, pacotes de biscoito abertos e copinhos de bebida. Eu passei no meio de pilhas de roupas amontoadas no chão, tirei as roupas sujas de cima de uma cadeira e me sentei, descansando os pés em um pufe com estampa de bolinha.

Megan, uma estudante do segundo ano, cursando especialização em economia em uma universidade pública do Meio-Oeste, era baixa (apenas 1,52 metro de altura), tinha grandes olhos escuros, sorriso fácil e cabelo escuro, alisado com chapinha, no qual ela fazia tranças que desmanchava distraída enquanto conversávamos. Sua mãe, segundo ela, era uma "mulher branca genérica". Seu pai, que era libanês, lhe dera um tubo de spray de pimenta em forma de batom pouco antes do primeiro ano na faculdade – Megan o guardara como uma brincadeira. "Ele pensa que eu sou virgem", ela disse, rindo.

Megan vestiu um top laranja e uma saia justa que aumentava seu traseiro e subia até o estômago, bem colada. Ela se examinou de frente, de lado e de costas no espelho. "Minha barriga fica grande com essa roupa?", ela perguntou a uma amiga, que estava parada no vão da entrada. "Não me sacaneie."

"Eu não estou te sacaneando", a amiga disse. "Você está atraente. Como a cadela mais magra de todas." Megan se olhou uma vez mais, insatisfeita. "Nunca penso sobre o que eu como até me vestir para uma festa. Daí eu penso que não devia ter comido aquele donut a mais", ela disse.

Enquanto continuava a se trocar, Megan me falou sobre a aula de estudos de gênero que ela estava frequentando naquele semestre. "Eu nunca havia percebido que os modelos masculinos nos anúncios estão sempre fazendo alguma coisa – tocando violão ou dirigindo – e as modelos femininas estão apenas..." Ela fez uma pose clássica: cabeça inclinada, queixo para baixo, mãos no quadril e sorriso reservado.

Eu ri. "Você sabe fazer isso muito bem", eu disse.

"Não tirei nenhuma foto sem inclinar a cabeça desde os meus seis anos", ela respondeu. "Não sei onde eu aprendi."

Ela olhou mais uma vez para a barriga e o traseiro. Trocou de saia. Tirou a saia, tentou uma diferente, decidiu que a primeira fazia com que sua barriga parecesse melhor e a vestiu de novo. "Na minha aula de gênero eu só penso: 'O patriarcado maldito'", ela disse. "Mas à noite vai tudo à merda. A única coisa com que me importo é: 'Essa saia deixa minha bunda bonita?'" Ela pegou a bolsa de cosméticos e se dirigiu ao banheiro. Embora odeie maquiagem, disse, faz parte para atrair a atenção dos rapazes, e assim passou um batom escuro e uma sombra cintilante esfumada. Alisou o cabelo com as duas mãos (com uma escova em uma mão e um pente na outra), vestiu um par de sapatos com salto dez e se ensopou de perfume. "Isso faz com que eu me sinta menos constrangida em vestir essa roupa e o salto alto", ela disse. "Eu me sinto meio que rebolando, 'Sim, eu sou a pior cadela desse quarto'". A noite estava fria, mas Megan não pegou um casaco. Nem levou uma bolsa. Ela segurava as chaves e a carteira de estudante em uma mão (mais tarde ela perderia ambas) e enfiou o celular e o iPod no cós da saia, que estava apertado o bastante para prendê-los com firmeza. Olhou uma vez mais no espelho, virando-se para checar o traseiro, e puxou para baixo a bainha da saia, um gesto que repetiria a cada poucos minutos ao longo da noite. Agarrou uma garrafa de vodca para dividir nos "esquentas" e andou em direção à porta. Eram quase dez horas. Qual era o objetivo dela? "Ficar muito bêbada e beijar alguém", disse alegremente. "Qual é a graça da noite se você não conseguir a atenção dos rapazes?"

O estigma da "vadia" não desapareceu com a ascensão da cultura do ficar. Seus critérios simplesmente se tornaram mais difíceis de definir. As garotas sempre me diziam que odeiam a palavra, que nunca a usaram, que não xingam as colegas de vadias (mas, na verdade, elas xingam). Ao mesmo tempo, elas se policiam. Algumas, como Holly, revisariam constantemente a definição de "piranha", em vez de descartá-la, conforme a mudança em seu próprio comportamento. Outras, como Megan, usavam, ou pelo menos tentavam usar, "vadia" como um distintivo de honra. "Eu sou a amiga vadia", ela me disse, alegremente, na primeira vez em que nos encontramos. "Acho libertador. Amo ser a maluquinha. Se alguém me julgar pelo que faço, muito bem, pode me julgar. Eu não me importo. Vá se foder se você pensa que é melhor que eu simplesmente porque não faz tanto sexo. Sinto muito por você se não faz tanto sexo, porque sexo é incrível. Não estou dizendo que fico com alguém toda vez que saio. Esse definitivamente não é o caso. Mas é mais divertido não me controlar, não me preocupar com as aparências. E, na universidade, ninguém dá a mínima."

Como Holly, Megan descreve seu comportamento como "libertador", mesmo que ela se debata com seus limites. Durante outra conversa, insistiu: "Eu não sou uma vadia. Algumas pessoas provavelmente me consideram uma vadia, mas eu não, porque não me comporto assim. Quando penso em vadia, imagino uma garota que usa bastante rímel preto e olhos esfumados e veste dois sutiãs para levantar os peitos." Em outra ocasião, ela me disse: "Eu amo estar solteira." E minutos depois confidenciou: "Nenhum menino quer namorar uma vadia." Ela hesitou entre a resistência e a submissão a ideias antiquadas sobre a sexualidade das meninas. Às vezes, as conversas com Megan me lembravam alguém que tenta erguer um castelo de areia cujas paredes não param de cair. Mais do que ultrapassar os limites, Megan tinha tentado legitimizar a si mesma neles e apesar deles. "Eu acho", ela me disse a certa altura, "que o objetivo de toda garota é ser vadia no ponto certo, quando você não é nem uma puritana nem uma piranha. Sim, ela tem transas de apenas uma noite. Sim, ela tem experiência. Mas não dorme com todos os caras da fraternidade. Não vai ficar com mais de um cara de uma mesma fraternidade. "Encontrar esse equilíbrio é o sonho de toda universitária, entende?"

Como Holly, Megan tinha um interesse próprio nas nossas conversas. Ela também queria a oportunidade de dar sentido a uma história sexual que progredira de modo bem diferente que ela esperava. Também como Holly, ela se descreveu como uma "boa menina" no ensino médio – nem sequer beijara um garoto até seus dezessete anos, quando ficou ávida por seguir adiante. "Eu queria muito me livrar das 'primeiras vezes' com um namorado", ela disse. "E todas as minhas amigas já tinham beijado um cara, já tinham feito um boquete. Eu estava atrás." Durante quatro meses com seu primeiro namorado, ela "se envolveu", praticando sexo oral que nunca foi retribuído. "Eu nem pensei que fosse uma opção", disse. Ela perdeu a virgindade no verão antes de ir para a universidade com outro rapaz com quem estava saindo, embora, segundo ela, eles nunca tivessem tido "um relacionamento oficial no Facebook". Ficou aliviada de ter passado pela primeira relação sexual e se lembra da experiência com ternura.

Megan se masturbava desde o início da adolescência. Não tinha dificuldade para alcançar o orgasmo sozinha, mas nunca havia chegado ao clímax com um parceiro. "Muitos garotos não fazem preliminares suficientes", ela explicou. "Eles partem para o sexo muito rápido. E, então, depois de um tempo eu me canso, e sei que eles estão fazendo o melhor que podem, por isso finjo um orgasmo para terminar. Depois falo: 'Nossa, foi *tão* bom.'" A maioria das garotas com quem falei tinha fingido um orgasmo aqui e ali. Parecia desastroso, mas não incomum. No entanto, segundo *The Sex Lives of College Students,* o número das que fingem vem crescendo regularmente, de menos da metade em 1990 a 70% atualmente.[25] Isso pode explicar, ao menos em parte, o abismo entre a proporção de garotos que pensam que sua parceira teve um orgasmo durante o encontro e a porcentagem de meninas que realmente gozaram. Elas fingiram que chegaram ao clímax porque estavam entediadas, cansadas, com dor ou queriam que a noite acabasse. Assim como Megan, muitas vezes elas o fizeram para proteger o ego do parceiro ou porque se sentiram pressionadas a parecer que estavam gostando do sexo mesmo quando não estavam – em particular porque se presume que o prazer era o objetivo da transa. Elas também fingiram porque não disseram, ou não podiam dizer, o que queriam na cama. Algumas começavam a questionar se a prática era contraproducente. "Eu não me importava o bastante com as pessoas com quem estava para investir tempo em treiná-las sobre como meu corpo funciona e do que eu gosto ou não gosto", me disse uma aluna do segundo ano de uma faculdade da Ivy League. "Mas agora vou fazer um esforço, porque acho que devo às outras meninas o favor de trazer essas coisas ao conhecimento dos garotos. E por que estou gastando meu tempo assim se não estou nem sequer aproveitando?"

Megan, como Holly, ficou com um garoto da faculdade pela primeira vez poucos dias depois de chegar ao campus. O sexo, ela disse, foi "horroroso. Ele fazia o tipo confiante, sabe, e me comeu que nem um louco até que eu fingi um orgasmo. Depois ele foi dormir". Ainda assim, ela continuou a sair com ele com alguma frequência nos dois meses seguintes. Eu lhe perguntei por quê, já que o sexo fora tão ruim. Ela deu de ombros. "Sexo é sempre bom em algum nível", ela disse. "E, sempre que eu fico bêbada, odeio voltar para casa sozinha. Preciso de um cara ou de um *burrito*, sabe como é?"

Quando nos encontramos pela primeira vez, no meio de seu segundo ano da faculdade, Megan pegou o aplicativo que rastreia a menstruação, onde havia cadastrado as ficadas que incluíram relação sexual. Ela havia tido doze parceiros, segundo ela – mas, se alguém lhe perguntasse, os reduziria a cinco, um número socialmente mais aceitável. Ela preferia se manter "alegremente ignorante" de quantas ficadas haviam incluído sexo oral. "Fazer um boquete num garoto não é algo que eu considere grande coisa", ela disse. "Tipo, quando vou à fraternidade de um cara, ele diz: 'Ei, Megan, você quer vir dar uma olhada no meu quarto?' E eu faço um boquete nele e nos beijamos. Digo a ele: 'Eu gosto dessa coisa sem compromisso que estamos tendo.' Ele responde: 'Eu sei, eu também gosto.' Eu nem sequer tenho o número do celular dele."

Eu disse a Megan que para mim estava claro o que ele estava ganhando com esse esquema, mas o que ela estava ganhando? Ela deu de ombros. "Acho que posso me fazer essa pergunta toda vez que faço sexo. 'O que eu estou ganhando com isso?' Os caras me dizem que sou realmente boa nos boquetes, provavelmente porque tenho muita prática. Eu realmente gosto de beijá-lo. É excitante, é uma adrenalina. E, assim, pelo menos eu tenho uma companhia. Pelo menos ele vai gostar de mim, mesmo que seja naqueles quinze minutos. Terei alguém com quem sair, e beijar, e que faça com que eu me sinta especial."

Quando a diversão termina

Holly precisava de um garoto. Era isso que uma das meninas da irmandade pensava. Por isso ela pediu ao namorado que apresentasse Holly a seu colega de fraternidade Robert. Os quatro sairiam para almoçar e fariam um encontro duplo. Holly achou Robert doce, mas não estava especialmente interessada nele, nem romântica nem sexualmente. Ainda assim, eles se conheceram melhor, e uma noite, em uma festa na fraternidade dele, começaram a se beijar na pista de dança. Pouco depois, ela "se encontrou" no quarto dele, fazendo "tudo menos sexo com penetração". Para ela foi um momento maravilhoso. "Sexo oral de duas vias", ela disse, "o que foi uma grande coisa para mim." Robert a levou de volta ao seu alojamento mais tarde. Apesar de estar bêbada, ela disse que ele foi um "cavalheiro e não tirou vantagem disso para fazer sexo comigo".

O ano letivo estava terminando. Ela e Robert trocaram mensagens de texto durante as provas finais, fizeram algumas caminhadas juntos, se beijaram. Ela não estava interessada em nada além disso, estava apenas curtindo a companhia dele. Uma vez, depois da meia-noite, eles entraram sorrateiramente em um edifício acadêmico e ficaram em uma sala de aula. Ela havia tomado duas cervejas, mas disse que não estava bêbada. Ele também não. Uma vez mais, eles fizeram "tudo menos sexo com penetração", embora dessa vez o motivo tenha sido que ele não tinha camisinha. "Por mais estranho que pareça, eu realmente queria transar com ele", disse Holly, talvez porque ele tenha sido o primeiro garoto que parecia de fato interessado em lhe dar prazer. "Mas foi bom que não tenhamos feito", ela continuou, "porque eu teria me odiado. Eu teria pensado: 'Olha, você está apenas começando a conhecer esse garoto. Você precisa conhecê-lo melhor.'"

Ao longo do verão, Holly tentou ter uma conversa com a mãe sobre prevenção à gravidez. Ela queria começar a tomar pílula. "Eu disse a ela que, no ambiente social em que eu vivia, era mais seguro ter a pílula, no caso de acontecer alguma coisa. Mas ela disse: 'Bem, você não deveria querer fazer sexo. Você não tem namorado. Você tem dezenove anos de idade.' E na minha cabeça eu pensava o oposto: 'Tenho dezenove anos, não estou namorando e *quero* transar!' Ela não tinha a menor ideia. Se eu contasse a ela o que acabei de te contar, ela não me deixaria voltar para a faculdade. Diria que eu era 'uma *daquelas* garotas'."

Outra coisa aconteceu naquele verão. Antes, Holly nunca havia se masturbado. Ela achava que garotas não se masturbavam. Algumas de suas colegas da irmandade lhe deram um vibrador de aniversário, como uma brincadeira. Um dia, ela estava em casa sozinha e entediada quando decidiu dar uma chance ao aparelho e teve seu primeiro orgasmo. Ela passou o resto do verão explorando seu corpo. "Foi legal!", ela disse. "Consegui aprender tudo sobre mim mesma sem ter o constrangimento de tentar ensinar outra pessoa." Muitas garotas me disseram que o primeiro orgasmo, tanto sozinhas quanto com um parceiro, fora transformador para elas. Por que não seria, dada a escassez de educação que existe sobre o assunto? "Eu chorei na primeira vez em que tive um orgasmo", uma aluna do último ano do ensino médio me disse. "Eu *chorei*! Foi muito forte. Acho que ele realmente me ajudou a crescer como pessoa."

Holly começou seu segundo ano da faculdade com um novo padrão sexual. Ainda sem interesse em um relacionamento "sério", mas ávida por experiências, ela decidiu que faria sexo apenas com alguém que conhecesse e em uma situação em que se sentisse segura. "Não em algum quarto estranho num lugar onde você não pode pedir socorro se precisar", ela disse. O uso de preservativos também se tornou inegociável. Assim, uma noite, ela bebeu três drinques em um "esquenta" e mais três em uma festa. Depois, tomou uma "bomba Jäger", um *shot* de Jägermeister misturado com cerveja. Na sequência, tomou um Red Bull. A mistura de energético com bebida alcoólica deixa a pessoa com a falsa impressão de sobriedade ou de "bêbado consciente".[26] Clientes de bar com idade de ir para a universidade que misturam cafeína e álcool, por exemplo, vão embora mais bêbados que seus pares, mas têm uma probabilidade quatro vezes maior de acreditar que estão aptos a dirigir. Talvez por isso as colegas de irmandade de Holly, que combinaram de "vigiar" umas às outras, tivessem pensado que ela estava bem. Ou talvez elas mesmas não estivessem em condições de perceber a realidade. De um modo ou de outro, aquele drinque foi a última coisa de que Holly tinha lembrança daquela noite.

Megan estava jogando *beer pong** em uma festinha tranquila logo após o recesso de inverno quando um garoto do segundo ano chamado Tyler começou a flertar com ela. Quando seus amigos se aprontavam para ir embora, por volta de duas da madrugada, ele convidou Megan a ficar.

"Eu não vou transar com você", ela lhe disse.

"Tudo bem", ele respondeu. "Nós só vamos nos beijar e abraçar."

A amiga de Megan a fitou nos olhos uma última vez para conferir discretamente a decisão dela. Megan balançou a cabeça em sinal de afirmação. Ela não estava muito bêbada e estava se divertindo com Tyler.

Eles se deram as mãos e conversaram enquanto caminhavam de volta para a fraternidade dele e conheciam um ao outro. Ele parecia meigo. Assim que eles entraram, no entanto, sua atitude mudou. Ele a apressou pelas escadas até seu quarto e sua cama. Eles se beijaram e ela começou a se abaixar para o sexo oral, mas ele quis forçar uma relação sexual. Megan disse que não. Ele empurrou com mais força. Megan alegou que não estava usando nenhum contraceptivo, pensando que essa era uma desculpa boa e inofensiva, que não iria ferir os sentimentos dele. Em vez disso, ele pegou uma camisinha, a prendeu na cama e a penetrou. "Eu simplesmente fiquei lá deitada", ela disse. "Pensei que talvez se eu fizesse uma transa de merda ele pararia. A certa altura, ele me perguntou se eu queria tomar um banho com ele, e eu pensei: 'Bom, nós já transamos, por que eu me negaria?' Eu simplesmente continuei tentando melhorar as coisas e me convencer psicologicamente de que aquilo não tinha sido o que foi."

No banho, Tyler a beijou violentamente, a empurrou contra a parede e começou a penetrá-la por trás. Ela abriu toda a água quente, esperando que isso o fizesse parar. Não adiantou. Ele passou ao sexo anal. "Eu disse que ele estava me machucando, e ele disse: 'Oh, me desculpe', mas continuou. Os colegas da fraternidade vieram até o chuveiro, viram a gente e riram." Ela pediu mais duas vezes que Tyler parasse, até que ele finalmente parou. Sem saber o que fazer, ela passou a noite com ele. Na manhã seguinte,

---

* Jogo criado em universidades americanas e disputado em festas; o objetivo é acertar uma bolinha em copos de cerveja do adversário, obrigando-o a ingerir o conteúdo. (N.T.)

quando ele a deixou no alojamento dela, Megan lhe agradeceu: "Obrigada, foi divertido." Ela ainda não sabe o porquê de ter dito aquilo. Uma amiga foi até o quarto dela para descobrir como a noite tinha sido.

"Acho que fui estuprada", Megan disse.

O CENÁRIO DE FESTAS no campus pode ser muito excitante – se não fosse, ninguém participaria. Mas, como Armstrong e seus colegas observaram, ele também facilita o estupro.[27] As mulheres, e não os homens, usam roupas que deixam o corpo à mostra. As mulheres, e não os homens, abrem mão do território e do transporte. Há uma expectativa de que as mulheres, como fêmeas e muitas vezes como estudantes mais jovens, sejam "agradáveis" e respeitosas com seus anfitriões do sexo masculino. Uma "garota divertida" não deve fazer uma cena só porque um garoto agarrou seu traseiro ou fez com que ela se abaixasse e se esfregou nela – ela apenas encontra um modo discreto e educado de se desvencilhar. "Garotas divertidas" também bebem livremente. O álcool lhes dá licença para serem sexualizadas, para perderem as inibições enquanto se anestesiam contra a intimidade, o constrangimento ou a responsabilidade final. O álcool também pode minar sua capacidade de resistir, de lembrar e a credibilidade para relatar um estupro. A manipulação da cultura de festas é tanto sistemática quanto invisível, escreveu Armstrong, aparentemente parte de um *continuum* (ainda que no extremo) de um comportamento acadêmico "louco" aceitável. Como as vítimas têm dificuldade de convencer alguém, incluindo elas mesmas, de que houve um crime de verdade, ele em geral não tem consequências.[28]

Holly acordou na manhã seguinte sem ter ideia de onde estava. Havia um cara ao lado dela na cama, um estudante do último ano que ela conhecia apenas pelo nome e que não lembrava de ter visto na festa. Também havia uma camisinha usada no chão.

"Você lembra o que aconteceu ontem à noite?", ele lhe perguntou.

Ela balançou a cabeça.

"Nós transamos", ele disse.

O garoto vivia a algumas quadras fora do campus e disse que seu carro estava quebrado. Assim, Holly, ainda vestida com as roupas da festa e o salto alto que a fizeram se sentir "orgulhosa do seu corpo" na noite anterior, voltou para sua irmandade sozinha. A chamada caminhada da vergonha é outro aspecto da cultura do ficar que realça apenas o comportamento das jovens, já que os garotos costumam usar nas festas a mesma roupa que vestem de dia. Às vezes, as meninas pegam emprestada alguma peça de um parceiro sexual (embora seja possível que elas nunca tenham a oportunidade de devolvê-la), mas como Megan me disse: "Todo mundo sabe quando você está com uma 'roupa do amante' e vão zoar quando você atravessar o campus: 'Aê! Como foi sua noite?'" Uma vez mais, esse constrangimento é dirigido somente às meninas.

Holly passou o resto do dia de calça de moletom, chorando e assistindo TV enquanto sua colega de quarto a consolava. O episódio aconteceu apenas duas semanas antes de nos encontrarmos. "Não vou deixar que essa história arruíne minha vida", ela me disse com um tom resoluto. "Isso não é algo que me defina. Foi simplesmente algo que aconteceu, e eu não posso mais ficar bêbada daquele jeito de novo."

Embora beber até perder a consciência não seja nunca uma boa ideia, e parecesse natural que Holly quisesse recuperar algum senso de controle, fiquei perturbada porque ela jogou toda a culpa em si mesma, em sua bebedeira, em vez de responsabilizar o garoto que tirara vantagem da situação. "Eu gostaria de dizer que ele não sabia que eu estava tão bêbada", ela disse. "Mas eu não sei. Minha amiga que pertence a uma organização que luta contra estupros no campus disse que por definição eu não tinha como consentir, por isso foi um estupro. E eu quase...", ela fez uma pausa. "Não que eu queira que tenha sido um estupro, mas quero acreditar que eu não estava ali sentada dizendo: 'Sim, eu quero transar!', porque isso iria contra tudo o que eu disse sobre não fazer sexo com uma pessoa qualquer." Ela balançou a cabeça e suspirou. "Acho que tenho sorte por não me lembrar."

Eu não tinha como saber, quando as conheci, que Megan fora vítima de um estupro ou que Holly pode ter sido. No e-mail que enviei para recrutar as meninas, não perguntei sobre sexo não consensual, e não foi isso, segundo cada uma delas, o que as motivou a conversar comigo. Um relatório do Departamento de Justiça divulgado no final de 2014 revelou que, a despeito da crescente preocupação nacional com os casos de estupro nas universidades, estimava-se que apenas 20% das universitárias que foram vítimas denunciavam o crime, uma taxa muito menor que a verificada entre não estudantes da mesma idade.[29] Elas se inibem por medo de represálias, constrangimento, autorrecriminação ou a crença de que a denúncia apenas tornaria as coisas piores, em especial devido à taxa de punição historicamente baixa contra pessoas que cometeram o crime nos *campi*. E também pela confusão deliberada em relação ao consentimento que acontece nas festas. Estudante do terceiro ano de uma universidade particular no Sul, Mariah me implorou para que eu não demonizasse o sistema de fraternidades. "Sou uma mulher inteligente", ela me escreveu por e-mail. "Se tudo que a irmandade fez por mim foi me tornar vulnerável a agressão sexual e intoxicação por álcool, a essa altura eu já teria pagado a minha fiança." Entre as colegas de irmandade ela encontrou as melhores amigas de sua vida, garotas que ela descreve como "comprometidas", "inspiradoras" e "brilhantes". Sim, ela disse, o sistema de fraternidades era "heteronormativo" e atravessado por desigualdades raciais e de gênero que precisavam ser discutidas. "Mas eu acredito firmemente", ela escreveu, "que as irmandades são, e podem ser, uma experiência maravilhosa, um veículo para mudanças e uma fortaleza do feminismo nos *campi* das faculdades modernas."

Ao mesmo tempo, no entanto, ela sentia que suas colegas e ela estavam sendo "esmagadas" pela cultura do ficar no campus, em que garotos bêbados das fraternidades se sentem livres para tocar, beijar e se esfregar nelas sem que tenham dado permissão. ("Espera-se que a gente os espante como se fossem moscas", disse.) As meninas podiam rapidamente passar de um sentimento de ousadia por se sentirem sexy para o sentimento de terem se transformado em objetos, coisas a serem usadas e consumidas. Os meninos também podem se sentir confusos e indecisos: ávidos para se adequarem, a despeito de se debaterem com suposições sobre masculinidade, sexo, coerção e conquista. Eles podem interpretar mal mensagens dúbias ou estar eles mesmos bêbados demais para perceber o estado em que a parceira se encontra – ambos podem acordar na manhã seguinte sem saber com quem estão ou o que aconteceu. "Ninguém aqui sabe o que é um estupro", escreveu Mariah, nem os meninos nem as meninas. "Eu saberia se tivesse sido estuprada? Talvez se fosse um estranho em uma rua escura, sim, mas de outro modo eu não teria tanta certeza."

Assim, eu me surpreendi ao ouvir que Megan, orientada por uma terapeuta do campus, denunciara Tyler junto ao escritório universitário de ética estudantil. A investigação se desenrolou por todo o segundo semestre. Megan contou sua história diversas vezes. Suas amigas deram declarações sobre como ela mudara desde aquela noite, tornando-se depressiva e incapaz de se concentrar, de como ela desistira de uma matéria e como estava bebendo mais que de costume. Tyler também deu sua versão dos acontecimentos. Quando lhe perguntaram quando exatamente Megan concordara em ter uma relação sexual com ele, ela se lembrou de ouvi-lo dizer: "Bem, ela me pagou um boquete. Tenho certeza de que isso significa um consentimento." Ela ficou furiosa com a declaração. "Eu estava fazendo um boquete para terminar aquilo, não para começar alguma coisa. Eu disse que não queria fazer sexo. Eu disse que não usava nenhum contraceptivo. E ele simplesmente pulou da cama, colocou a camisinha e me estuprou."

O que ela suspeita que, no fim das contas, lhe deu razão foi menos o que ela ou Tyler tinham dito e mais o fato de que os próprios membros da fraternidade de Tyler se voltaram contra ele ao admitirem que ele podia ser agressivo e até mesmo violento – ele estava em liberdade condicional após uma briga. No final, Tyler foi suspenso por um ano e seus créditos do semestre foram anulados. Megan tinha certeza de que ele não voltaria, embora não soubesse dizer se ele aprendera alguma coisa com a experiência. "Depois da audiência, ele disse que lamentava por eu ter me sentido daquele jeito, mas nunca me pediu desculpas", ela disse. "Ele nunca acreditou que tivesse feito algo de errado." Na verdade, ela confessou, *ela* tinha que se controlar para não pedir desculpas a *ele*. "Eu o odiei, mas foi estranho. Eu também queria dar um abraço nele e dizer que sentia por estar fazendo tudo aquilo, por estragar a vida dele."

A TV de uma casa fora do campus exibia o filme *Meu malvado favorito* enquanto Megan e suas amigas punham bebidas do "esquenta" em copos coloridos. Eram seis garotas e dois meninos de outra universidade, que estavam na cidade de visita. Eles trocaram histórias de guerra sobre as ressacas que tiveram, os riscos do Everclear e os drinques malucos que tinham provado: ponche, *moonshine* de torta de maçã, vodca com infusão de *cannabis* ou balas Skittles. Na hora seguinte, Megan e outras garotas do grupo iriam entornar quatro ou cinco doses de bebida cada uma. Os meninos tomariam seis. "Nós temos um sistema", um deles me disse. "Beber três doses, esperar três minutos, beber mais duas doses, esperar cinco minutos, tomar mais uma dose e pronto." Perguntei para que servia a espera. "Para dar tempo de perceber se estamos ficando muito alterados pela bebida", ele disse, aparentemente a sério.

Nos intervalos dos drinques, o grupo conversava, mandava mensagens para os amigos e postava selfies no Instagram, sempre dando uma boa olhada em volta para garantir que nenhuma bebida alcoólica ficasse visível no enquadramento (todos eram menores de idade). "Nada acontece a não ser que aconteça no Instagram!", Megan me disse, brincando, apenas em parte. Cada uma delas tinha algumas expressões na manga que podiam resgatar quando necessário: um queixo caído sexy, um sorriso do tipo "essa é minha amiga e eu a adoro", uma cara de boca aberta que significa "eu estou louca e me divertindo". Os garotos faziam palhaçadas em volta delas, na pose clássica do "agachamento da irmandade". Um deles conferiu seu post na rede social. "Eu só tenho uma 'curtida'", reclamou. "A essa altura deveria ter 47!" Eles passaram ao menos metade do tempo que estavam juntos em suas telas individuais.

Duvido que percebam com que frequência eles fazem alguma referência ao gênero, seja quando um menino chamava uma colega de classe do ensino médio de "santinha durante o dia e uma vadia à noite", seja em uma discussão bem-intencionada sobre qual dos sexos, afinal, gasta mais em uma festa de fraternidade: os homens, que compram toda a bebida, ou as mulheres, que têm de fazer a "manutenção" dos cabelos, das unhas, das roupas, dos sapatos e da maquiagem. As meninas lembraram aos garotos que o custo delas não era somente monetário. "Nós temos que tirar os pelos de *todos os lugares*", uma delas disse.

"Nada de lâmina de barbear abaixo do pescoço para mim", respondeu um menino, entre risos.

"Sim", disse outra menina, "e nós temos que andar com saltos de dez centímetros."

Isso os meninos reconheceram. As meninas ganharam, se é que podemos chamar isso de vitória.

Eles também falaram sobre os efeitos colaterais da cultura das festas: uma menina que eles conheciam que era bulímica; outra que estava na reabilitação; os membros de fraternidades que tinham sido expulsos do campus; o menino bêbado que tentara, com um resultado trágico, fazer um mortal para trás em uma barra.

A canção "Blurred Lines" começou a tocar na *playlist*, com seu refrão controverso e cativante: "Eu sei que você quer/ Eu sei que você quer". Megan balançou a cabeça ao ritmo da música, parecendo indiferente à letra.

Surpreendentemente, Megan disse que depois do estupro seu apetite sexual se tornara ainda mais forte. Como Holly, ela não queria que uma experiência negativa a definisse ou definisse seus anos de faculdade. "Fiz muito sexo casual por um tempo. E foi bom. Eu gostava de me sentir zonza de manhã em vez de horrível, como quando eu deixei o Tyler." Mas agora, no segundo semestre do segundo ano, ela estava ficando com um pé atrás com as ficadas de uma só noite. "Eu me magoo muito", ela disse. "Eu me preparo. Sei que vai acabar sem que ele me envie uma mensagem. É assim toda vez. Os caras não respeitam a menina depois que fazem sexo com ela. É assim mesmo. E isso é um saco. Você deseja aquela mensagem, apesar disso. Quer dizer, apenas para dizer que foi divertido e que devíamos sair. Se a pessoa não me escreve nos três dias seguintes, penso 'dane-se', mas se ela escreve de repente no sábado à noite dizendo: 'Ei, quer vir aqui?', eu me sinto meio que obrigada porque quero vê-lo e esse é o único modo."

Embora a maioria das meninas e dos garotos afirme que em geral se sente feliz com a última ficada, a maior parte dos integrantes dos dois grupos também expressa ter se arrependido, a certa altura, do sexo casual.

Quando isso acontece, os meninos tendem a sentir remorso por terem "usado" alguém, e as meninas se sentem mal por terem sido "usadas".[30] Eu comentei com uma aluna do segundo ano de uma universidade da Nova Inglaterra que uma mensagem de texto me parecia um padrão muito baixo de decência depois de uma noite na cama com alguém. "E até *isso* parece, para os garotos, uma espécie de concessão", ela concordou. "Enquanto isso, a menina tem que sentar e esperar. E a espera é uma tortura. Se você escrever primeiro, pode deixá-lo desorientado. No nosso campus, existe apenas um refeitório, então tem essa coisa de ver o menino e ele não ter mandado nenhuma mensagem, você sabe: 'Olhe nos meus olhos. Eu não quero me casar com você.' Ou talvez o garoto da sua aula de biologia tenha visto os seus peitos e não queira nada com você. Por isso é melhor não ficar com pessoas da mesma turma. Você não escolhe alguém que more no mesmo andar. Você mantém o seu eu social e o seu eu acadêmico separados."

Vítimas ou vencedoras?

Uma semana depois do seu blecaute, Holly ficou outra vez com Robert, o menino que ela começara a ver no final do semestre anterior, e os dois finalmente transaram. Foi incrível. "Eu acordei na manhã seguinte feliz por ter feito sexo com alguém com quem não tinha um relacionamento, que eu conhecia e de quem gostava como pessoa, um cara gentil", ela disse. "Nós conseguimos nos curtir, experimentar, e nós dois tivemos orgasmo. Concordamos que queríamos manter a relação casual. Se algo acontece entre nós, é 'amizade colorida'. Somos amigos, definitivamente. Se continuarmos ficando, talvez eu queira que se torne algo a mais. Mas é um 'se', porque tudo isso é novidade." Ao fazer um retrospecto, Holly não podia acreditar como tinha ido longe. Apenas um ano atrás, ela era virgem. Apenas um ano antes, ela tinha dito que precisava estar em um relacionamento por ao menos seis meses antes de transar. "Isso com certeza mudou", ela disse. "Eu fui ultrapassando os limites, ultrapassando os limites, ultrapassando os limites. Mas é interessante para onde isso me levou. Não sei se é a cultura que me cerca que me diz que meu comportamento é aceitável, e portanto eu me sinto bem com ele, ou se é porque estou mais velha e mais madura e cresci como pessoa." Ela balançou a cabeça, incrédula. "Está sendo uma jornada bem estranha."

As meninas que conheci falavam frequentemente de "amizade colorida" como o Santo Graal dos arranjos românticos: sexo regular com um parceiro que se importa o suficiente com elas e que não faz cobranças afetivas. A verdade, no entanto, é que esse pode ser um equilíbrio difícil de alcançar. "'Amizade colorida' é algo que os universitários dizem que desejam", disse a socióloga Lisa Wade, "e talvez por uma boa razão: pode ser uma maneira funcional de se relacionar. Mas isso é teoria. Não vejo acontecer na prática." Entre os estudantes que ela acompanhou, nem o "colorido" nem a amizade puderam ser mantidos. "O problema é que a amizade está fora do roteiro da cultura do ficar. No momento em que alguém diz: 'Eu gosto de você', isso é interpretado como desejo de ter um relacionamento. Se não é possível dizer a alguém que você gosta dessa pessoa, não é possível vocês serem amigos de verdade, não é? Por isso, só é possível manter um relacionamento sexual contínuo se você maltratar a outra pessoa, se for estúpido com ela, assim ela saberá que não se trata de uma coisa romântica." O parceiro menos entusiasta desses encontros de AC (amizade colorida) não era necessariamente o menino. "Eu vivi duas situações de AC no ano passado", disse uma caloura de universidade com quem me encontrei. "Nas duas vezes, eu disse ao garoto que não queria namorar naquele momento. Um deles caiu fora sem discutir, mas em um dos casos o menino se apegou mais. Ele disse: 'Eu queria alguma coisa a mais com você.' E eu disse:", ela deu de ombros, "'eu não quero.' Eu gostava dele. Era divertido ficarmos juntos, e eu me sentia atraída por ele, mas, no final, eu não gostava *o suficiente* dele. Tudo se resume a isso. E agora nós não somos mais amigos, de fato, o que é uma droga."

Holly e Robert continuaram seu... o que quer que fosse, ao longo do outono e do inverno do segundo ano dela. Mas, em março, quando conversei com ela pela última vez via Skype, ele havia terminado tudo. Mas Holly tinha "se apegado" a ele e iniciara "a conversa", a DR (discutir a relação). Ele não estava interessado. Eles ficaram mais uma vez, no dia de São Patrício, quando ela estava "incrivelmente bêbada". Ela descreveu como deitou em cima dele, nua da cintura para baixo, e se inclinou para beijá-lo, mas ele virou o rosto e disse não. Aquilo doeu. "Vou te dizer", ela me contou. "Eu definitivamente o amava, e os momentos que passamos juntos estão entre os mais felizes que eu tive este ano. Para ser honesta, estou me sentindo uma merda completa. Mas quero deixar uma coisa clara: não me arrependo nem um pouco desse não relacionamento. Mesmo que não tenhamos sido oficialmente namorados, tínhamos sentimentos um pelo outro e gostávamos de estar juntos. Por isso, embora esse seja, de muitas maneiras, o clássico exemplo do modo como a cultura do ficar 'estragou' os relacionamentos, quero que você saiba: eu não sou uma vítima dessa cultura, mas participante dela."

Às ONZE HORAS, as ruas ao redor do campus de Megan estavam lotadas de garotas com saias minúsculas e de rapazes com seus copos de cerveja. Era o primeiro fim de semana da primavera, e todos comemoravam. Quando entramos em uma quadra deserta, alguns garotos gritaram para Megan: "Venha aqui!" Como ela não respondeu, eles berraram: "Aonde *vocês* estão indo?" Depois, como continuaram a ser rejeitados, desdenharam: "Vadias!"

"Eu odeio isso", disse Megan, revirando os olhos.

Assim como Holly, quando Megan era desrespeitada ela tendia a se culpar em vez de responsabilizar o padrão duplo persistente. "Os meninos não me levam a sério", ela me disse. "Eu estraguei as coisas. Eu me sabotei. Tento conhecer gente nova e ir a festas onde eu possa ser vista de outro modo. Se eles me descobrem, se sentem como se tivessem uma liberdade maior para pegar na minha bunda ou tentar me beijar na pista de dança. Ninguém quer marcar um encontro com a vadia. Isso me incomoda, mas não o suficiente para que eu mude meu comportamento."

A terapeuta Leslie Bell disse que as mulheres não são "principalmente nem vítimas nem vencedoras na cultura do ficar, mas muitas vezes elas estão desinformadas". Precisam, segundo a psicóloga, entender com clareza o que podem obter e o que não obterão dos encontros casuais – é improvável, por exemplo, que as ficadas as ajudem a desenvolver as capacidades necessárias para que tenham bom sexo ou bons relacionamentos. Trata-se de um conselho sábio, mas que não muda os termos do debate. Algumas garotas se gabaram diante de mim por conseguirem "fazer sexo como um cara", ou seja, por conseguirem se envolver sem emoção, por conseguirem objetificar o parceiro tão completamente e de modo tão redutor quanto muitas vezes os meninos fazem com elas. Esse parece um caminho desprezível e triste para a igualdade. E se, em vez disso, elas esperassem que os garotos fossem sexualmente generosos como as meninas? E se fossem ensinadas que todas as parceiras sexuais, tanto as íntimas quanto as completamente desconhecidas, merecem estima e generosidade, como em todas as interações humanas? E se elas se recusassem a se resignar com qualquer coisa inferior a isso?

Para mim, era hora de voltar para a terra dos adultos – Megan ia a uma festa de fraternidade, e nós duas sabíamos que eu nunca passaria pelo leão de chácara da entrada. Megan ficou apreensiva por mim, preocupada se eu conseguiria encontrar sozinha o caminho no campus, onde eu pegaria um táxi, se eu ficaria bem. Nós nos despedimos e nos abraçamos, e eu comecei a andar.

"Se cuida!", Megan me falou.

E eu pensei comigo mesma: "Você também."

5. Fora: online e NVR

Durante toda a manhã, a neve caiu abundante e úmida do lado de fora da janela do meu quarto de hotel. Cinco centímetros. Dez centímetros. Às duas da tarde, tudo na cidade universitária do Meio-Oeste onde eu estava havia fechado. As aulas foram canceladas. Nenhum carro ou ônibus desafiava as ruas escorregadias. Estudantes do clube de esqui e snowboard tinham montado um sistema de som no alto de uma colina que era baixa até para uma criança que quisesse escorregar, e eles estavam zonzos, parecendo embriagados, dançando à solta. Às três horas, começou a escurecer e todos os meus encontros do dia tinham sido cancelados.

Com exceção de um deles. Lá embaixo na rua, vislumbrei uma pessoa que se arrastava com botas Timberland e um casaco longo, as mãos enfiadas nos bolsos e os ombros arqueados contra o vento. Eu me dirigi ao lobby e cheguei bem a tempo de pegar uma forte rajada de ar gelado quando a porta giratória virou. Houve um som de botas cobertas de neve, do desenrolar do cachecol das bochechas rosadas e das luvas sendo removidas. A mão estendida para apertar a minha com firmeza. "Você deve ser a Peggy." Um sorriso, um olhar direto nos meus olhos. "Eu sou Amber McNeill."

A nova esquina

Eu não deveria ter ficado surpresa por Amber ter enfrentado uma nevasca para me encontrar. As meninas *queer* que responderam às perguntas que fiz por e-mail foram as que mais insistiram para serem ouvidas. "Sou uma *queer* jovem e negra", uma delas me escreveu. "Nós *temos* de falar: eu sou seu unicórnio!" Recebi mais respostas que o esperado de garotas *queer* de todos os tipos, tanto de etnia quanto de orientação sexual. Uma americana de origem coreana de dezoito anos se identificou como assexuada, sem atração por homens nem mulheres. Tenho que admitir que ela me intrigou – ao entrevistá-la, me senti como se estivesse falando com uma vegana de longa data para um livro sobre o prazer de comer carne. Mas ela queria registrar que sua orientação sexual era legítima e não provinha nem de abuso nem de rejeição. "Não me lembro de alguma vez ter me sentido de outro modo", disse. "Eu nunca me interessei por sexo. Acho meio... nojento." Além do mais, ela acrescentou, existe uma comunidade assexual em crescimento na internet: grupos de apoio, material educativo, sites de encontros.

No início de cada entrevista que fiz, perguntei que pronome – ou combinação de pronomes – eu deveria usar para me referir aos parceiros sexuais de cada garota. Muitas se identificaram claramente como heterossexuais ou lésbicas, outras como bissexuais ou bicuriosas. Várias vezes a própria entrevista se tornou um espaço de exploração de sentimentos incipientes. Lizzy, por exemplo, uma jovem de fala mansa de dezoito anos que estava no primeiro mês do ano inaugural de uma universidade da Costa Leste, se agitava e corava em diversos momentos da nossa conversa, olhando para o chão ou por trás dos meus ombros enquanto falava. Um ar de leve depressão a rodeava, e ela parecia tão indiferente que comecei a me perguntar por que ela tinha se oferecido para falar comigo, afinal de contas. Ela me disse que era o tipo de garota que foi excluída e humilhada no ensino médio, chamada de "piranha" e "gorda" pelas "meninas 'pacote completo', atléticas-bonitas-arrumadas, de quem os meninos costumam gostar". Mesmo assim, ela teve um namorado no penúltimo ano, um colega clarinetista da orquestra da escola chamado Will. "Mas eu nunca senti desejo sexual por ele", ela disse. "Era mais como se ele fosse meu melhor amigo. Nós saíamos, assistíamos TV, íamos ao cinema. Às vezes a gente se beijava um pouco, mas não ia muito além disso."

Perguntei a ela como se sentia nessas ocasiões. Ela deu de ombros. "Bem, eu acho. Não era mesmo minha praia. Para ser honesta, não consigo entender o que tem de tão bom nisso." Depois de cerca de quatro meses, Will começou a pressioná-la para irem além – muito além – por meio de mensagens cada vez mais insistentes. "Nós com certeza devíamos fazer sexo", ele escreveu, e "Vamos! Vai ser divertido! Vai ser ótimo!" e "Por que não? Eu não compreendo!" "Eu falei que estava me deixando desconfortável", Lizzy disse. "Nós nunca havíamos nem sequer feito alguma coisa abaixo da linha do pescoço! Mas ele continuou insistindo, me mandava mensagens sem parar."

Embora Lizzy não achasse que precisava justificar o desinteresse por sexo com um garoto que ela mal beijara, que demonstrara desrespeito por seus limites e cuja capacidade de diálogo se limitava ao teclado, ela ainda assim tentou. Talvez, ela disse, sua relutância tivesse origem na vergonha que sentia de seu corpo. "Vemos um monte de modelos e elas são muito magras e deslumbrantes", ela disse, olhando para sua barriga flácida. "Até comprar roupa: as roupas são feitas para pessoas magras, e eu simplesmente não sou magra." Depois, balançou a cabeça. "Mas, de verdade, eu não me sentia atraída o suficiente por ele a ponto de querer tentar. Era simplesmente tipo: 'Oh, não! Ele quer fazer sexo e eu não quero.'" Após dois meses repelindo-o, ela sugeriu que eles "dessem um tempo". Will, seu suposto "melhor amigo", nunca mais falou com ela.

Outros garotos, e mesmo homens adultos, mostraram interesse por ela desde então, mas ela nunca retribuiu. A perspectiva de intimidade física lhe causava aversão. Pedi a ela que se recordasse de uma vez em que tivesse sentido prazer sexual em seu corpo. Ela corou. "Não consigo pensar em nenhum", ela disse. E excitação? Suas bochechas ficaram ainda mais coradas. "Não explorei nada disso. Quero apenas terminar as aulas e fazer meu trabalho. E tenho dificuldade de me abrir com as pessoas. Preciso me esforçar muito."

Eu percebi. Nossa conversa prosseguiu com cortes e sobressaltos, e ela talvez fosse a garota menos falante com quem me encontrei. Depois, eu lhe perguntei: "Nós falamos apenas sobre meninos. Você já sentiu atração por meninas?" Uma vez mais, o rosto de Lizzy ficou rosa, mas dessa vez pareceu que era com prazer. "Eu tenho uma grande amiga", ela admitiu, e depois, pela primeira vez durante nossa conversa, ela riu. "Eu meio que gosto dela das duas maneiras, sabe? É como se eu tivesse me equilibrando na fronteira. Existe alguma coisa... incrível nela." Ela riu novamente e o sorriso iluminou sua face. "Eu não sei nem por que é assim. Nunca encontrei uma pessoa com quem me sentisse... é simplesmente *assim*."

Lizzy nunca conheceu alguém que fosse gay pessoalmente, mas leu sobre homossexualidade na internet, em especial em *fan fiction*: histórias escritas e disseminadas na internet por fãs de livros populares, programas de TV, peças, filmes ou músicas pop. O romance erótico *Cinquenta tons de cinza* sabidamente começou como uma *fan fiction* baseada em *Crepúsculo*. Em um único site, Harry Potter tem 80 mil histórias *fanfic*. Uma história *fan fiction* baseada em *Jogos vorazes* tinha mais de 2 milhões de visualizações no momento em que este livro era escrito. A *fan fiction* pode "intercambiar" mundos ou gêneros – Harry Styles, por exemplo, pode perder sua Direção e se encontrar na Terra Média. Muitas vezes, ela também inclui uma pegação, em geral entre pessoas do mesmo sexo, com que (presumivelmente) os criadores dos personagens nunca sonharam: Dr. Spock fica com o Capitão Kirk, Holmes com Watson, Batman com Coringa, Hermione com Gina. Mulheres e meninas são as principais criadoras e consumidoras de *fan fiction*. É difícil entender, portanto, por que uma porcentagem esmagadora dos encontros sexuais nessas histórias ocorre entre homens. Pode ser porque as mulheres ainda são sub-representadas nos meios de comunicação dominantes e, portanto, menos atraentes como personagens. Ou talvez escrever sobre os corpos masculinos libere as mulheres dos julgamentos sobre a aparência, o comportamento ou a assertividade que costumam contribuir para sua exploração sexual.[1] Seja qual for o motivo, a *fan fiction* oferece uma forma de liberdade às jovens: ela geralmente não tem motivação nem viabilidade comercial e é um nicho dos meios de comunicação com o qual, com poucas exceções, ninguém está lucrando.

Como tudo na mixórdia ilimitada da internet, essa amplitude pode ter vantagens e desvantagens. Uma garota de dezoito anos de Staten Island se recorda de ter esbarrado em *fan fiction* durante o ensino médio.

"Meninas pequenas e meninas crescidas e às vezes garotos escrevem *um monte* de pornografia baseada em personagens que eles gostam", ela disse. "Eu lia tudo. Não sabia da existência de BDSM* até ler *fan fiction* – ele está presente em muitas das cenas de sexo. E, durante muito tempo, pensei que o tamanho médio de um pênis mole era vinte centímetros, e que, *depois*, ele cresceria ainda mais. E pensei: 'Nunca vou querer um desses perto de mim!'"

Lizzy, uma fã fervorosa do programa de TV *Dr. Who*, foi exposta pela primeira vez ao lesbianismo por acaso, em um blog do Tumblr que transformou em casal duas personagens que, no próprio show, eram heterossexuais. "No começo foi estranho", disse Lizzy, "mas a história em si era muito boa. Ela funcionava. Então continuei lendo e aquilo ampliou minha visão de mundo. Quer dizer, eu nunca tinha pensado sobre essas coisas antes. E... não era embaraçoso. Era simplesmente estranho. Estrangeiro. Excitante."

Os adultos, incluindo eu, frequentemente se inquietam com os riscos que a internet oferece às crianças, em particular no que diz respeito a sexo. Nossos temores são compreensíveis, porque o acesso fácil à pornografia pesada, a distorção dos corpos femininos e os escândalos que envolvem *sexting* são o bastante para que qualquer pessoa nascida antes de 1980 se sinta como se o Armagedom estivesse próximo. Mas, assim como muito da cultura contemporânea, nada é tão simples. Enquanto os adultos continuarem evitando as conversas abertas sobre sexualidade, é inevitável que os adolescentes procurem informação na esquina eletrônica dos dias atuais. A realidade apresenta tanto problemas quanto oportunidades. Sim, existem comunidades de discussão como o Reddit, que podem entregar na hora fotos bizarras de decotes de mulheres ou de bundas de adolescentes de shortinho, de biquíni e congêneres. (A política da empresa contra a postagem de pornô não consensual, anunciada no início de 2015, até agora não fez nada para acabar com essas "comunidades".)[2] Mas também existem sites como Scarleteen, Go Ask Alice! e Sex, Etc., onde os conselhos

* BDSM é o acrônimo de Bondage, Disciplina, Dominação, Submissão, Sadismo e Masoquismo. (N.T.)

oferecidos podem ser explícitos mas também cuidadosamente corretos do ponto de vista médico.

A internet pode ser uma faca de dois gumes para adolescentes LGBTQ, assim como para os heterossexuais.[3] Segundo o relatório *Out Online* da Rede de Educação Gay, Lésbica e Hétero de 2013, eles sofrem três vezes mais *cyberbullying** que os heterossexuais – as meninas mais que os rapazes. No entanto, jovens LGBTQ também se voltam para a web em busca de informação e apoio, crucial para uma população com uma taxa de tentativas de suicídio cinco vezes maior que a dos outros adolescentes.[4] Mais da metade dos jovens LGBTQ que não se assumiram usou a internet para se conectar virtualmente com outros como eles, segundo o relatório. Mais de um em dez revelou a orientação sexual para alguém online antes de contar a uma pessoa no mundo "real", e mais de um quarto estava mais assumido na internet que na vida *offline*.[5]

O ideal seria que adolescentes *queer* não precisassem se reunir em salas de bate-papo a favor dos gays em busca de informação ou aceitação. Ao mesmo tempo, a internet oferece uma vereda sem precedentes para a normalização e a admissão da orientação sexual. Lizzy propiciou um vislumbre de como isso pode começar, assim como a garota que encontrou apoio na internet para sua assexualidade. Mas foi Amber, uma jovem de dezenove anos que estudava em uma universidade a quilômetros de distância da faculdade de Lizzy, que melhor ilustrou o potencial (e um pouco da esquisitice) do nosso mundo superconectado.

Depois que nos apresentamos no lobby gélido do hotel, fomos para o meu quarto. Amber se sentou em uma poltrona sob o círculo de luz do abajur e começou a me contar como, mesmo mantendo a aparência de garota popular heterossexual que os pais esperavam que fosse, ela desenvolvia online uma outra coisa – que ela nem sempre compreendia – em segredo. Amber construía uma segunda identidade, que, afinal, se provou a mais real de todas.

---

* O termo *cyberbullying* designa intimidação contumaz via internet. (N.T.)

Brincando de garota hétero

Na primeira vez em que Amber passou uma falsa imagem de si mesma na internet ela tinha apenas nove anos e estava fazendo exatamente o tipo de coisa que os pais temem: conversando com estranhos em um site de jogos. "As pessoas tentavam começar essas conversas sexuais comigo", ela disse. "Nem sei se eu sabia de verdade o que era sexo. Eu era apenas uma criança ingênua." No devido tempo, seus pais se perguntaram por que ela passava tanto tempo no computador e conferiram seu histórico. Quando descobriram o que ela vinha fazendo, eles a proibiram na mesma hora, por tempo indefinido, de ficar online. Amber se importou menos com a punição do que com a reação horrorizada dos pais. "Eu me senti como se estivesse fazendo algo muito, muito ruim", ela lembrou. "Eu estava acabada. Não cheguei perto de um teclado durante um ano."

Quando ela voltou, entretanto, entrou no *Second Life* e no *The Sims*, mundos virtuais em que os usuários, representados por avatares na tela, podem, uma vez mais, interagir uns com os outros. Tanto na internet quanto no Playstation, Amber sempre escolhia ser um homem. "Eu não pensava nada sobre isso", ela explicou. "Era apenas o que eu gostava. Eu fazia meu avatar de menino, depois ia para esses sites e conversava com meninas. Dizia a elas que eram bonitas ou coisas que uma garota do quinto ano diria. Eu de fato nunca questionei o que fazia. Honestamente, eu nem sequer sabia o que a palavra *gay* significava. Ninguém falava sobre isso, nem meus pais, nem a escola. O que é estranho porque não é que eu tenha crescido no meio do nada, nós morávamos perto de uma grande universidade. No ensino médio, frequentei uma escola com 3 mil alunos. Mas ninguém nunca falou nada. Por isso nunca questionei minha sexualidade."

Isso foi, é claro, anos antes que a Suprema Corte legalizasse o casamento entre pessoas do mesmo sexo em cinquenta estados. Ainda assim, não chegava a ser a Idade das Trevas: celebridades como Melissa Etheridge e Ellen DeGeneres assumiram publicamente sua sexualidade nos anos

90. Também se tornou cada vez mais comum (e matizada) a existência de personagens assumidamente gays na TV e no cinema. Como consequência, talvez, a idade média em que as pessoas saem do armário nos Estados Unidos começou a cair vertiginosamente: de 25 anos em 1991 para entre catorze e dezesseis hoje.[6] "As crianças relatam que estão conscientes da atração sexual por volta dos dez anos de idade", me disse Caitlin Ryan, diretora do Projeto de Aceitação da Família da Universidade Estadual de São Francisco. "É mais cedo que a maioria dos adultos, incluindo os pais, pensa. Mas a orientação sexual não diz respeito apenas a sexo. Também é sobre ligação emocional e social, relações humanas e sentimentos de conexão." Como exemplo, ela citou o musical da Broadway *Fun Home*, baseado em um *memoir* gráfico da cartunista Alison Bechdel. A "Pequena Alison", de nove anos, confronta pela primeira vez sua própria diferença quando vê uma entregadora sapatão entrando em um restaurante. "Ring of Keys", a música arrebatadora que ela canta, não é sobre erotismo, mas sobre identidade e reconhecimento: um cântico à "audácia" e à "postura" da mulher, seu cabelo curto, os jeans e as botas de amarrar "certos", seu jeito de ser e de se apresentar ao mundo.

Talvez os avatares de Amber fossem seu "molho de chaves".* De todo modo, a história não duraria muito. Uma vez mais, os pais conferiram o histórico de seu computador e descobriram o que ela estava fazendo. Àquela altura eles estavam divorciados, e seu pai havia se mudado para fora do estado. Amber se recorda de uma vez em que estava no aeroporto, sentada no carro de sua mãe enquanto seus pais confabulavam no meio-fio. "Aconteceu de novo", ela ouviu o pai dizer com a voz lúgubre. Mais tarde, sua mãe lhe perguntou por que ela escolhia avatares masculinos, mas antes que Amber pudesse responder a mãe lhe deu a resposta que queria ouvir: "Ela disse: 'Você só queria saber como era, certo?'", Amber recordou. "E eu respondi algo assim: 'É, é, isso mesmo, eu só queria saber como era.'" Se sua mãe tinha alguma ideia sobre a sexualidade da filha, ela não deixou que Amber descobrisse.

* Referência à música "Ring of Keys". (N.T.)

Não demora muito para que as crianças superem as habilidades dos pais na internet. No oitavo ano, Amber era experiente o bastante para apagar o histórico do navegador, criar contas de e-mail gratuitas que não são rastreáveis e encobrir seus rastros. Ela criou uma página falsa no MySpace como se fosse um garoto chamado Jake, na qual afirmava ser de Los Angeles e usava uma foto que tinha baixado de um menino fofo de sua escola. Se tivessem lhe perguntado na época, ela não seria capaz de dizer por que estava fazendo aquilo – apenas em retrospecto ela consegue ligar seu comportamento à sua orientação sexual. Durante dois anos ela usou a página como disfarce para flertar com o que ela descreveu como "um montão" de garotas. Nenhuma delas jamais a desmascarou, mesmo quando falavam com ela ao telefone. (Amber me mostrou sua imitação bastante convincente de voz de um garoto adolescente.) Ela cometeu um erro, no entanto: deu seu verdadeiro número de celular, e justificou o código de área do Meio-Oeste dizendo que havia se mudado recentemente. Isso foi há seis anos, e ela ainda recebe mensagens de texto de algumas daquelas garotas. "Eu recebi uma outro dia, do nada, que dizia: 'Sinto sua falta'", ela disse. "É meio estranho."

Pensei que talvez o namorado imaginário ideal para uma adolescente pode perfeitamente ser outra garota fingindo ser um garoto. Quem saberia melhor o que ela gostaria de ouvir? Amber concordou. "Acho que elas olham para a época em que estavam no ensino médio e pensam: 'Ah, eu me lembro daquele menino. Ele era tão legal, e ele sempre *entendia* de verdade.'"

Mas lembrar daquele período faz Amber sofrer. Ela sente vergonha e culpa por ter enganado outras meninas. "Isso me aborreceu por um longo tempo", ela disse. "Agora eu quase superei, mas daí recebo essas mensagens e penso: *Que porra é essa?* Elas chegam de repente. Eu imaginaria que, depois de assistir a episódios de *Catfish*, alguém perceberia que eu provavelmente não era uma pessoa real com o código de área errado."

"É meio triste", ela acrescentou, "pensar nisso."

Se Amber personificava um menino online, na vida real ela estava aprendendo, seguindo um modismo, a representar uma garota – ou ao menos um determinado tipo de garota. Até a puberdade, Amber agia como uma menina levada que se interessava por atividades masculinas. Ela vestia roupas largas, penteava o cabelo para trás e às vezes fingia se barbear junto com o pai. Se chegou a ser confundida com um garoto? Bem, isso não era problema para ela. Ninguém a *forçava* a mudar, exatamente, mas quando ela chegou à adolescência a expectativa era clara. Sua mãe tinha sido líder de torcida na escola e seu pai era ortodontista. As aparências eram importantes para os dois. Talvez seus pais suspeitassem de sua orientação sexual e talvez tivessem a esperança de poder reprimi-la. No mínimo eles estavam ávidos para que ela se comportasse como uma garota feminina convencional. Eles a encorajavam a usar saia, e a mãe de Amber lhe ensinou a se maquiar. "Eu não queria ser a garota 'estranha'", Amber disse. "Por isso tive de seguir a corrente, sabe? Eu passava rímel e dizia: 'Sim, eu *amo* o Zac Efron!', porque queria me encaixar. Mas eu estava sempre ajeitando a roupa no corpo, nunca me sentia confortável. Apenas ia com a corrente, eu sempre estava indo com a corrente."

Amber tentou se unir às suas amigas que experimentavam "relacionamentos" que duravam cerca de uma semana, mas toda vez que um menino punha o braço em volta dela, ela o tirava. "Eu dizia às minhas amigas que ele era estranho ou horripilante ou pegajoso", ela disse. "Depois pedia a elas que 'terminassem' com ele por mim." Aos quinze anos, no entanto, Amber conheceu um menino que, por acaso, se chamava Jake. Ela se sentiu imediatamente atraída por ele. "Nós éramos melhores amigos. Minha mãe costumava dizer que nós éramos como a mesma pessoa em corpos diferentes. Nós jogávamos videogame e assistíamos a filmes. Eu saía com a família dele, e ele saía com a minha." Ela não investiu no romance, mas, segundo ela, assim como aconteceu com as minissaias e o batom, ela "estava cooperando com as coisas, então por que não cooperar tendo um namorado também?".

Para o alívio de Amber, Jake era um cristão devoto que planejava continuar virgem até o casamento. Por isso, ela pensou, não havia "nada com o que se preocupar". Por alguns meses, ao longo da primavera do seu segundo ano, o casal fez pouco mais que dar uns beijos. Amber não gostava, mas também não relutava. "Eu realmente nunca senti nada quando nos beijávamos", ela disse. "Não ficava excitada. Apenas... acontecia."

Em janeiro, Jake a convidou para a festa de inverno da escola. Amber aceitou, embora a ideia de rodopiar na pista de dança de saia curta não a agradasse. Ela encontrou um vestido vermelho na altura do joelho que, como ela disse, "era decotado, mas não mostrava os peitos" e vestiu um sapato de salto ("mas não com tiras", ela disse, "e fechado nos dedos"). E quanto à dança? Ela a tolerou. Verdade seja dita, era assim que muitas das meninas hétero com quem eu falei se sentiam. Depois, Jake sugeriu que eles pegassem um refrigerante em um *drive-thru* do McDonald's e conversassem um pouco no carro. Amber concordou. "Pensei, sou eu e o Jake, sabe?", ela disse. "Então, tudo bem, tanto faz." Eles entraram no estacionamento de uma igreja. Jake desligou o motor e se inclinou para lhe dar um beijo. Depois, sem aviso, deslizou a mão por baixo da saia de Amber. Ela começou a suar frio e sentiu um aperto no estômago, mas permaneceu em silêncio. Quando ele sugeriu que eles passassem para o banco traseiro, Amber, uma vez mais, "foi com a corrente".

Ela foi com a corrente quando Jake pegou a mão dela e a colocou dentro de sua calça. Ela seguiu com a corrente quando ele puxou sua calcinha para o lado. "Depois", disse Amber, "Deus, ele era apenas um garoto de dezesseis anos! Os dedos dele foram para o lugar errado: o meu ânus!"

Jake ficou mortificado. "Desculpe! Desculpe!", ele repetiu. Amber lhe garantiu que estava tudo bem – ela não queria que ele se sentisse mal, ela disse –, mas o clima tinha sido destruído. Ele subiu o zíper da calça e esquivou-se para o banco da frente. "Na verdade, foi a melhor coisa que podia ter acontecido", Amber diz hoje. "Porque fez com que aquilo terminasse. Ele simplesmente me levou até em casa e eu comemorei: '*Yes!* Acabou!'"

Mas é claro que não tinha acabado. Como ela havia permitido que Jake a tocasse uma vez, ele concluiu que poderia tocá-la de novo. E Amber nunca disse não. Ela também nunca disse sim, e ele interpretou a passividade dela como consentimento. Ela ficava sentada imóvel, com as mãos ao lado do corpo, olhando para o espaço enquanto ele a apalpava e se esfregava nela. "Uma vez ele me perguntou por que eu não fazia os mesmos sons que as meninas dos vídeos pornô", ela disse. "Ele assistia a *muito* pornô. Respondi que ficava quieta porque estava muito concentrada. Por isso, ele pensou que eu gostava. Pensou que era normal, e eu o deixei pensar assim. Porque eu era a Amber que-vai-com-a-corrente."

A maioria das garotas homossexuais e bissexuais que encontrei tinham atravessado um período em que tentavam se passar por hétero, às vezes experimentando o lesbianismo sob o manto da heterossexualidade. Uma bissexual que estava no último ano do ensino médio em São Francisco, por exemplo, ia à boate para beijar outras meninas na pista. "Elas beijavam outras meninas principalmente para atrair a atenção dos garotos", afirmou. "Já eu, não. Mas elas não sabiam disso, então era ótimo." Mais tarde, ela foi além, convidando outra garota para a cama com seu namorado, e no primeiro ano da faculdade ela estava saindo com uma mulher. Em geral, as meninas se tornaram mais abertas à atração por pessoas do mesmo sexo nos últimos anos e aceitam mais a fluidez sexual. No início dos anos 90, por exemplo, apenas 3% das mulheres que se identificavam como heterossexuais em *A vida sexual dos estudantes universitários* relataram alguma experiência com alguém do mesmo sexo, enquanto em 2008 a taxa subiu para quase um terço (porém, uma vez mais, não houve distinção entre a ação entre garotas como uma encenação para excitar os meninos e a coisa de verdade).[7]

Para Amber, ir com a corrente hétero foi ficando cada vez mais difícil. Ela sabia que não podia – não *poderia* – sentir por Jake, ou por qualquer outro garoto, o que suas amigas sentiam. "Elas tiravam fotos dos garotos que haviam encontrado no verão ou no Facebook e ficavam: 'Ai, ele é tão sexy, só quero que ele me coma'", disse Amber. "E eu dizia: 'Hm, é, eu também.' Isso era tudo o que eu podia dizer. Ou às vezes: 'Ele é realmente atraente.' Eu nunca disse que um garoto era sexy ou nem mesmo bonito. Eu nunca achei que algum deles fosse."

Como Lizzy, até onde Amber sabia, ela nunca havia conhecido pessoalmente uma lésbica, mas as tinha visto em programas de TV como *The L Word*. Preocupava-a que seus sentimentos não fossem vistos como normais, que ela deixaria a mãe constrangida, que desapontaria o pai e se afastaria dos amigos. No outono do penúltimo ano do ensino médio, o esforço de manter a fachada de garota hétero estava deixando-a cansada e deprimida. Por isso ela se voltou para o único meio em que imaginava que poderia dar vazão a seus sentimentos: a internet. "Eu precisava achar alguém para me abrir", Amber se lembrou. "Pensei que colocaria tudo para fora e que isso seria o suficiente para que eu pudesse reprimir meus sentimentos por mais alguns anos." Ela procurou blogs gays no Tumblr, algo que eu mesma busquei e que, ao menos de início, ofereceu uma coleção de fotos de homens: alguns se beijando com doçura; outros nus, exibindo ereções descomunais; ejaculando no rosto de outro homem, fazendo sexo oral ou anal em duplas, trios ou grupos maiores. Os resultados por "lésbica" também eram explícitos, embora ao adicionar "adolescente" ele desencadeasse, ao lado de pornografia, uma enxurrada de citações angustiadas, fotos de gatos dançantes e selfies cuidadosamente escolhidas. Em uma página chamada "Meninas que gostam de meninas", Amber encontrou Hannah, que estava justamente no campo das citações angustiadas e do não explícito. Hannah publicou seus próprios escritos, assim como fotos de lugares que ela sonhava em visitar em Paris, Londres e Roma. Não havia fotos de seu rosto, segundo Amber. "Isso deu a impressão de que ela realmente só queria conversar." Ela também vivia muito longe, em Ottawa, no Canadá. "Era perfeito. Eu iria desabafar com ela sobre todas as merdas que tinha feito e depois nunca mais falaria com ela."

Amber fez uma pausa, balançando a cabeça. "Grande engano", ela continuou. "*Grande* engano."

"Hannah sacudiu o meu mundo."

Sair do armário no século XXI

Em outra noite de inverno, alguns meses depois que nos encontramos pela primeira vez, Amber me apresentou Hannah. Elas estavam a quase 5 mil quilômetros e a uma fronteira internacional de distância da minha casa na Califórnia, embora, graças ao Skype, nós três estivéssemos no mesmo cômodo. Hannah se levantava de repente a cada poucos minutos para conferir o pão de banana com pedaços de chocolate que ela assava para Amber. ("É o preferido dela", explicou.) Elas falaram sobre a festa de Ano-novo a que tinham ido; sobre como, no Natal, Amber levara Hannah para patinar no gelo e lhe dera um colar; sobre a última vez em que estiveram juntas com suas famílias. Elas se sentaram perto uma da outra e ficaram abraçadas, tocando-se constantemente, como fazem os jovens amantes. Amber usava um moletom da universidade de Hannah, que vestia uma camiseta da faculdade de Amber, cuja insígnia estava coberta por seus longos cabelos escuros.

Cinco minutos depois de enviar aquela primeira fatídica mensagem, Amber recebeu uma resposta de Hannah com a sugestão de fazer um Skype. Elas fizeram, e acabaram conversando até as quatro da madrugada. "Eu contei tudo para ela", Amber diz agora, fitando Hannah com carinho. "Sobre o perfil falso no MySpace, sobre ter sido pega por meus pais, tudo. Foi uma loucura. Eu soube em, tipo, uma fração de segundo que não queria conversar com mais ninguém para o resto da minha vida. Ela foi a primeira pessoa que me disse que meus sentimentos eram aceitáveis. E eu percebi: é *assim* que uma relação deve ser. Você deve se sentir querida, aceita, confortável e deve poder dizer qualquer coisa." Os olhos de Hannah se encheram de lágrimas, e Amber a puxou para perto. "Por que você está chorando?", perguntou.

"Porque você estava muito triste", respondeu Hannah. "Você precisava que alguém te ouvisse. Eu me lembro de ter pensado: 'Essa menina realmente precisa que alguém diga a ela que está tudo bem.'"

Dentro de algumas semanas, o relacionamento de Amber e Jake esfriou e eles concordaram em terminar. Embora estivesse livre, ela tinha apenas dezesseis anos, e o novo objeto de sua afeição vivia no Canadá. Não havia como Amber encontrar Hannah pessoalmente – não, pelo menos, sem que abrisse o jogo com seus pais.

O YouTube tem cerca de 21 milhões de vídeos de "saídas do armário". Existem vídeos comoventes e engraçados, e alguns de partir o coração, em que os pais aceitam ou rejeitam seus filhos ao vivo na tela. Há vídeos de gêmeos se assumindo juntos. Existe um subgênero de vídeos sobre "como sair do armário" e outro de músicas que as pessoas escreveram sobre o tema. Amber assistiu a muitos deles, em uma tentativa de se preparar para falar com a mãe. Ela decidiu fazê-lo durante as férias de inverno, mas passou o Natal, veio o Ano-novo e ela continuou a adiar a conversa. Finalmente, pouco antes de recomeçarem as aulas, ela convidou a mãe para almoçar, algo que não costumava fazer. Foi uma escolha estratégica, porque Amber percebeu que sua mãe não faria uma cena em um espaço público. Elas combinaram de se encontrar em uma rotisseria. Naquela manhã, Amber estava tão nervosa que chegava a tremer. Ela ainda se pergunta como dirigiu até lá sem bater o carro. Sua mãe já estava lá quando ela chegou, parecendo atormentada. "Você está grávida?", ela disparou, antes mesmo que Amber se sentasse. Amber riu e disse: "Não, mãe", pensando consigo mesma, "o oposto disso."

Amber desdobrou um pedaço de papel, uma carta que escrevera um mês antes e que carregava consigo desde então. "Eu te amo e não quero desapontá-la e quero sempre fazê-la feliz", ela leu. Depois vinham as palavras: *Eu sou gay*. Mas quando chegou a elas Amber engasgou. "Eu não consegui pronunciá-las, acho que foi porque eu mesma não tinha me aceitado. Finalmente, eu nem sei como, simplesmente saiu." A princípio, sua mãe pareceu aliviada. Sua filha não usava drogas. Ela não havia roubado nada. Ela não estava grávida nem tinha uma DST. Nem queria se mudar para a casa do pai. A mãe abraçou Amber e lhe disse que não havia problema, que estava tudo bem. "Eu te amo", ela disse. Depois, a conversa mudou de rumo. "Como você *sabe* que é gay?", ela perguntou. "Talvez seja apenas uma fase." Talvez, ela prosseguiu, tivesse algo a ver com o divórcio, com o fato de ela ter um modelo masculino fraco. "Não tinha como fazê-la acreditar que eu tinha nascido assim", disse Amber. "Ela simplesmente não compreendia."

Com a antecipação da idade em que os adolescentes se assumem, o apoio dos pais se tornou mais crucial que nunca. Uma coisa é os pais expulsarem o filho de casa aos 25 anos, outra é tomar a mesma atitude quando ele tem doze. Em uma pesquisa com mais de 10 mil adolescentes, os jovens que se identificavam como LGBT listaram tolerância e a situação familiar como as coisas que mais queriam mudar em suas vidas, enquanto outros jovens apontaram finanças e o peso ou a aparência.[8] Os adolescentes LGBT também citaram a família como seu "problema mais importante", enquanto os demais falaram das notas escolares. Segundo Caitlin Ryan, a aceitação da família é o maior fator que influencia o bem-estar de crianças LGBT. A organização de Ryan relacionou a rejeição dos pais a uma elevação do risco de suicídio, depressão, abuso de drogas ilegais e HIV/aids.[9] Até certo ponto, a constatação pode parecer evidente. Menos óbvio é o que os adolescentes vivenciam como "rejeição". O silêncio dos pais, por exemplo. Uma garota me contou, enrraivecida, que o perfil da mãe no Facebook estava repleto de fotos de seu irmão com a namorada, mas não tinha uma única foto dela com *sua* namorada. Os jovens também consideram o tipo de comentário que a mãe de Amber fez ("Tem certeza?" ou "Talvez seja apenas uma fase") profundamente doloroso. Permitir comentários ofensivos de outros membros da família também tem o mesmo efeito. Dito isso, Ryan descobriu que a maioria das reações ambivalentes ou negativas vinham de um lugar de amor. "Os pais com frequência expressam medo e ansiedade exacerbados pela desinformação", ela disse. "Eles se perguntam: 'O que vai acontecer com meu filho no mundo? Como eu lido com isso na minha própria família? Como posso conciliar crenças conflitantes?' A boa notícia é que uma pequena mudança na resposta deles pode fazer uma diferença enorme."

Seriam necessários meses de discussões e tensão para que a mãe de Amber mudasse de opinião. Aquele certamente não parecia o melhor momento para lhe falar sobre Hannah, por isso Amber adiou essa parte da conversa e, depois, a adiou mais um tanto. Enquanto isso, as duas meninas continuavam no Skype até tarde da noite.

"Com quem você está sempre falando?", a irmã mais nova de Amber perguntou.

Amber fez um gesto de indiferença. "Uma amiga", respondeu.

A resposta não satisfez a curiosidade da caçula. Ela começou a ficar desconfiada e hostil. Uma vez, entrou furtivamente na lavanderia de casa atrás de Amber e lhe disse: "Você é gay, Amber. Você é sapata." Outras vezes sibilou: "Você é igual a uma *lésbica*."

"Acho que minha irmã simplesmente não sabia como fazer para que eu me assumisse para ela de um modo saudável, e ela queria muito saber", Amber disse. Quando expressei admiração por sua grandeza de espírito, ela acrescentou: "Bom, isso definitivamente me magoou. E até hoje atrapalha nosso relacionamento. Quer dizer, quem faz esse tipo de coisa com a irmã?"

Sair do armário não é um evento único. A pessoa tem de se assumir repetidas vezes, não apenas para pessoas que ela já conhece, mas para todos que ela um dia vai conhecer. Amber tentou abrir o segredo a algumas amigas de confiança, contando a novidade, talvez sem causar surpresa, pelo bate-papo do Facebook ou por mensagem. "Eu jamais conseguiria contar pessoalmente", disse. As garotas sempre a asseguraram que nada havia mudado, mas não mencionavam mais a conversa e invariavelmente se afastavam. "Eu pensava: 'Tudo bem, acho que elas estão ocupadas.' Mas, olhando para trás, percebo que elas não queriam mais ser minhas amigas sabendo que eu era gay."

Amber nunca criou coragem para contar à mãe sobre Hannah – não diretamente. Um dia, no entanto, ela estava em seu quarto e sua mãe entrou a toda, empurrando a porta com tanta força que ela bateu na parede. Ela brandia o celular de Amber. "Que porra é *essa*?", gritou.

Ela havia lido todas as mensagens entre Amber e Hannah, inclusive aquelas em que as duas se declaravam uma à outra. Amber apenas a encarou. "Foi o pior jeito possível para descobrir", ela se lembrou. "Foi muito desconcertante, porque, se ela não aceitava de verdade o fato de eu ser gay, com certeza não iria aceitar uma relação de longa distância com uma menina qualquer."

"O que você pensa que está fazendo?", sua mãe continuou. "Quantos anos tem essa pessoa? Como você sabe que ela não tem 35 anos?"

A mãe de Hannah (o pai era falecido) aceitava melhor a sexualidade da filha e a relação incipiente. Ela se ofereceu para tentar facilitar as coisas com a mãe de Amber para que as meninas pudessem se encontrar. A mãe de Amber recusou. De modo algum sua filha iria visitar uma estranha no Canadá. "Eu *implorei* para que ela me deixasse ver Hannah, somente por um dia", afirmou Amber. "Não precisava ser no Canadá, a mãe dela deixaria que ela viesse. Mas minha mãe disse não. Era como se ela pensasse que, ao nos manter distantes, eu não seria mais gay."

No verão, a mãe de Amber havia se acalmado o bastante para permitir que Hannah lhes fizesse uma visita de três dias. Ela poderia ficar na casa delas, mas as meninas teriam de dormir em andares separados. Amber não se importou. Ela iria ver a namorada em pessoa. Apreensiva, digitou no Google "o que duas garotas fazem juntas". Não precisava ter se preocupado: no instante em que ficaram sozinhas, Amber e Hannah começaram a se beijar, e o sentimento não lembrou nada que Amber já tivesse experimentado. "Eu estava entregue", ela recordou. "Foi simplesmente algo normal e natural, da forma como deveria ser. Aquele tipo de sentimento que eu tive foi como provavelmente é para todo mundo que está em uma relação íntima."

Meninas em relacionamentos com outras meninas falam sobre sexo de modo muito diferente daquelas envolvidas com garotos. Uma estudante do último ano do ensino médio de uma escola pública da Califórnia que se identificou como bissexual me disse que gostava da reciprocidade que encontrou – e encontrou *somente* – em seus encontros com pessoas do mesmo sexo. "É tão diferente", ela explicou. "Nós revezamos: minha vez, a vez dela, minha vez, a vez dela." Outra aluna bissexual do último ano disse que tendia a ser mais passiva com parceiros homens. "Com outra garota... bem, não dá para *as duas* serem passivas. Ou nada aconteceria. Com um menino, parece que ele está fazendo algo *para* você, mas, com uma menina, vocês estão fazendo algo uma *com* a outra." Uma aluna do Meio-Oeste que estava no penúltimo ano da faculdade me disse que o sexo com sua namorada parecia "fora do roteiro": como não havia nada que supostamente tivessem que fazer, elas eram livres para criar uma vida sexual que funcionava para as duas.

Como nunca tinha tido uma relação sexual com Jake, Amber se considerava virgem quando ela e Hannah se encontraram. Eu lhe perguntei se ela achava que era virgem hoje. Ela balançou a cabeça. "Para mim era tão confuso, tão obscuro o significado de ser 'gay' que tive de buscar no Google 'quando uma lésbica deixa de ser virgem'."

E qual foi a resposta?, eu lhe perguntei. "Não havia resposta", Amber disse. "Para mim..." Ela fez uma longa pausa. "Acho que é simplesmente o momento em que você tem intimidade e vocês se tocam mais do que apenas num beijo. Não necessariamente nos seios, mas abaixo da cintura. No momento em que é tocada lá, você não é mais virgem."

"Mas, sinceramente, eu de fato não tenho uma definição. Eu apenas soube. Acho que definiria como... talvez quando se tem um orgasmo com outra pessoa? Quando você tem um orgasmo com outra pessoa, você definitivamente não é mais virgem. Sim, é assim que eu definiria a questão."

Quando uma garota não é uma garota?

A relação de Amber e Hannah se aprofundou durante o último ano do ensino médio, e, conforme acontecia, Amber ficava mais confiante em outras áreas de sua vida. Ela descobriu que gostava de falar em público e se apresentou como MC em um show de talentos da escola, foi eleita representante dos alunos e passou a socializar mais. Embora permanecesse no armário na maior parte do tempo, descartou as saias e a maquiagem em nome de um visual mais andrógino e discreto. "Eu simplesmente me apropriara da coisa!", ela disse. "Era divertido! E ninguém tinha nenhum problema com isso."

Naquela primeira tarde em que nos encontramos, Amber buscou uma foto no celular para me mostrar como ela era antes. A menina na fotografia – com o cabelo de mechas loiras cuidadosamente arrumado sobre os ombros, batom cor-de-rosa, delineador e rímel – não se parecia em nada com a jovem diante de mim. Ao mesmo tempo, a versão atual de Amber não era muito diferente de nenhuma das meninas hétero que eu encontrei, ao menos quando elas estavam com a roupa da escola em vez da roupa para sair: ela vestia jeans – ela disse que era um modelo masculino, mas eu não teria adivinhado –, um casaco de moletom com o nome de sua faculdade e botas para caminhada. Não usava maquiagem, mas durante o dia muitas das outras meninas também não usavam. Seu cabelo estava puxado para trás por uma faixa de cabelo preta e preso em um pequeno rabo de cavalo. Mesmo assim, durante nossa primeira conversa os planos e sombras do rosto dela pareciam estar sempre em mutação. Talvez fosse um jogo de luz, ou talvez eu estivesse apenas cansada, mas às vezes ela parecia claramente uma garota e, outras vezes, repentinamente, poderia passar com facilidade por um menino.

A própria Amber não estava sempre certa do que ela era. Foi ao tentar responder a essa pergunta que descobriu que a internet, antes tão confiável, a decepcionaria. Vídeos do YouTube e sites que visitou sugeriam que ela poderia ser transgênero, um termo que Amber nunca tinha ouvido. (Isso foi anos antes que Laverne Cox e Caitlyn Jenner adornassem capas de revistas.) Ela passou os doze meses seguintes, até pouco antes de sair para a faculdade, temendo que fosse verdade. "A possibilidade me deixou terrivelmente assustada", ela disse. "Eu pensava: 'O que eu vou fazer?' Ia ter que passar por todas aquelas cirurgias e mudar meu nome. Eu pensava que era a única opção."

É claro que a internet pode ser uma coleção de desinformação, distorções, falta de competência e maus conselhos. No Google, até mesmo uma cutícula solta pode se tornar um caso de vida ou morte, assim como fazer ginástica ou tomar banho (mas, se parar de se exercitar, você pode tomar menos banho e minimizar os riscos de ambas as atividades). Por isso, para uma jovem homossexual que nunca ouvira a palavra *sapatão*, quanto mais *transgênero*, seria fácil ficar confusa, em particular se, como Amber, ela tiver crescido em uma comunidade com ideias tradicionais sobre masculinidade e feminilidade. Estima-se que 0,3% dos americanos se identificam como transgêneros – quase 700 mil indivíduos.[10] (Cerca de 3,5% dos adultos se identificam como gay, lésbica ou bissexual, embora as taxas sejam mais elevadas na faixa etária de dezoito a 29 anos.)[11] O número verdadeiro é difícil de ser quantificado, no entanto, porque pode ou não incluir os que se identificam como "gênero não binário" – que vivem entre os gêneros, além dos gêneros ou como uma combinação de gêneros.[12] Em sua manifestação mais completa (e, alguns diriam, mais ameaçadora), o gênero não binário subverte noções de masculino e feminino, masculinidade e feminilidade, transformando-as de uma inevitabilidade biológica para um bufê de identidades customizável e em permanente mutação. Há, por exemplo, a história de 2013 de Arin Andrews, que começou a vida no corpo de menina, e Katie Hill, que nasceu menino. Eles se apaixonaram em um grupo de apoio a adolescentes transgêneros, atravessaram a fase de transição juntos e seguiram adiante como um casal heterossexual.[13] Ou a história mais sombria de Sasha Fleischman, nascido menino em Oakland, na Califórnia, que é agênero – ou seja, que não se identifica com nenhum dos sexos e prefere ser chamado pelo pronome "*they*".* Quando estava no último ano do ensino médio, Sasha sofreu queimaduras severas nas pernas quando outro adolescente pôs fogo em sua saia em um ônibus municipal. O episódio desencadeou uma série de iniciativas de apoio: uma marcha em protesto com meninos que usavam "saias para Sasha", milhares de dólares levantados pela internet para custear os gastos médicos, mudança nas políticas escolares locais para permitir que estudantes com não conformidade de gênero escolhessem qual banheiro e vestiário queriam usar e em que equipes esportivas queriam jogar.

Os *campi* das universidades modernas estão repletos de ativistas de gênero que especificam se são cisgênero (o que significa que seus gêneros emocional, psicológico, fisiológico e genético estão em conformidade), não conformado ou transgênero. Eles podem substituir *ele* e *ela* por pronomes neutros, como elx.[14] A rejeição ao "gênero binário" pode ser de fato radicalmente libertadora. Ao mesmo tempo, a pressa para rotular um jovem como "não conformado" pode levar ao risco de, involuntariamente, solidificar categorias tradicionais. Consideremos o caso de uma transgênero masculino-para-feminino do primeiro ano cuja família processou a escola que ela frequentava no Colorado por proibi-la de usar o banheiro feminino. Seus pais disseram que a primeira suspeita de que seu filho, o único menino entre trigêmeos, era incomum surgiu quando ele tinha cinco meses

* Em inglês, *they*, eles, é um pronome que não tem gênero marcado. Na língua portuguesa, não existe o chamado "gênero neutro". O equivalente seria o emprego do "x" no lugar de artigos e terminações que marcam gênero (por exemplo: meninx). O uso do "x" é explicado logo a seguir pela autora. (N.T.)

de vida e se esticou para pegar um cobertor rosa destinado a uma de suas irmãs.[15] Mais tarde, ele rejeitou um carrinho que ganhou de Natal, não demonstrou interesse em roupas com temas esportivos e escolheu um vestido de princesa em vez de um uniforme de bombeiro em uma brincadeira com fantasias. Bebês de cinco meses não distinguem rosa de azul. E a escolha de tule em vez de ferramentas? Com todo o respeito devido à família e à criança, que pode mesmo ser transgênero, nada disso parece "prova" de nada além do preconceito dos adultos. Ainda assim, quase todas as reportagens que li na imprensa não apenas publicaram essas anedotas como as mencionaram no início do texto. Mesmo que eu admire os pais da criança pelo apoio à filha, essa definição inflexível de masculinidade – que enxerga um menino como *mulher* antes de aceitar seu amor por vestidos brilhantes – me deixou preocupada.

Algumas das razões de Amber para questionar sua identidade de gênero eram retrógradas de um modo semelhante: elas incluíam ser mais dominadora na cama, se defender sozinha, planejar uma carreira na área de negócios e odiar cozinhar. Amber também não foi a única jovem lésbica que encontrei que se perguntava se suas roupas e atitudes significavam que ela era, na verdade, homem. Valentina, de dezoito anos, a garota que chamou a si mesma de meu "unicórnio", também passou o último ano do ensino médio pensando que "devia" ser transgênero. Tendo crescido em uma vizinhança de classe baixa e com maioria de origem mexicana em Chicago, ela evitava qualquer coisa feminina por convenção: Barbies, rosa, saias, babados. Vestida com uma camisa de flanela e jeans largos, Valentina me disse que no ensino fundamental outras garotas rastejavam para seu colo para abraçá-la e chamavam-na de "Paizão" (ela era grande) e pediam conselhos sobre os garotos. No ensino médio, ela vasculhava a internet atrás de pistas sobre sua identidade. "Eu queria saber", ela disse, "'eu sou gay?' 'Eu sou transgênero?'."

"Você sentia que estava no corpo errado?", eu lhe perguntei.

"Não."

"Você se sentia como se quisesse ser homem?"

"Não", ela disse uma vez mais.

"Então por que você pensou que poderia ser transgênero?"

"Exatamente!", ela disse. "O que me fez finalmente perceber que eu não era trans foi ler sobre pessoas que diziam: 'Sinto como se houvesse um cara dentro de mim tentando sair.' Eu nunca me senti assim. Eu nunca senti que deveria ser um garoto. Gosto da minha vagina. Eu não queria que nada acontecesse com ela. Mas também não tinha certeza de que desejava ser menina."

Tal confusão é compreensível, segundo Jack Halberstam, professor de inglês e diretor do Centro de Pesquisas Feministas da Universidade do Sul da Califórnia, que escreve sobre temas transgêneros. Mesmo que alguns jovens possam ser ajudados – às vezes salvos – pela visibilidade recente de mulheres trans como Cox e Jenner ou por programas de TV como *Transparent*, da Amazon, as tensões entre mulheres "machonas" e homens trans têm crescido. "Todo o conceito de 'machona' é visto atualmente como uma espécie de sala de espera na qual se fica até mudar fisicamente de gênero", Halberstam disse. "Nós não temos palavras para designar uma pessoa que tem forte identificação transgênero, mas se sente bem com seu corpo. *Machona* se tornou anacrônico, mas *trans* implica transição, possivelmente hormônios e cirurgia. *Gênero não binário* é um bom termo, mas, na verdade, não é preciso." Eu refleti sobre a ideia de "identificação transgênero". A expressão também parece ser muitas vezes determinada culturalmente, em detrimento de garotas como Valentina e Amber. Quando definimos tão restritivamente o que significa feminilidade para a geração delas, desse modo sexualizado, mercantilizado e heteroeroticizado, onde fica o espaço, a visão e a celebração de outras maneiras de ser uma menina?

"Eu procurei para valer", me disse Amber durante nosso primeiro encontro. "Eu poderia te falar tudo o que se sabe sobre ser transgênero. Percorro de cima a baixo as listas que encontro na internet. Elas fazem perguntas como: 'Você chora quando pensa que tem uma vagina?' E eu penso: 'Não, não mesmo.' Talvez se alguém me dissesse que poderia escolher um sexo ou o outro, eu teria ficado com o outro, mas isso não me perturba. Eu tinha sentimentos conflituosos. Tipo, eu realmente não me incomodo com meus seios. Isso é estranho, certo? Por isso me perguntava: 'Sou um *erro* biológico?'"

Por fim, Amber percebeu que não queria abrir mão de quem ela era, não queria ser alguém completamente novo: "Quer dizer, digamos que seu nome seja Cheryl", ela explicou, "e você vai se tornar Sean. Você tem que não querer mais ser Cheryl e nunca falar sobre Cheryl de novo."

"Bem", ela acrescentou, sentando-se na ponta da cadeira. "Eu amo ser a Amber. Não poderia imaginar nem em um milhão de anos não ser a Amber. *Eu sou a Amber.* E não sei se me encaixo perfeitamente como lésbica, mas com certeza não sou uma pessoa transgênero. Posso viver minha vida nesse corpo, confiante e feliz, e em uma relação saudável." Ela se recostou novamente, deixando as mãos sobre o colo. "E precisei de um ano, um ano inteiro, para ser capaz de sentar aqui e te contar isso."

Durante nossa conversa por Skype, Amber e Hannah me contaram que não temem dar as mãos, se abraçar ou se beijar nas ruas de Ottawa. Mas são um pouco mais discretas quando Hannah visita Amber. A mãe de Amber ainda não mudou por completo de ideia. ("Ela nunca nos aceitará, como aceitaria se eu estivesse com uma pessoa hétero", disse Amber.) E embora a maioria das pessoas houvesse recebido melhor a notícia no campus da faculdade dela, o casal chegou a ser hostilizado por grupos de rapazes. Ainda assim, Amber vem experimentando como é ser mais aberta publicamente sobre quem ela é. Ela se ofereceu recentemente para participar de um grupo de pessoas LGBTQ que visita salas de aula em sua escola para falar sobre suas experiências e responder perguntas. Também faz uma especialização dupla em economia e políticas públicas e considera ir para uma faculdade de direito e, por fim, entrar para a política. "Eu gostaria de tentar uma vaga na Câmara dos Deputados", ela me disse, e depois riu. "Tenho um pouco de desvantagem na corrida ao posto – sou garota e sou gay. Mas vou dar um jeito."

"Bem", eu disse, "talvez seja a sua hora."

Ela assentiu com a cabeça, sorrindo. "Eu sempre digo isso a mim mesma", disse. "As coisas estão se abrindo para as mulheres e para nós, gays. Veremos."

6. Linhas indefinidas:* cena dois

ENCONTREI MADDIE REED na faculdade comunitária na qual ela estava matriculada em um programa especial para estudantes que foram ensinados em casa e oriundos de outros tipos "independentes" de ensino médio. Ela apertou minha mão e sorriu. Era uma garota curvilínea e pálida com sardas no nariz e cabelos castanho-avermelhados que caíam nos ombros. Ela frequentara as aulas durante um semestre e planejava ficar mais um, até a formatura. Isso significa que não poderia, como sonhara uma vez, escrever para o jornal do ensino médio ou participar do time de *softball* ou das festas. "Eu não penso nisso", ela disse enquanto passeávamos pelo campus à procura de um canto silencioso em que pudéssemos conversar. "Não me permito. Ainda é uma ferida aberta. E eu conheço outras garotas que se sentem pior. Pelo menos eu tenho uma vaga ideia do que aconteceu comigo. Pelo menos não existem fotos disso por aí. Mas antes eu realmente não estava ciente de que isso era um problema. Achava simplesmente que era algo que acontecia em... Não sei, outras partes do mundo."

Quem roubou o consentimento

Nunca se deu tamanha atenção ao tema do estupro como nos últimos anos. Dos quartos dos alojamentos às redações, passando pela Casa Branca, a

* Referência à música "Blurred Lines" [linhas indefinidas, borradas], mencionada anteriormente. (N.T.)

luta contra o estupro, em especial nos *campi* das universidades, se tornou um dos temas dos direitos civis mais proeminentes e delicados do nosso tempo, ao lado do casamento gay, do aborto e da brutalidade da polícia. Qual é a definição de estupro? O que constitui o consentimento? Como as escolas devem tratar as acusações? Essa não é, no entanto, a primeira vez que o estupro cometido por conhecidos desencadeou um debate. No final dos anos 80 e início dos anos 90 houve uma enxurrada de casos polêmicos e de grande importância. O primeiro, e talvez o mais aterrorizante, foi em 1989, em Glen Ridge, Nova Jersey, onde um grupo de meninos do ensino médio estuprou uma garota com deficiência mental (uma jovem que eles conheciam desde a infância) com um cabo de vassoura e um bastão de beisebol. O caso apresentava diversas características que voltariam a emergir na comoção nacional dos dias de hoje: os garotos eram atletas conhecidos em uma cidade idílica e louca por futebol americano, e, embora suas ações tenham sido consideradas a princípio como estranhas à natureza deles – um "erro estúpido" cometido por "bons jovens" –, eles na verdade abusavam de seu status divino desde o ensino fundamental, perseguindo colegas de turma, destruindo propriedades e criando tumulto. Desdenhavam das meninas e professoras (um dos meninos se exibia na escola e se masturbava com frequência no meio da aula); tratavam o sexo primariamente como forma de união entre os homens (assistindo a pornografia juntos, convencendo meninas mais novas a lhes fazer sexo oral em sequência e assistindo em segredo as escapadelas uns dos outros com parceiras inocentes).[1] A menina que eles atacaram era vulnerável, nesse caso mentalmente em vez de pelo uso de drogas ou álcool, e os observadores próximos se recusaram a intervir. Depois da prisão dos meninos, muitos adultos da cidade os defenderam, afirmando que a garota era uma "agressora sexual" que "pedira para ser estuprada".

Naquela mesma época, as acusações contra William Kennedy Smith, de trinta anos, chocaram a opinião pública de um modo diferente: ele era, afinal, um estudante de medicina, bem-apessoado, rico, privilegiado – um *Kennedy*. Ele encontrou sua suposta vítima em um bar da Flórida onde bebia com o tio, o senador Edward Kennedy, e o primo Patrick, um futuro congressista. Posteriormente, a mulher afirmou que nas primeiras horas da manhã Smith a deteve enquanto eles caminhavam na areia perto da propriedade da família em Palm Beach, depois a imobilizou no chão e a estuprou. Smith insistiu que o sexo tinha sido consensual. Ele acabou sendo absolvido, e muitos acreditam que, se o juiz tivesse autorizado o testemunho de três outras mulheres (uma médica, uma estudante de direito e uma estudante de medicina), que, sob juramento, disseram que Smith também as tinha atacado, embora elas não tivessem denunciado esses incidentes à polícia, o veredito poderia ter sido diferente. Antes que os meios de comunicação acabassem de dissecar o caso, o ex-campeão dos pesos-pesados Mike Tyson foi acusado e condenado em Indiana pelo estupro de uma candidata do concurso Miss America Negra de dezoito anos durante um encontro tarde da noite. Ele ficou preso por três dos seis anos a que foi condenado. Nenhum desses agressores se encaixava na imagem predominante do estuprador como o sujeito mascarado que surge de um beco escuro. Os acusados conheciam as vítimas e, até determinado ponto, elas os tinham acompanhado por vontade própria. Claro que os advogados de defesa usaram o fato como prova de consentimento, ou ao menos de cooperação parcial – as mulheres "deveriam ter sabido" o que iria lhes acontecer. De todo modo, os defensores argumentaram, por que esses homens honrados e de boa situação "precisariam" estuprar alguém? Eles poderiam ter as mulheres que quisessem. Foi apenas em 2015 que o antigo agente de Tyson admitiu que as acusações contra o boxeador eram "inevitáveis" e acrescentou que a única surpresa era que Tyson não tivesse sido acusado em outras denúncias.[7] Diversos dos garotos de Glen Ridge foram para a prisão pelo crime; um outro, que se livrou das acusações, ingressou no Exército. Em 2005, ele entrou na casa de sua ex-mulher, atirou contra ela e contra um colega soldado, ferindo-os, e depois cometeu suicídio – tudo isso enquanto sua filha bebê dormia no quarto ao lado. E Smith? A denúncia feita por uma funcionária de um ataque ocorrido em 2004 foi descartada em juízo cível, e em 2005 ele fez um acordo em outro processo de uma funcionária diferente, que o acusou de assédio sexual.

Menos de um mês após a condenação de Tyson, a Suprema Corte concedeu aos estudantes o direito de processar faculdades e universidades por danos materiais sob o Artigo IX, que proíbe discriminação sexual na educação. A medida deu força imediata a jovens mulheres do país – na Universidade do Sul da Califórnia, na Universidade de Stanford, na Universidade da Califórnia em Berkeley, na Universidade de Wisconsin, na Universidade de Michigan, em Tufts, Cornell, Yale e Columbia – que começaram a se pronunciar sobre estupros no campus. O episódio que ficou mais famoso foi o das meninas da Universidade Brown, que, frustradas pela indiferença da administração, rabiscaram uma lista de supostos estupradores nas paredes do banheiro feminino da biblioteca da instituição. (Os meninos retaliaram com sua própria lista: "mulheres que precisam ser estupradas".) Mesmo depois que as paredes foram pintadas de preto como meio de intimidação, as garotas usaram canetas de tinta branca para manter a lista atualizada – a certa altura, ela cresceu até conter trinta nomes.

Também durante esse período, os meios de comunicação começaram a divulgar o que foi definido como uma tendência grave e chocante de "estupro por conhecidos" nos *campi*. Somente em dezembro de 1990, o *Washington Post* revelou "A estatística em que ninguém pode acreditar", a revista *People* publicou uma reportagem de capa sobre "um crime que muitas faculdades ignoraram" e a Fox TV produziu um documentário, *Estupro no campus: quando não significa não*. Como evidência, muitos apontaram para um estudo de 1987 financiado pelo Instituto Nacional de Saúde Mental e conduzido por Mary P. Koss, professora de psicologia na Universidade Estadual de Kent na época. Koss entrevistou 6 mil estudantes de 32 universidades e descobriu que 27,5% das meninas – mais de uma em cada quatro – tinham, desde os catorze anos, tido um encontro sexual que se encaixava na definição legal de estupro. Oitenta e quatro por cento desses ataques foram cometidos por alguém que a menina conhecia, sendo que 57% deles foram praticados durante um encontro. Os resultados levaram Koss a cunhar o termo *date rape* [estupro em um encontro]. Quando ela incluiu outras formas de atividade sexual indesejada ("bolinação, beijo ou carícias, mas não relação sexual"), a taxa de vítimas saltou para quase 54%. Apenas um quarto dos meninos entrevistados admitiu envolvimento em alguma forma de agressão sexual; um em cada dez disse que havia pressionado verbalmente uma garota para fazer sexo com penetração; 3,3% tentaram usar a força física; e 4,4% estupraram alguém. Nenhum dos que se encaixaram nas duas últimas categorias considerou seu ato criminoso, em grande parte porque eles não enfrentaram consequências. "Eles poderiam dizer: 'Sim, eu segurei uma mulher para fazer sexo com ela sem seu consentimento'", Koss disse a NPR, "'mas definitivamente não foi um estupro.'"[3] A violência sexual era tão difundida, concluiu Koss, que fazia parte do que a cultura definia como uma interação "normal" entre mulheres e homens.

Depois veio a reação. Em sua obra polêmica de 1993, *The Morning After*, Katie Roiphe, uma fotogênica estudante da graduação de literatura inglesa de Princeton, alegou que a "crise do estupro" no campus era exagerada. "Se 25% das minhas amigas estivessem mesmo sendo estupradas, eu não saberia?", ela ponderou. Talvez não, considerando seu argumento principal: a inclusão nos registros de estupro de Koss daquelas que responderam sim à pergunta "Você já fez sexo com penetração quando não queria porque um homem lhe deu álcool ou drogas?". Para Roiphe, o estupro "verdadeiro" envolveria força bruta. Apenas o silêncio não indicaria falta de consentimento, nem a incapacitação. Era um argumento conservador clássico, que ainda persiste até hoje, mas Roiphe lhe ofereceu uma versão diferente, "feminista": repreender as ativistas dos *campi* por solaparem o próprio argumento que o movimento lhes forneceu. "Um homem pode dar drogas [a uma mulher]", ela escreveu, "mas ela é quem decide usá-las. Se supomos que nem todas as mulheres são desamparadas e ingênuas, elas devem, portanto, ser responsabilizadas por sua escolha de beber ou usar drogas." As feministas da "crise do estupro", em outras palavras, tinham de ser fortes e lidar com algumas noites constrangedoras. Roiphe rejeitou o que considerou sua tentativa de expandir a definição de estupro como sendo "um modo de interpretar", "um modo de ver" em vez de um "fato físico". Como se a reinterpretação – da cidadania, do direito de voto, de quem pode ter uma propriedade ou mesmo de quem é, em si, propriedade – não estivesse na essência dos direitos das mulheres. Foi apenas dois meses antes da publicação do livro de Roiphe, por exemplo, que os cinquenta estados reconheceram o estupro marital como crime.

O livro de Roiphe ganhou notoriedade com um editorial do *New York Times*, que também o selecionou para a capa de sua revista dominical. Outros veículos de comunicação (*Newsweek, The Atlantic*, ABC, NBC, PBS) logo começaram a produzir reportagens e programação sobre o que repentinamente foi reduzido à "controvérsia do *date rape*".[4] Poucos mencionaram que mesmo quando os dados de Koss foram recalculados sem a questão do álcool, uma em cada seis mulheres ainda tinha sido estuprada, segundo a definição da lei. (Para ser justa, a estatística muitas vezes foi distorcida por ativistas em relação ao número de meninas que teriam sido estupradas *enquanto estavam no campus*, em vez de *desde os catorze anos*, o que já seria suficientemente aterrorizante.) Quando Roiphe deixou de ser novidade, os repórteres se voltaram a Camille Paglia, que proclamou que "*date rape* é bobagem", e a Christina Hoff Sommers, atualmente pesquisadora residente do direitista American Enterprise Institute, cujo livro *Who Stole Feminism* acusava Koss de "[escancarar] a porta para que qualquer uma que tenha se arrependido do contato na noite anterior fosse vista como vítima de estupro".[5, 6] (É claro que, ao *excluir* o estupro facilitado pelo consumo de álcool, a própria Sommers fecharia a porta com força sobre "olhar como vítima de estupro" qualquer uma que tenha sido penetrada ao perder os sentidos alcoolizada.)

Em outubro de 1993, o ativismo antiestupro no campus havia sido tão difamado que se tornou tema de um esquete famoso do *Saturday Night Live*, uma representação irônica chamada "Isso é *date rape*?". Aparentemente situada na Universidade Antioch, ela satirizava a exigência pioneira da instituição de que parceiros obtivessem um "sim" verbal e claro antes de se envolverem em atividades sexuais. Chris Farley, como o membro de uma fraternidade, enfrentava Shannen Doherty, que interpretava uma desleixada mestranda de "estudos sobre vitimização" – sim, muito engraçado – acerca de categorias como "Camisetas regata", "Ela estava bêbada", "Eu estava bêbado", "Chopada", "Chopada fora do campus" e "Chopada espumosa". Outros atores, usando camisetas nas quais se lia "Jogadores de *date rape*", se expressavam em interações permissivas que envolviam pedidos formais como "Posso elevar o nível de intimidade sexual passando a mão na sua bunda?" e "Eu certamente tive bons momentos naquela chopada espumosa. Posso beijar sua boca?". A implicação era que toda a coisa do *date rape* tinha ido longe demais; um grupo de feministas sorumbáticas e nada atraentes estava tentando fechar o Clube dos Cafajestes e acabar com o sexo heterossexual. Dias depois, o *New York Times*, ao citar o esquete, engrossou a discussão com um editorial com críticas à Antioch pela inadequação em "legislar a respeito de beijos". Embora o diretor do programa de prevenção a crimes sexuais da faculdade tenha respondido em uma carta ao editor que "não estamos tentando reduzir o romance, a paixão ou a espontaneidade do sexo, estamos tentando reduzir a espontaneidade do *estupro*", o dano estava feito. "O consentimento afirmativo" (junto com a Universidade Antioch) se tornou pouco mais que um clichê; o *date rape* foi rebaixado rapidamente de "epidêmico" a "controverso" e "exagerado", e os protestos seguintes foram essencialmente suprimidos. Em novembro daquele ano, 17,8 milhões de pessoas, a maioria adolescentes, sintonizaram em *Beverly Hills 90210* para ver um episódio no qual Steve, a estrela imbecil da série, estupra "acidentalmente" uma garota que nunca vocalizou a palavra *não*. Ela acaba pedindo desculpas para *ele* diante de uma multidão em um evento estilo "Take Back the Night".* Qual foi a lição? O "mal-entendido" fora na verdade falha dela mesma, porque, como ela afirmou: "Eu não disse sim, mas também não disse não."

Amor e guerra

Maddie amava Kyle. De verdade. Ela o conheceu em uma festa pouco antes de seu aniversário de quinze anos; ele estudava em outra escola, e estava um ano à frente dela. Os dois ficaram – nada sério, apenas uns beijos. Ele lhe disse de cara que gostava de outra menina, mas queria ter com ela uma "amizade colorida". Quando ela o encontrou em outra festa algumas

* Música de Justin Timberlake que fala de uma noite permissiva desencadeada pelo álcool. (N.T.)

semanas mais tarde, depois que os dois tinham bebido, eles ficaram mais uma vez. Novamente, se beijaram um pouco, mas dessa vez ele disse que não continuaria a não ser que ela lhe fizesse um boquete, porque caso contrário ele ficaria com "bolas azuis". (Pais, tomem nota: várias garotas com quem eu conversei caíram nessa.) Maddie concordou: ela nunca havia feito sexo oral em um garoto, mas sentia que estava se apaixonando por Kyle e queria deixá-lo feliz.

Nada mudou entre eles depois. Em vez disso, eles caíram em um padrão: quando se viam nas festas, eles se beijavam, ele a tocava com os dedos (embora não até o orgasmo) e ela lhe fazia um boquete. Eles nunca marcaram um encontro. Eles nunca conheceram os pais um do outro. Ela jamais havia estado na casa dele antes que eles decidissem transar. Maddie tinha dezesseis anos na época e queria que sua primeira vez fosse com Kyle. Eles compraram camisinha juntos, "como verdadeiros namorados". Ela se lembra de que o acontecimento em si foi carinhoso, mas desconfortável e um pouco entediante. "Doeu muito por cerca de dois minutos, e depois fiquei a maior parte do tempo olhando para minhas unhas", ela me contou. Ela estava orgulhosa, entretanto, de ter feito sexo sóbria, durante o dia, em um quarto, com alguém que ela amava. Isso durou apenas algumas semanas, até ela ouvir falar que Kyle também estava transando com outra pessoa.

Maddie ficou furiosa. Sua trama de vingança parecia tirada de um roteiro de *Gossip Girl*: naquele fim de semana, ela iria "totalmente sexy" a uma festa em que sabia que ele estaria. E então? Ela ficaria com um dos amigos dele. "Eu vou *vencer*!", ela se lembrou de ter pensado. Mas, de algum modo, em uma série de mal-entendidos complicados que não fazem sentido a ninguém com mais de dezessete anos, ela acabou no lugar errado: uma casa cheia de alunos do último ano de uma cidade vizinha, a maioria homens, na qual ela não conhecia ninguém direito e todos tinham bebido. Um deles era um jogador de futebol americano chamado Josh, que foi quase namorado de uma menina que Maddie conhecia ("que nem Kyle e eu") e com quem tinha sido "superabusivo". Quando ela lhe disse que a menina havia lhe contado "um monte de coisas sobre ele", ele deu de ombros. "Não ouça nada do que *ela* diz. Ela é louca!" Maddie continuou sendo educada, mas distante, deixando claro (ao menos ela imaginou) que não estava interessada nele. De algum modo, no entanto, espalhou-se na festa que eles iriam ficar.

"Como ele recebeu *essa* mensagem?", disse Maggie quando outro menino lhe perguntou sobre o boato. "Eu não vou ficar com ele. Ele é um babaca."

O menino sorriu, irônico. "Bem, depois de uns drinques nós vamos ver."

"O que *isso* significa?", Maddie respondeu. "Você não pode simplesmente dizer esse tipo de coisa para meninas!"

O garoto riu, segurando as mãos. "Estou brincando!", ele disse.

O estupro em números

Ao longo dos anos 1990 e 2000, pesquisas sobre agressões no campus continuaram silenciosamente a crescer, assim como o ceticismo sobre os resultados. Usando a definição mais estrita de estupro – que envolve força física, a maioria dos estudos encontrou uma incidência anual entre 3% e 5%.[7] Isso não quer dizer um em cada quatro ou mesmo um em cada cinco, como foi afirmado mais recentemente. Ainda assim, visto que segundo o Departamento do Censo dos Estados Unidos havia 4,6 milhões de alunas de graduação em instituições com cursos de quatro anos em 2013, a porcentagem significaria que entre 138 mil e 230 mil delas eram estupradas a cada ano – o que não é muito consolador.[8] Além disso, a definição conservadora de estupro não é mais empregada por notórias feministas radicais como, digamos… o FBI, que em 2013 definiu o estupro como "penetração, independente do quão sutil, da vagina ou do ânus com qualquer parte do corpo ou objeto, ou penetração oral por um órgão sexual de outra pessoa, sem o consentimento da vítima". (Essa definição revisada, vale mencionar, não supõe que a vítima seja mulher.)

Em 2015, foram divulgados dois relatórios significativos que deveriam (mas provavelmente não vão) pôr um fim na discussão. A Pesquisa da

Situação no Campus da Associação de Universidades Americanas – composta por mais de 150 mil estudantes – revelou que um terço das alunas de graduação que responderam haviam sido vítimas de contato sexual não consentido.[9] Enquanto isso, as sociólogas Jessie Ford e Paula England analisaram as taxas de agressões entre estudantes do último ano que participaram da Pesquisa Online de Vida Social na Universidade. Diferentemente do relatório da Associação de Universidades Americanas, Ford e Englang se concentraram somente em relações sexuais ou tentativas de relações sexuais – elas não incluíram os incidentes de toque não desejado, sexo oral ou coerção psicológica que os críticos insistem que distorcem injustamente os números. Dez por cento das meninas disseram que foram forçadas fisicamente a fazer sexo desde que começaram a faculdade; 15% afirmaram que alguém tentou forçá-las fisicamente, mas que elas escaparam sem fazer sexo (a pesquisa não perguntou se elas haviam sido forçadas a outros atos); 11% relataram que alguém fez sexo não consentido com elas quando estavam "bêbadas, desmaiadas, dormindo, drogadas ou incapacitadas de outra forma"; e 25% relataram que ao menos uma dessas coisas aconteceu com elas.[10] Ao incluirmos os tipos de agressão ocorridos quando as meninas estavam intoxicadas que Roiphe, Paglia, Sommers e suas defensoras (para não mencionar o sistema de justiça criminal) rejeitam, somos levados novamente à taxa de uma em cada quatro.[11]

Desde 1990, as faculdades e universidades são obrigadas por lei a relatar ao Departamento de Educação todos os crimes ocorridos no campus ou nas proximidades. As que não relatam podem perder o auxílio financeiro federal, algo a que poucas escolas, não importa quão abastadas sejam, podem se permitir. O ímpeto para tanto foi o estupro e assassinato de Jeanne Clery, de dezenove anos, em seu quarto em um alojamento na Universidade Lehigh. Mais tarde, os pais de Clery descobriram que havia ocorrido uma série de crimes violentos na instituição nos três anos anteriores, mas, sem uma política consistente de rastreamento, os estudantes foram deixados na ignorância e superestimavam sua segurança no campus. O agressor de Clery, que não era um estudante, passara por três portas equipadas com fechaduras automáticas, as quais tinham sido deixadas abertas com o auxílio de caixas pelos residentes dos alojamentos. Apesar disso, as penas para o falseamento de estatísticas criminais continuaram sendo uma raridade, e dado que as altas taxas de estupro não são um grande atrativo para os interessados em ingressar na instituição não surpreende que, em 2006, 77% das universidades tenham relatado que o número de agressões sexuais no campus registradas foi um implausível zero.[12]

Isso, entretanto, não vai mais resolver. Em 2011, Russlynn Ali, a nova secretária-adjunta de Obama para os direitos civis, enviou a carta "Prezado Colega", com dezenove páginas, para lembrar os reitores de universidades de sua responsabilidade em observar todos os aspectos do Artigo IX, incluindo os que envolvessem assédio e violência sexual. Além de um mandado para solucionar os casos rapidamente e garantir a segurança física e psicológica das denunciantes (pela remodelação da grade de aulas do acusado ou por sua remoção do alojamento da suposta vítima), a carta estabelecia um novo e reduzido ônus da prova: "uma preponderância de evidências", usada tipicamente em casos civis, em vez da mais rigorosa "evidência clara e convincente" que era usada em muitos *campi* na época.[13] O resultado foi mais controvérsia, com ativistas conservadores denunciando os padrões como muito baixos devido à gravidade do crime e à potencial estigmatização do acusado. Entretanto, como o blogueiro de direito Michael Dorf escreveu, um ônus de prova mais baixo na vara cível não se baseia nem na brutalidade do crime nem em seu potencial de difamar o agressor, mas na natureza da *punição*: assim, alguém como O.J. Simpson poderia ser declarado inocente por assassinato pelos padrões da corte criminal, onde a vida na prisão estava em jogo, mas culpado na vara cível, onde a punição afetava apenas o bolso. Dado, então, que as universidades expulsam ou suspendem em vez de encarcerar os estupradores, um padrão de "preponderância de evidência" é, na verdade, razoável.

O alerta do Departamento de Educação revolucionou o mundo acadêmico. Assim como o direito de pedir indenização financeira nos anos 90, ele também empoderou as estudantes, que não precisavam mais da mídia tradicional para defender sua causa: elas tinham a internet. Em 2012, Angie Epifano, uma ex-aluna de Amherst, publicou um editorial assinado no jornal da instituição sobre a reação insensível da administração da faculdade às suas alegações de estupro. Sua descrição detalhada de um cético orientador para casos de agressão sexual, sua subsequente depressão suicida, sua passagem por uma clínica psiquiátrica e sua derradeira saída da escola se tornaram virais, com mais de 750 mil visitas à página. "O silêncio tem o gosto rançoso da vergonha", ela declarou. "Eu não vou ficar quieta." Logo um movimento nacional começou a se formar; ativistas, muitas delas sobreviventes de agressões – em Amherst, na Universidade da Carolina do Norte, em Tufts, Yale e Berkeley –, se conectaram pelas redes sociais. A mobilização chamou a atenção de toda a grande imprensa. Dessa vez, o *New York Times* pareceu completamente envolvido: publicou reportagens de capa, entre outras histórias, sobre as ativistas e as iniciativas da Casa Branca; um relato na seção Sunday Review por uma sobrevivente de estupro da Universidade da Virgínia sobre a punição leve dada ao seu agressor; e diversos artigos opinativos e debates online sobre a responsabilidade institucional, o abuso de álcool, a subnotificação dos casos e a cultura dúbia das fraternidades e equipes esportivas. O jornal também publicou o perfil de Emma Sulkowicz, uma aluna do último ano da Universidade Columbia que jurou arrastar o colchão de 23 quilos do alojamento nas costas aonde quer que fosse durante o ano letivo de 2014-15 até que o menino que ela acusou de tê-la estuprado, e que foi declarado "não responsável", fosse expulso. (Ele moveu um processo contra a universidade, declarando o fracasso da administração em protegê-lo das acusações de Sulkowicz, que, segundo ele, destruíram sua experiência universitária e sua reputação.) Alguns aclamaram Sulkowicz como heroína, enquanto outros a chamaram de desequilibrada. De uma forma ou de outra, está claro que o testemunho público – rejeitando a cultura do anonimato que supostamente as protegia de um sentimento de vergonha – se tornou a maior arma das meninas na luta contra o estupro.

Na primavera de 2015, mais de uma centena de faculdades estavam sob investigação por possível descuido com casos de agressão sexual. Entre elas estavam as mais prestigiadas do país: Dartmouth, Emerson, Emory, Hampshire, Harvard (a universidade e a escola de direito), Princeton, Sarah

Lawrence, Stanford, Swartmore, a Universidade da Califórnia em Berkeley, a Universidade de Chicago, a Universidade de Michigan em Ann Arbor, a Universidade da Carolina do Norte em Chapel Hill, a Universidade do Sul da Califórnia, a Universidade da Virgínia e a Vanderbilt.[14] As investigações farão alguma diferença? É difícil dizer. O número de casos relatados de agressão sexual no campus praticamente dobrou entre 2009 e 2013, de 3.264 para 6.016. Embora não pareça, é uma boa notícia: em vez de um aumento na incidência de estupros, a elevação parece refletir um novo desejo das vítimas de dar um passo adiante, uma nova crença de que serão ouvidas.[15] A chave pode ser manter a atenção pública acesa. Segundo um estudo da Associação Americana de Psicologia, o número de relatos de casos de agressão aumenta uma média de cerca de 44% quando os *campi* estão sob escrutínio formal. Depois, entretanto, ele volta para os níveis originais, o que indica que algumas instituições fornecem uma imagem mais acurada das agressões sexuais somente quando são obrigadas.[16]

De todo modo, eu defendo que a espera até os anos de faculdade para abordar o estupro é demorada demais. As agressões sexuais são ainda mais comuns entre estudantes secundaristas – a diferença é que as escolas não têm a mesma obrigação de reportá-los. Em uma pesquisa realizada em 2015 em uma grande universidade particular do interior de Nova York, 28% das calouras afirmaram que haviam sido vítimas de tentativa de estupro ou de estupro violento ou de vulnerável *antes* da faculdade, entre os catorze e os dezoito anos de idade.[17] Assim como no início dos anos 90, muitos dos incidentes recentes que chocaram a nação também envolviam adolescentes mais novos. No outono de 2012, Steubenville, em Ohio, se tornou a Glen Ridge de sua época depois que dois jogadores de futebol americano carregaram uma garota alcoolizada e inconsciente de dezesseis anos de festa em festa, se revezando para violentá-la, cuspir nela e até urinar sobre ela enquanto colegas observavam e alguns deles aplaudiam. Como os atletas de Glen Ridge, que, sem perguntar a suas parceiras, colavam fotos em seu armário de troféus da escola deles próprios em flagrante delito, esses meninos não se contentaram simplesmente em agredir a vítima, eles precisaram documentar a "conquista". Um membro da "equipe do estupro" de Steubenville tuitou pérolas como "Algumas pessoas merecem uma mijada" e "Não se dorme com um pau no ânus" e "A música da noite definitivamente é 'Rape Me' [Me estupre], do Nirvana". Outro garoto publicou uma foto da vítima no Instagram, com a cabeça pendendo para trás enquanto era carregada pelos pulsos e tornozelos. Em um vídeo do YouTube, um rapaz ri enquanto a chama de "mais morta que", respectivamente, Nicole Simpson, John F. Kennedy, Trayvon Martin e o bebê Caylee Anthony. Será que se gabar de um estupro na internet é parte de uma nova tendência sinistra? Um ano antes, uma dupla de garotos de Louisville, no Kentucky (estudantes refinados e atletas de uma escola católica de prestígio), virou notícia quando espalhou fotos de celular em que os dois atacavam uma garota de dezesseis anos bêbada e semiconsciente em sua cozinha. Audrie Pott, uma garota de quinze anos de Saratoga, na Califórnia, cometeu suicídio depois que fotos de um abuso cometido quando ela estava desmaiada devido ao álcool foram publicadas na internet. Assim como Rehtaeh Parsons, uma garota de dezessete anos de Nova Scotia, no Canadá, que sofreu estupro coletivo quando estava sem condições de se defender.

Ao pesquisar esses episódios, me impressionou com que frequência as palavras *engraçado*, ou, mais frequentemente, *hilário*, foram ditas por garotos ao recontarem as histórias de degradação sexual das mulheres. Quando, durante o vídeo de Steubenville, uma voz de alguém que não aparece na gravação diz que estupro não é engraçado, Michael Nodianos, então um jogador de beisebol do ensino médio, responde: "Não é engraçado. É *hilário*!" Um dos rapazes de Louisville disse à polícia que pensou que seria "engraçado" tirar fotos suas enquanto estuprava a vítima. Uma jovem com quem eu me encontrei em uma universidade da Califórnia me contou como um morador de seu alojamento a convidou para ver um vídeo que ele havia gravado com seu celular de um amigo fazendo sexo com uma garota inconsciente. "Venha ver isso", ele disse. "É *hilário*." Um garoto de um campus que eu visitei no Meio-Oeste, ao falar sobre a primeira vez em que viu pornografia pesada, se recordou de também ter pensado que era "hilário". O colega de turma dele usou a palavra para descrever como as meninas feias eram as mais ativas sexualmente em sua escola do ensino médio. "Hilário" parecia ser a opinião padrão para alguns meninos – algo como "desconfortável" para as meninas – quando eles não sabiam como responder, em particular a algo que era tanto sexualmente explícito quanto desumano, algo que talvez, na verdade, os aborrecesse, os ofendesse, os irritasse, lhes causasse repulsa, os confundisse ou desafiasse sua ética. "Hilário" oferecia distância, permitindo que eles olhassem sem sentimentos, para subverter uma reação mais solidária que poderia ser entendida como fraca, sensível demais e não masculina. "Hilário" é particularmente perturbador como um porto seguro para os observadores – se o estupro é "hilário", eles não precisam levá-lo a sério, não precisam responder por ele, não há problema.

As fotos compartilhadas pelos agressores de Steubenville, Louisville, Nova Scotia e Saratoga vitimaram as meninas pela segunda vez – com potencial para durar para sempre, já que as imagens podem ser copiadas, baixadas e espalhadas infinitamente. Elas também oferecem evidência única de que os crimes foram de fato cometidos, embora isso não torne a condenação inevitável nem a punição necessariamente mais severa. Um dos estupradores de Steubenville recebeu um ano de detenção em uma prisão para menores; o outro pegou dois anos, incluindo um crédito pelo tempo que já havia cumprido. Os meninos de Louisville foram condenados a prestar cinquenta horas de serviços comunitários, que, até que o jornal local interviesse, eles cumpriam apenas guardando o equipamento usado após o treino de lacrosse. Dois dos agressores de Audrie Pott receberam sentenças de trinta dias em unidades para menores infratores, para ser cumpridos aos fins de semana; um terceiro ficou 45 dias seguidos detido. Os agressores de Rehtaeh Parsons ganharam liberdade condicional. Assim como em Glen Ridge, havia sempre uma onda de compaixão pelos rapazes nesses casos: declarações de que suas ações foram excepcionais, um erro cometido uma única vez; apreensão diante dos danos que as condenações causariam ao seu futuro brilhante; denúncias contra a menina envolvida. Um dos agressores de Louisville fez um apelo direto para a sua vítima, com uma mensagem de texto em que pedia que ela parasse de dar sequência ao caso contra ele. "Existe outra maneira de lidar com isso sem ser comprometendo nossas vidas para sempre... Eu não sou uma má pessoa, sou apenas um idiota."

"Você não acha que arruinou minha vida para sempre?", ela revidou.[18]

Careta

Através de uma série de eventos confusos e agora matizados pelo álcool, Maddie se viu no banco traseiro de um carro com Josh, indo para a festa à qual ela deveria ter ido antes de qualquer coisa. Um menino chamado Anthony, também do último ano, estava dirigindo, e a namorada dele, Paige, estava no banco do passageiro. Maddie ignorava todos eles, concentrada nas mensagens que começou a trocar com Kyle, às vezes gritando ao telefone. Josh, aparentemente preocupado de verdade, perguntou o que havia de errado. "Tem esse menino por quem estou apaixonada há um ano e meio", Maddie lhe disse, com a voz embargada, "e eu perdi minha virgindade com ele e agora ele transou com outra."

"*Você* já transou com mais alguém?", perguntou Anthony do banco da frente.

"Não", disse Maddie, ainda chorosa. "Eu só transo se estiver apaixonada."

"Bom, esse é o seu problema!", Anthony lhe disse. "Se você simplesmente fizesse sexo com outra pessoa superaria isso!"

Maddie podia estar magoada com Kyle, mas ela não era estúpida e ignorou o "conselho" de Anthony. O grupo deu umas voltas, mas não conseguiu encontrar o local da festa. Talvez, Anthony disse, a polícia já tivesse acabado com ela. Os meninos sugeriram que eles fossem para um parque próximo, em vez de continuar procurando, e as meninas concordaram. Quando Anthony dirigiu para uma área de mata que Maddie não reconheceu, ela não disse nada – não queria parecer careta diante dos outros jovens –, mas discretamente fez uma captura de tela em seu celular. No dia seguinte, o Geotag mostrou que os meninos tinham mentido: eles não estavam em nenhum lugar próximo ao local em que afirmavam estar. Anthony e Paige caminharam em direção às árvores, deixando Maddie sozinha com Josh. Ele a empurrou contra a porta do carro e começou a beijá-la. Maddie não queria estar ali, não queria beijá-lo. Ela ficou com raiva, confusa e talvez um pouco assustada. "Que inferno", pensou. "O que eu devo fazer?" Ela tentou dizer a si mesma que acabaria logo. Anthony e Paige voltariam e eles iriam a uma festa de verdade, onde ela poderia dispensar Josh. Quando descreveu o que de fato disse a ele, ela usou a voz fina e desamparada a que as adolescentes recorrem quando estão desconfortáveis e não querem ofender alguém. "Eu disse: 'Tá bom, a gente não precisa continuar fazendo isso, me solta agora.'"

Josh pegou seu pulso e a puxou mais para o meio da mata. Ele apoiou as costas dela em uma árvore e começou mais uma vez a beijá-la. "Eu sabia que aquilo não era bom, que eu precisava ir embora", Maddie disse. Mas para onde ela poderia ir? Quando Josh começou a empurrar seus ombros para baixo, ela o repeliu. Ele insistiu. Ela tirou as mãos dele. Depois de mais algumas tentativas, ele enfim disse: "Ah, isso é muito difícil para você? Você não quer fazer?"

"Não, não é 'muito difícil'", Maddie respondeu. "Eu apenas não quero fazer *nada* com você." Para poupar os sentimentos dele, ela disse que seria falta de respeito com a amiga dela, a quem ele havia chamado de "louca".

"Ela não precisa saber", Josh disse.

Maddie balançou a cabeça. "Não, eu simplesmente não estou a fim." Com isso, ela contou, Josh começou a fazer bico, agindo como se estivesse ferido e rejeitado. Bem naquela hora, Anthony começou a buzinar.

Eles correram para o banco traseiro e Josh brandiu uma garrafa de rum. "Eu não sei onde está a tampa", ele disse, "e não podemos dirigir com uma garrafa aberta no carro". Ele empurrou a garrafa na direção de Maddie, acrescentando: "Então você precisa beber."

Maddie balançou a cabeça. Ela não queria beber mais.

"Tá tudo bem", Anthony explicou. "O rum faz o álcool no seu sangue subir, mas você não se sente bêbado."

Talvez ela estivesse apenas tentando atravessar uma noite incerta, tentando evitar rivalizar com dois rapazes mais velhos e grandes. Além disso, Anthony não iria ligar o carro até que a garrafa estivesse vazia. "Fique calma", ela disse a si mesma enquanto eles passavam a garrafa um para o outro. "Simplesmente vá para casa e para a sua cama." Ela tentou fingir que dava uns goles, mas, no final, acha que tomou umas seis doses. Depois disso, sua memória se tornou fragmentada. Ela se lembra de ter chorado mais por causa da traição de Kyle. Ela se recordou de terem passado no *drive-thru* de uma lanchonete. E se lembrou de Josh puxá-la para cima dele. E depois ela apagou.

Não diga às meninas que não bebam; diga aos estupradores que não estuprem

No centro da discussão sobre consentimento há outra discussão sobre o álcool. O que é estar bêbado demais a ponto de significar "sim"? O que é estar bêbado demais a ponto de ser incapaz de dizer não? Quem carrega a responsabilidade de fazer tal afirmativa? Estima-se que 80% das agressões ocorridas no campus envolvam álcool, normalmente consumido por vontade própria; muitas vezes tanto a vítima quanto o agressor haviam bebido.[19] Como eu escrevi antes, a cultura das festas nos *campi* das faculdades (assim como em muitas comunidades de ensino médio) pode funcionar como uma cobertura para estupradores, em especial para os estupradores em série. No entanto, em 2013, quando Emily Yoffe escreveu na *Slate DoubleX* que as meninas deveriam ser alertadas de que beber demais aumenta sua vulnerabilidade para sofrer algum tipo de violência sexual, ela foi linchada por culpar a vítima.[20] *The Atlantic*, *New York Magazine*, *Jezebel*, *Salon*, *Huffington Post*, *Daily Mail*, *Feministing* e até colegas da própria *Slate DoubleX* a rotularam de "apologista do estupro". Durante o furor subsequente, uma diferença geracional veio à tona. Mulheres mais velhas – ou seja, mulheres da mesma idade de Yoffe (uma categoria que inclui esta escritora) – pensaram que seu alerta soava sensível. Ela não estava, afinal de contas, dizendo que uma menina bêbada *merecia* ser estuprada ou que seria culpa dela. Também não afirmara que a sobriedade oferecia uma proteção segura contra agressões sexuais. Ela apenas parecia expressar o que a maioria de nós diz às nossas filhas: o álcool reduz sua capacidade de reconhecer e escapar de uma situação perigosa. As mulheres metabolizam o álcool de maneira diferente dos homens, alcançam um nível mais alto de álcool no sangue a cada dose e são mais afetadas por ele que um garoto com o mesmo peso e altura.[21] Elas não deveriam saber disso, dada a prevalência de *binge drinking* no campus?

Muitas jovens, no entanto, rebatem com uma postura semelhante àquela que mantêm em relação aos códigos de vestimenta: não digam para a gente não beber, digam aos estupradores que não estuprem. Se queremos reduzir de verdade os casos de estupro, elas dizem, não seria mais igualitário, se não mais lógico, mirar no abuso de álcool dos *meninos*, em especial porque os agressores têm tanta probabilidade de beber quanto suas vítimas?[22] Está provado que o álcool tem profunda influência no comportamento de potenciais estupradores. A bebida diminui sua inibição, permite que negligenciem os sinais sociais ou a hesitação da parceira, lhes dá a coragem que de outra forma eles poderiam não ter para usar a força e oferece uma justificativa imediata para a má conduta.[23] Quanto mais os potenciais estupradores bebem, mais agressivos são durante o ataque e menos conscientes do sofrimento da vítima. Em contrapartida, garotos sóbrios não apenas agem de modo menos coercitivo do ponto de vista sexual, mas também se interpõem mais prontamente se acreditam que uma agressão relacionada ao abuso de álcool está para acontecer.[24]

Os ativistas estão corretos em dizer que a única coisa que 100% dos estupros têm em comum é um estuprador. Pode se cobrir as mulheres da cabeça aos pés, proibir que elas bebam álcool, aprisioná-las em suas casas e ainda assim o estupro continuará a existir. Para mim, parece mais uma daquelas situações "ambos/e". É difícil para mim defender o direito inalienável de *qualquer um* se intoxicar, homem ou mulher, em especial quando são menores de idade. O que é isso, você pergunta? Um rito de passagem colegial inofensivo? Seiscentos mil estudantes com idades entre dezoito e 24 anos são feridos sem querer a cada ano sob influência do álcool, dos quais 1.825 morrem.[25] Os adolescentes que bebem no ensino médio, confiantes em sua tolerância aumentada ao álcool, estão particularmente em risco de se ferir na faculdade.

Eu moro em Berkeley, na Califórnia, a cidade para a qual os melhores e mais brilhantes jovens do estado vêm estudar – a nota média do ensino médio dos calouros que aqui chegam é 4,46 em 5. Ainda assim, nos primeiros dois meses do ano escolar de 2013-14, os paramédicos levaram 107 desses estudantes geniais, todos perigosamente intoxicados, ao hospital. Somente durante o "fim de semana da chegada", quando se mudaram para o *campus*, o volume de ligações sobre intoxicação por álcool para o 911 foi tão alto que a cidade teve de requisitar ambulâncias de municípios vizinhos. O pronto-socorro local ficou repleto de estudantes alcoolizados, forçando os veículos a desviarem para outros locais. (Imagine a situação de quem teve um AVC ou um infarto em uma daquelas noites.) No mesmo intervalo de dois meses, por acaso, a polícia do campus indiciou exatamente dois adolescentes por beberem antes da idade permitida.[26] E, quando o *binge drinking* aumenta, o mesmo acontece com os estupros.[27] Como parte de uma reportagem investigativa pela afiliada local do canal de televisão ABC, um paramédico que atendeu algumas chamadas da UC Berkeley, com o rosto borrado e a voz distorcida para evitar represálias, disse a um repórter que parou pessoalmente um grupo de universitários de elite que arrastava uma menina inconsciente para fora de uma festa – um deles confessou que nem mesmo a conhecia. "Quem sabe quais eram as intenções deles?", refletiu o paramédico.[28] Nove estupros foram relatados no primeiro trimestre do ano letivo de 2014-15, cinco em uma noite em que membros de uma fraternidade não reconhecida supostamente adicionaram "sedativos" na bebida de suas colegas, deixando-as indefesas.

Como mãe, sou totalmente a favor da redução de danos. Por isso, com certeza vou explicar à minha filha os efeitos específicos do álcool no corpo feminino. Vou explicar como os agressores potencializam essa diferença usando a própria bebida como droga para o estupro durante um encontro e como a ingestão pesada de álcool aumenta a vulnerabilidade de qualquer pessoa a diversos problemas de segurança e saúde. Eu sei que se embebedar pode parecer um modo fácil de reduzir a ansiedade social, ajudar alguém a se sentir adequado e silenciar a voz da insegurança paralisante que persiste na cabeça. Ainda assim, engolir seis doses em uma hora para se divertir – ou, pior ainda, para provar que *você* é divertida – talvez seja excessivo. Também não é ideal se embebedar para ter coragem de fazer sexo quando de outra forma pareceria muito "desconfortável" – mesmo que seja consensual, é provável que o sexo seja horrível. Duas pessoas que estão alcoolizadas podem, as *duas*, se comportar de um modo do qual se arrependerão mais tarde ou do qual não conseguirão lembrar completamente, tornando difícil determinar se o sexo foi ou não consensual. Isso poderia ser chamado de agressão? Os próprios estudantes ficam divididos. Em 2015, quase todos que participaram de um levantamento do *Washington Post*/Fundação Família Kaiser com jovens que estão ou estiveram na universidade concordaram que fazer sexo com alguém incapacitado ou desmaiado é estupro (uma mudança cultural enorme e bem-vinda). Mas e se *ambos* estiverem incapacitados? Apenas um em cada cinco concorda que seria um estupro, enquanto praticamente a mesma porcentagem diz que *não* seria estupro nessas condições e quase 60% não tem certeza.[29] O resultado é compreensível, dado o paradoxo da vida sexual dos estudantes: encher a cara é necessário para ficar com alguém, embora a bebida invalide o consentimento. Existem limites bem claros – muitos deles – e eles são ultrapassados com bastante frequência. Mas também existem situações confusas e complicadas para todo mundo. Lembram-se de Holly, que misturou Red Bull e álcool (uma combinação que faz com que a pessoa pareça enganosamente sóbria) antes de apagar? Talvez ela tenha parecido consciente e ávida para transar, talvez seu parceiro estivesse igualmente bêbado e alheio ou talvez ele estivesse completamente sóbrio e tenha abusado dela conscientemente – ela nunca saberá.

Por isso, direi à minha filha que é possível cometer erros, que nem todos os cenários são tão claros quantos gostaríamos que fossem. Dito isso, se ela ficar bêbada demais por uma razão qualquer – porque é parte da cultura em que ela vive ou porque ela queria ver como é ou porque o drinque parecia fraco – e, Deus nos livre, for vítima de agressão, definitivamente não será culpa dela de modo algum e em nenhuma circunstância. Eu lhe direi que nada nunca, nunca, *nunca* justifica um estupro. As vítimas *nunca* são responsáveis pelas ações do agressor e não devem nem se envergonhar nem deixar que as silenciem. E se eu tivesse um filho? Seria igualmente clara com ele: meninas bêbadas não são "presas fáceis", as escolhas equivocadas delas não são seu passe livre para o sexo. Eu lhe diria que beber demais, além dos danos físicos potenciais de longo prazo, prejudica a capacidade de os meninos detectarem ou respeitarem a falta de consentimento. Eu lhe diria que, se houver *alguma* dúvida sobre a capacidade de uma menina para dizer sim – inclusive se essa ideia passar pela cabeça dele –, ele deve se afastar, para sua própria segurança e a da garota. Haverá outras oportunidades para fazer sexo (certamente). Por isso, embora eu entenda a razão pela qual é tentador tanto para os pais quanto para os formuladores de políticas públicas se concentrarem no consumo de bebidas das meninas, a decisão simplesmente não é suficiente.

"Maddie, você foi estuprada"

Mais tarde, Paige explicou a Maddie o que aconteceu. Os meninos a provocaram para que beijasse Paige, o que ela fez. Depois ela beijou Josh e cacarejou: "Eu sou a rainha do carro porque todos vocês gostam mais de mim!"

"Se você realmente quer ser a rainha do carro", Anthony lhe disse, "você tem de transar no carro."

"Tudo bem", Maddie respondeu, virando-se para Josh. "Vamos transar!"

Maddie insistiu por uma camisinha, o que fez com que Paige achasse que ela estava lúcida. Anthony tinha uma e entregou-a a Josh. Maddie se lembrou de ter dito a Josh que tirasse as calças dela porque, oscilando entre a consciência e a ausência dela, ela estava bêbada demais para fazê-lo sozinha. Ela se recordou de ter acordado quando o carro acelerava pelas ruas da cidade e de perceber que estava em cima de alguém, mas não sabia quem era nem como tinha parado ali. Quando percebeu que a pessoa estava fazendo sexo com ela, começou a chorar. "Mas eu não conseguia falar e não conseguia me mexer direito", disse. "E não acho que ele tenha percebido que eu estava chorando porque estava muito concentrado no que fazia." Há outros fragmentos de memória, mas eles são bem parecidos: confusão, lágrimas, impotência. Por fim, Josh terminou e Maddie rolou para um canto do carro, dando um jeito de vestir a calça.

"Quero ir para casa", ela disse, mas os outros três estavam procurando outra festa para ir.

"Não!", Maddie disse. "Me levem para casa!"

"Qual é o seu problema?", Paige disse, irritada. "Por que você está chorando?"

Maddie apenas chorou com mais força, repetindo que queria ir para casa. Com isso, os outros três ficaram nervosos. "Tira ela daqui", alguém disse, e eles a deixaram, sozinha, em um shopping perto de sua casa.

Na manhã seguinte, durante o turno da manhã no trabalho em um café da vizinhança, Maddie começava a chorar de tempos em tempos, embora não soubesse dizer o motivo. "Eu sabia que algo de ruim tinha acontecido", ela me disse, "mas não conseguia identificar por que eu estava tão perturbada." Quando saiu do trabalho, pediu que uma amiga se encontrasse com ela e confidenciou o que lembrava.

"Maddie", a menina disse, "você foi estuprada."

Maddie negou, mas a amiga dela conhecia Anthony, o menino que dirigia o carro, e telefonou para ele de onde elas estavam. "Você permitiu que essa garota fosse estuprada no banco de trás do seu carro!", ela lhe disse. Ele também negou o fato e pediu para falar com Maddie. Ela se lembrou da voz gentil dele, que sussurrou: "Olha, eu sei que você teve uma noite difícil e que está chateada, mas você não foi estuprada. Pare de dizer isso às pessoas."

"Eu *não estou* dizendo isso às pessoas", ela disse, e desligou. Quando ela e a amiga foram para sua casa, a amiga disse que contaria à mãe de Maddie. "Sinto muito", ela disse, "mas eu não sei o que fazer, e alguém tem que cuidar disso."

Maddie foi para o quarto para não ter que ver a reação dos pais. Um pouco depois, o pai dela bateu na porta com um *notebook* nas mãos. Ela lhe contou a história com o máximo de detalhes que conseguiu reunir.

"Por que você não disse não?", ele perguntou.

"Eu disse!", ela falou. "Mas depois fiquei mais bêbada e... eu não sei. Não consigo explicar." Maddie não voltou à escola naquela segunda-feira, nem no dia seguinte, nem no outro dia. Ela mal saiu da cama durante uma semana. Paige, enquanto isso, começou a espalhar boatos, afirmando que Maddie havia falado em estupro porque estava envergonhada de ter perdido a virgindade no banco de trás de um carro em movimento. Desconhecidos publicaram no Facebook que Maddie era "uma puta mentirosa". Poucos colegas, homens ou mulheres, ficaram do lado dela. "Nenhum deles sabia de verdade o que tinha acontecido", Maddie disse. "*Eu* não sabia o que tinha acontecido de verdade. Ainda não sei. Ainda existem partes da história que não são claras para mim."

Nem mesmo seus (agora ex-) amigos ficaram do lado dela. "Eles disseram: 'Eu não estava lá, por isso não posso julgar se é verdade ou não.' E eu dizia: 'Por que vocês simplesmente não ficam do meu lado? Pensei que fôssemos amigos!'" Como era esperado, Josh também a chamou de mentirosa. Ele a contatou diretamente uma vez, por mensagem, logo depois. "Você está dizendo por aí que eu te estuprei?", perguntou. Ela respondeu que não. Ele nunca mais a procurou. "Obviamente nenhum menino vai admitir isso", ela disse. "Não espero que ele admita. Não espero que algum dia ele se desculpe. Por que se desculparia? Aos seus olhos, ele não fez nada de errado. Não é como se ele tivesse me levado a um beco escuro para me estuprar. Ele apenas queria muito fazer sexo, e eu disse não, coisa que feriu seu orgulho."

Uma das únicas pessoas que apoiaram Maddie foi a ex-namorada de Josh, ou ex-ficante, ou seja lá o que ela fosse, aquela que Maddie dissera que ele havia maltratado. "Ela acreditou em mim sem questionar", Maddie disse. "Aquela coisa de ele empurrar meus ombros? Ele fez esse tipo de coisa com ela também. E houve duas outras meninas que me contaram que ele fez algo parecido com elas. Mas a minha história foi a única que virou essa enorme confusão." Maddie balançou a cabeça e suspirou. "De qualquer modo, acho que ele vai ter problemas em algum momento."

O feriado de Natal chegou e Maddie esperava que, com ele, o incidente fosse esquecido – não foi. Quando dezembro acabou, veio janeiro e as aulas recomeçaram, a fofoca saiu de controle: Maddie estava grávida! Maddie havia abortado! Ela desistiu da escola e parou de entrar na internet e de conferir suas mensagens. Por fim, se matriculou aqui, na faculdade comunitária. Ela descobriu que ao menos uma de suas colegas de turma estava lá pelo mesmo motivo.

O que significa o sim

Um dos grandes males sobre os quais os conservadores alertaram nos anos 90 era que, se as agressões induzidas pelo álcool fossem incluídas na definição de estupro, os administradores das faculdades teriam de lidar com uma enxurrada de garotas vingativas arrependidas do encontro da noite anterior. Como se fosse fácil para uma vítima de agressão sexual seguir adiante. Como se a palavra das garotas fosse prontamente aceita. Como se isso não significasse suicídio social. Como se elas não fossem segregadas, chamadas de vadias, responsabilizadas, hostilizadas, ameaçadas. Consideremos a reação do CollegiateACB, um fórum em que estudantes discutem de forma anônima assuntos do campus, após as acusações de estupro de uma aluna da Universidade Vanderbilt resultarem na suspensão de uma fraternidade, em 2014. Os usuários do fórum queriam saber a identidade da "menina que denunciou" – um nome chegou a ser publicado – e a chamaram de, entre outras coisas, "maníaco-depressiva", "uma vadia louca", "psicótica", "NOJENTA PRA CACETE", "uma BOCETA ruim" e, várias vezes, uma "espiã". "O uso repetido da palavra 'espionar' na série de mensagens", escreveu André Rouillard, editor do jornal da escola, "implica que a vítima revelou um segredo que deveria ter sido mantido a sete chaves, varrido para debaixo de um tapete que fede a cerveja velha. … O PO [publicador original] publica uma queixa mobilizadora: 'Temos de nos unir e prevenir que merdas como essa sejam vistas como aceitáveis.'"[30] Com "merdas como essa" ele não se referia ao estupro, mas ao fato de as meninas falarem sobre ele.

Sem que esperassem, aqueles que tentam provar que os *campi* estão lotados de jovens psicóticas se coçando para arruinar a vida de seus colegas homens ganharam uma oportunidade na primavera de 2015, quando a revista *Rolling Stone* se retratou por um artigo sobre um estupro coletivo na Universidade de Virgínia que desmoronou após ser investigado. Não sei se aquele escândalo se tornará o alicerce de uma nova contenção do ativismo – os dias de hoje não são como os anos 90 –, mas, como concluiu uma investigação da faculdade de jornalismo da Universidade Columbia, os editores da *Rolling Stone* "esperavam que sua investigação soasse um alarme sobre agressões sexuais no campus e desafiaria Virgínia e outras universidades a se aperfeiçoar. Em vez disso, o fracasso da revista pode ter espalhado a ideia de que muitas mulheres inventam acusações de estupro".

É claro que há falsas acusações de estupro. Seria absurdo negar sua existência. Mas elas são mais raras do que os alarmistas querem que acreditemos. Legalmente, um "relato falso" é aquele em que se pode *demonstrar*, com provas, que o estupro não foi cometido. Os investigadores descobrirem que a agressão não existiu é outra coisa: resulta num relatório inconclusivo ou não substancial. Conservadores eruditos como Hoff Sommers, Cathy Young e Wendy McElroy – e todos os seus apoiadores na internet – defendem que de 40% a 50% das acusações de agressão sexual são de fato *falsas*. (Embora se estranhe, como apontou o criminologista Jan Jordan, que esses mesmos críticos que insistem que metade das acusadoras mentem acreditem que as mulheres que o negam sejam sem dúvida sinceras.)[31] Em seu livro *Rape is Rape*, Jody Raphael explica que essa estatística vem de um relatório de 1994 para o qual o sociólogo da Universidade Purdue Eugene J. Kanin compilou as caracterizações de 45 queixas de estupro de uma delegacia de polícia feitas ao longo de nove anos em uma pequena cidade do Meio-Oeste – análises que não necessariamente se basearam em provas ou investigações. O próprio Kanin teve a cautela de dizer que seus achados não deveriam ser generalizados e admitiu que "retiradas de queixas de estupros podem ser resultado do desejo das denunciantes de evitar uma 'segunda agressão' nas mãos da polícia".[32] Raphael escreveu que há sete estudos rigorosos e mais confiáveis realizados nos Estados Unidos e no Reino Unido ao longo de mais de três décadas. Eles situam as taxas de queixas falsas entre 2% e 8%, um número que, de acordo com estatísticas do FBI, vem caindo continuamente desde 1990, quando veio à tona a controvérsia sobre o estupro praticado por conhecidos.[33] Decerto é importante ter em mente o potencial para queixas falsas, mas o medo que temos delas parece estranhamente desproporcional, em especial se considerarmos que a maioria das vítimas não é levada a sério, que 80% dos estupros no campus nunca são denunciados e que meros 13% a 30% dos agressores são declarados responsáveis entre os que de fato o são.[34]

Emily Yoffe, que também levanta o espectro de uma "retificação excessiva" sobre o estupro no campus, contestou que incluir o sexo psicologicamente forçado ou pressionado nas estatísticas arriscaria "trivializar" a agressão.[35] Ela também teme que qualquer garota que "se arrependa de beijar um menino que a 'persuadiu'" ficaria tentada a apresentar uma queixa que poderia levar à expulsão dele. "Pode ser que estejamos ensinando a uma geração de jovens homens que pressionar a mulher para a atividade sexual nunca é uma boa ideia", ela reconheceu, "mas também estamos ensinando uma geração de jovens mulheres que elas são maleáveis, fracas, 'oprimidas' e desamparadas diante da persuasão masculina."[36]

Esse é o ponto em que ela e eu tomamos caminhos diferentes. A maioria das interações sexuais entre estudantes do ensino médio ou universitários são, obviamente, não violentas. São consensuais e desejadas, e quase sempre recíprocas. Dito isso, uma porcentagem considerável é coagida. Em vez de "trivializar" o estupro, Yoffe corre o risco de "trivializar" o modo como tal pressão é vista como direito masculino e como ela molda nossa compreensão sobre o consentimento e o próprio sexo. Apesar da troca de papéis em outras áreas, os meninos continuam a ser vistos como os responsáveis por iniciar o contato sexual. (Se não acredita em mim, ouça a indignação das mães de meninos adolescentes quando falam das garotas "agressivas" de hoje.) A ânsia sexual dos garotos é considerada natural, e seu prazer, um direito. Espera-se que eles sejam confiantes, seguros e informados em termos sexuais. As jovens, como eu disse, continuam sendo as guardiãs do sexo, a inércia que detém a velocidade da libido masculina.[37] Essa dinâmica cria um refúgio para ofensas discretas que tornam um certo nível de manipulação sexual, e até mesmo a violência, normal e aceitável. Não sei se tais ações devem levar à expulsão, mas elas são dignas de uma discussão séria. Como explica Lorelei Simpson Rowe, uma psicóloga clínica da Universidade Metodista do Sul que trabalha com garotas sobre a capacidade de recusa, "a ampla maioria da violência sexual e da coerção ocorre em situações que não são obviamente perigosas ... Por isso, se você sai nove vezes com um menino e pratica alguma atividade consensual, e ela é prazerosa e você está excitada por estar desenvolvendo um relacionamento, isso não lhe prepara para a ocasião em que tudo muda".

Enquanto tais transformações podem ser repentinas, muitas vezes, segundo Simpson, elas não o são. "Os rapazes começarão dizendo: 'Vamos lá, vamos mais além', ou 'Por que não?', ou 'Eu gosto mesmo de você. Você não gosta de mim?' Há uma série de táticas de persuasão, de súplica e de indução da culpa, ao lado de um monte de elogios e de adulação. E, por ser sutil, vemos as garotas se autoquestionarem. Elas se perguntam: 'Eu estou entendendo direito?', 'Ele disse isso mesmo?', 'Ele quis mesmo dizer isso?'" Simpson Rowe e seus colegas desenvolveram um programa de treinamento que usa simulações de realidade virtual para ajudar as garotas a reconhecerem e resistirem a essas situações. Em testes piloto com estudantes do ensino médio e universitários, as participantes em geral se classificavam como confiantes de que poderiam rejeitar avanços indesejados ou escapar de situações ameaçadoras. No entanto, quando participam de uma gama de cenários cada vez mais inquietantes – de um avatar masculino que importuna as meninas para obter seu número de telefone a um que ameaça com violência se elas não se submeterem ao sexo –, elas ficam paralisadas. Simpson Rowe foi rápida em afirmar que apenas os agressores são responsáveis pela violência, mas a assertividade e a autodefesa são ferramentas cruciais de defesa. "O que descobrimos foi a importância de as mulheres serem capazes de fazer transições cognitivas velozes entre uma interação sexual normal e a proteção de sua segurança", ela disse. "E parte disso envolve ser capaz de perceber quando algo deixou de ser uma interação normal e passou a ser pressão."

As garotas do programa se preocupavam com que uma rejeição direta fosse ferir os sentimentos dos meninos, e se sentiam culpadas e desconfortáveis em dizer não. "As meninas têm esse modelo de serem legais, educadas, cuidadosas e solidárias com os sentimentos dos outros", explicou Simpson Rowe. "Essas coisas são maravilhosas, são boas características.

Mas porque elas são muito enraizadas muitas mulheres pensam que é assim que elas devem ser quando se deparam com uma situação de insegurança, e temem ser vistas como grosseiras. A palavra que surge muitas vezes é *irritadinha*. Por isso, é uma espécie de surpresa quando percebem que um garoto não está respeitando nem elas nem os seus limites quando as pressiona, tenta convencê-las e não para quando elas dizem que não querem fazer alguma coisa – e que a essa altura *elas não precisam se preocupar em ferir os sentimentos dele*. Nós enfatizamos como o processo coercitivo começa cedo e as ajudamos a reagir a ele antes que se torne violento." Dados preliminares mostraram que, três meses após completar o treinamento de noventa minutos, as participantes tinham experenciado metade da taxa de vitimação sexual do grupo controle. Outro programa de redução de riscos realizado com mais de 450 calouros de faculdades do Canadá teve resultados semelhantes: um ano depois, a taxa de estupro entre as participantes foi metade da verificada entre as garotas que simplesmente receberam um folheto.[38] "Queremos passar a mensagem de que ninguém tem o direito de forçar ou pressionar você para algo que você não quer fazer", disse Simpson Rowe. "Você tem o direito de se defender tão ruidosa e fisicamente quanto quiser e puder."

Ao ouvir Simpson Rowe, pensei em Megan, que disse ao seu estuprador: "Obrigada, foi divertido." Pensei em outra menina que conheci, uma caloura na faculdade que me disse que seu namorado do ensino médio a havia estuprado duas vezes – uma delas enquanto eles estavam juntos e outra depois que terminaram, quando ele a atraiu para o carro dele em uma festa para conversarem. Nas duas vezes ela estava alcoolizada. Nas duas vezes disse que não queria. Nas duas vezes ele a ignorou. "Eu provavelmente poderia ter empurrado ele de cima de mim ou rolado para fora ou gritado alto o bastante para que alguém pudesse me ouvir", ela disse, "mas alguma coisa me impediu de fazer isso nas duas vezes. Sou uma pessoa muito forte. Tenho uma moral muito forte. Não fico constrangida de falar sobre coisa nenhuma. Mas eu não fiz nada. Fiquei meio que paralisada." Eu me lembrei das palavras de Simpson Rowe uma vez mais no verão de 2015, quando li o depoimento de uma ex-aluna da escola preparatória da St. Paul, em New Hampshire, ao tribunal. Ela relatou que um garoto popular do último ano a havia agredido na primavera do seu primeiro ano, durante um ritual de fim de ano conhecido como "a saudação dos veteranos", na qual os formandos competem para contabilizar o maior número possível de encontros sexuais com alunas. De início, ela ficou lisonjeada pela atenção que ele lhe dava, segundo seu depoimento, e foi com ele para uma sala de manutenção escura, mas não soube como reagir às agressões crescentes. "Eu disse: 'Não, não, não! Pare aqui'", ela disse ao júri, apontando a área acima de sua cintura. "Tentei ser o mais educada possível." Mesmo quando ele a tateou, mordeu e penetrou, ela disse que "não queria provocar um conflito".[39]

Cada uma daquelas garotas poderia ter feito uma sessão no simulador de realidade virtual de Simpson Rowe. Ao mesmo tempo, também me lembrei de um estudo de 2014 em que quase um terço dos homens universitários disse que estupraria uma mulher se pudesse escapar das consequências, embora a porcentagem tenha caído para 13,6% quando a palavra *estupro* foi usada na pergunta (em lugar de "forçar uma mulher a fazer sexo").[40] Ensinar as garotas a se defenderem e a nomear e expressar seus sentimentos nas relações é importante por todo tipo de razão e pode de fato ajudar algumas delas a interromperem ou escaparem de uma agressão. Porém, assim como o foco na ingestão de bebidas das garotas negligencia o comportamento dos estupradores, transferir às vítimas o ônus de repelir as investidas masculinas mantém a prerrogativa de fazer pressão em seu lugar e também mantém a disponibilidade sexual como a posição padrão das meninas – mesmo se, como a feminista Katha Pollitt escreveu, ela "fica lá deitada como uma pedra, com lágrimas escorrendo pelo rosto, paralisada e ameaçada demais, ou presa por hábitos de uma vida inteira de recusa a denunciar o mundo encantado".[41] Mesmo se essa garota dissesse um não alto e claro, o menino poderia não ouvi-la.

Políticas de "consentimento afirmativo", versões das quais a Antioch foi pioneira, se tornaram uma vez mais a esperança de transformação. Em 2014, a Califórnia foi o primeiro estado a aprovar uma lei "sim significa sim" direcionada a faculdades e universidades que recebiam financiamento estatal. Em vez de exigir uma testemunha para provar que a menina disse não, a lei demanda que o suposto agressor prove que houve uma "decisão afirmativa, inequívoca e consciente de cada participante de se envolver em atividade sexual mutuamente consentida". Em outras palavras, que tenha havido um entusiástico e claro "com certeza", seja por meio de palavras, seja por meio da linguagem corporal. O consenso também pode ser revogado a qualquer momento, e pessoas incapacitadas devido ao uso de drogas ou álcool não são consideradas legalmente capazes de dar seu consentimento. Trata-se de uma mudança fundamental nas relações de poder, e doze anos depois do esquete do *SNL* "Isso é *date rape*?", menos pessoas podem rir. Nova York aprovou uma lei sobre consentimento afirmativo em 2015. New Hampshire, Maryland e Colorado estão considerando leis semelhantes. Todas as escolas da Ivy League, com exceção de Harvard, também têm agora uma versão de "sim significa sim".

Os conservadores previsivelmente alertaram que em breve milhares de garotos seriam expulsos das faculdades por tentarem dar um beijo de boa-noite. Mas as políticas também deixaram os liberais desconfortáveis. O editor-chefe do site Vox, Ezra Klein, escreveu que era a favor da lei, mas acreditava que ela iria "se estabelecer como um inverno gelado nos *campi* das faculdades, pondo a prática sexual do dia a dia sob suspeita e criando uma bruma de medo e confusão sobre o que é considerado consentimento". A ansiedade dos dois lados me lembrou dos temores de 1993 sobre a então inovadora lei da Califórnia contra assédio sexual entre colegas nas escolas, que permitia que os distritos expulsassem infratores de apenas nove anos de idade. Mas quer saber? Mais de vinte anos depois, nenhum aluno do quarto ano foi despachado para San Quentin por arriscar um beijo no parquinho, nem os distritos escolares foram à falência devido a um dilúvio de ações judiciais frívolas. Ao mesmo tempo, a legislação não interrompeu o assédio sexual, mas forneceu um enquadramento através do qual os estudantes podem compreender e discutir o assunto, e, quando ele acontece, o potencial para recorrer em diversos níveis. Você se lembra de Camila Ortiz, a menina que falou com o reitor quando ele disse às garotas que se cobrissem e "se respeitassem"? Depois, ela e uma amiga organizaram um grupo de garotas *e* garotos para lutar contra o assédio sexual na escola. No inverno de 2015, membros do grupo se dirigiram a uma reunião dos diretores da escola apresentando uma petição assinada por mais de 750 estudantes de ambos os sexos. Uma das preocupações era que a escola não estava em conformidade nem com as leis federais nem com as estaduais. A política do distrito está sendo reformulada agora. Ninguém foi expulso, ninguém foi processado, ninguém foi para a cadeia. Mais que isso, os estudantes receberam uma grande lição sobre responsabilidade cívica, liderança e promoção de mudanças sociais. A conscientização crescente também reduziu a tolerância para a aceitação tácita do assédio e da agressão. A Anheuser-Busch descobriu isso em 2015, quando a empresa revelou o novo slogan para a Bud Light: "A cerveja perfeita para retirar o 'não' do seu vocabulário para a noite." A sensibilidade dos americanos havia mudado desde os anos 90, assim como os alvos do humor dos comediantes influentes. Assim, em vez de zombar de mulheres sensíveis, John Oliver foi ovacionado por sua plateia em idade universitária ao cutucar a mentalidade dos meninos das fraternidades que permitiram que o slogan fosse aprovado. Ele imaginou os executivos da Bud fazendo gestos comemorativos e gritando: "Que ideia louca, cara!", "É disso que eu estou falando, sacou?", "*Não, não, não, não.* É disso que *eu* estou falando, filho!", e um "Blaaaaaaaah!" sem palavras. (A cervejaria havia sido forçada alguns dias antes a divulgar um pedido público de desculpas depois que notícias sobre o slogan se disseminaram pelo Twitter.)

Será que as leis de consentimento afirmativo reduzirão as agressões no campus? Será que os casos serão resolvidos mais prontamente? Não tenho como saber. Como Pollitt apontou, o julgamento em muitas ocasiões ainda se baseará em um ele disse/ela disse, com os agressores acusados trocando "Ela não disse não" por "Cara, ela disse sim!". Entre os estudantes do levantamento do *Washington Post*/Fundação Família Kaiser, apenas 20% disseram que o padrão "sim significa sim" era "muito realista" na prática, embora outros 49% o tenham considerado "um pouco realista". O que o "sim significa sim" pode fazer, no entanto, em particular se os estados visam esforços curriculares sólidos em relação aos estudantes mais novos, como a Califórnia planeja fazer, é criar uma reestruturação desesperadamente necessária do debate público afastando-o do negativo – longe de ver os garotos como exclusivamente agressivos e as meninas como exclusivamente vulneráveis, distante do combate e do ressentimento – e na direção do que os encontros saudáveis, consensuais e mútuos entre os jovens deveriam parecer. Talvez permita que as garotas considerem o que elas querem – o que *realmente* querem – em termos sexuais, e ao menos lhes dê permissão para que expressem seus desejos. E talvez permita que os garotos as escutem mais prontamente.

Essa era a esperança de uma organização sem fins lucrativos da Bay Area que me convidou para observar um grupo escolhido de estudantes do ensino médio que se reuniu em uma tarde de novembro para discutir o consentimento.

Os jovens – dois meninos negros e dois brancos, duas meninas brancas, uma latina e uma asiática – se espalharam em dois sofás numa sala emprestada enquanto sua conversa era sutilmente conduzida por um mediador de vinte e poucos anos. Durante horas, eles se debateram para definir como as ficadas movidas a álcool faziam com que o "sim" se parecesse um alvo em movimento; o custo social de dizer um "não" direto; o constrangimento de intervir quando um amigo bêbado caminha para perder a linha; como eles negociaram, ou não, o consentimento em suas relações duradouras. Eles também falaram sobre agressão. Duas das garotas haviam vivenciado alguma forma de violação, e outra estava tentando compreender as acusações problemáticas de uma amiga próxima contra outro amigo. Um dos meninos também foi seduzido para o sexo por uma colega mais velha quando ele estava muito bêbado para recusar. Ele queria saber: isso é estupro?

Eles falaram mais, no entanto, sobre a complexidade de se estabelecer limites básicos, com parceiros e com eles mesmos, em uma cultura de contradição que sofreu uma mudança, mas não o suficiente, nas expectativas, nas consequências e no significado do sexo tanto para os garotos quanto para as garotas. "Tudo bem, 'sim significa sim'", disse Michael, que tinha o cabelo repicado preso para trás com uma faixa, ao estilo de Mark Sanchez. "Mas como aquele 'sim' muda em cada situação que você vive? Quando você está bêbado, o que o 'sim' significa? Ou ele só é 'sim' quando você está sóbrio?"

"E com as pessoas que bebem com o *objetivo* de dizer sim?", acrescentou Annika, que estava ansiosa, sentada na ponta do sofá, com os cotovelos apoiados nos joelhos. "Eu sei de uma situação em que duas pessoas estavam interessadas uma na outra e pediram que um amigo fizesse uma festa para que eles pudessem se embebedar e ficar."

Caleb, que usava o cabelo raspado e óculos vermelhos, se intrometeu. "O grande problema é que ficar quando estamos sóbrios não é tão atraente."

Annika balançou a cabeça e continuou. "E sim pode significar coisas diferentes, *em particular* se eu estiver bêbada. Tipo, eu disse sim porque queria ficar com *aquela* pessoa, porque eu queria ficar com *alguém* ou porque minhas amigas acham que seria legal se eu ficasse com aquela pessoa?"

Nicole confessou que, quando sua "intuição" lhe diz para interromper uma ficada, ela começa em seguida a fazer uma lista mental de tudo que fez até aquele ponto – trocou olhares através da sala com um garoto, flertou, tocou o ombro dele, o beijou, tirou sua blusa – que o levaria a acreditar que ela diria sim para mais coisas. "E eu já me sinto culpada e preocupada sobre o que vai acontecer naquele momento de confrontação quando de fato disser para ele: 'Esse é o meu limite.'"

"É muito complexo", disse Gabriel, que usava boné e camiseta da Marinha americana. "Como homem, você tem que fazer o melhor que *você* puder para evitar que uma situação aconteça no futuro. Tem que se treinar a olhar para alguém e dizer: 'Você está bem com isso? Você tem 100% de certeza? Isso é definitivamente um sim?'"

Lauren, que terminara havia pouco com o namorado, afirmou calmamente que mesmo em uma relação longa o consentimento pode ser complicado. "É como se você dissesse sim para sempre depois de ter feito sexo uma vez", ela disse, e outras duas garotas assentiram. "E sempre vai acabar daquele jeito, não importa o que foi dito ou o que se desejava naquele momento, porque, uma vez que você chega àquele ponto com alguém, é isso o que sempre acontece." "Boas namoradas" dizem sim, incondicionalmente. Elas consentem – ou ao menos cumprem a obrigação – livremente, mesmo que o sexo seja indesejado.[42] Cedem para manter suas relações estáveis e os parceiros, felizes. Como, esses jovens se perguntavam, você chama isso?[43]

"Você sabe", disse Michael, "ouvindo tudo isso... Eu estava em um relacionamento por cerca de um ano e eu acho... Provavelmente estava do outro lado da equação. Acho que... Eu não tinha a intenção, mas é provável que eu estivesse subconscientemente pressionando minha namorada." Ele ficou em silêncio por um instante, refletindo sobre o que disse. "Não sei se eu quero ser, digamos, um líder da igualdade de gênero", ele prosseguiu, "mas seja lá o que eu faça, onde quer que vá, isso será algo que vou incorporar. Acho que apenas ao fazer isso com as pessoas que você conhece na escola ou com quem trabalha você pode ter uma influência considerável em mudar uma cultura, uma comunidade. Eu realmente acho."

"Eu sei como é te dizerem: 'Isso não é estupro'"

"Você acha que foi estuprada?", perguntei a Maddie.

Ela olhou para as mãos e deu de ombros. Pensei nas décadas de debates por trás dessa questão: não muito tempo atrás, a resposta, talvez minha própria resposta, teria sido um não definitivo. Muita coisa mudou, e muita coisa permaneceu igual. "Legalmente?", Maddie perguntou. "Sim, eu fui. Pedir pela camisinha não implica consentimento. Mas o modo como todos me trataram depois..." Ela deu de ombros novamente. "As pessoas dizem: 'Você teve que trocar de escola por causa *disso*? Não foi *nada*.' E os caras: 'Ah, isso não é estupro.' Então, eu não sei." Maddie ficou quieta um instante. "Depois, escrevi textos em blogs e artigos sobre mudar a 'cultura do estupro'. Porque eu sei como é te dizerem: 'Isso não é estupro.' E sei como foi horrível depois. Se eu puder evitar que aquilo, ou algo pior, aconteça a outra pessoa, é isso o que eu quero fazer."

Durante toda a nossa conversa, Maddie teve o cuidado de nunca pronunciar o nome verdadeiro do agressor. A certa altura, no entanto, ela escorregou, e quando cheguei em casa demorou apenas um instante para encontrá-lo online. Ele integrava os times de basquete e de corrida no ensino médio e parecia ser um bom aluno. Este ano, ele entrou para uma fraternidade, como calouro na faculdade. Nada daquilo significava que ele tinha atacado alguém, embora tanto seu histórico quanto seus interesses o colocassem sob suspeita: membros de fraternidades e atletas são uma parcela desproporcionalmente grande dos agressores em série.[44] Meus olhos bateram no nome da grande universidade em que ele estudava. Naquela época, eu tinha oito sobrinhas que também eram universitárias. Fiquei paralisada ao me dar conta de que ele estava na escola com uma delas.

7. E se nós lhes contássemos a verdade?

Charis Denison ficou diante de setenta estudantes do décimo ano em uma sala de uso geral de uma escola de ensino médio no norte da Califórnia. A mulher loira de cinquenta e poucos anos, com um bronzeado permanente do antigo trabalho como guarda-florestal, estava descalça depois de ter se livrado de sandálias tipo anabela e vestia, como de hábito, jeans e túnica. Ela tinha uma corrente de prata no tornozelo, e um bracelete de metal trançado comprimia seu braço esquerdo. Na mão direita, sobre uma pilha de pulseiras que tiniam, exibia uma marionete de vulva anatomicamente correta feita de pelúcia. Naquele momento, seu dedo acariciava o clitóris enquanto ela comentava: "Eu converso com muitas meninas que tiveram o clitóris tocado de verdade pela primeira vez por outra pessoa." Houve alguns momentos nas últimas duas horas em que os estudantes, meninos e meninas espalhados pelo chão acarpetado, ficaram um pouco nervosos e desatentos. Agora, no entanto, eles estavam totalmente capturados. "É difícil quando você busca ter uma experiência sexual com alguém e não sabe o que é bom para *você*", disse Denison. "É difícil permitir que outra pessoa tenha esse poder de decisão. Por isso, se alguém decide se tornar sexualmente ativo com outra pessoa, é muito bom ser sexual consigo mesmo antes. É bom para descobrir do que você gosta."

Está certo. Denison apenas encorajava as meninas a se masturbarem, e ela o fazia diante de garotos adolescentes. Ela disse para toda a turma não só que as meninas têm clitóris, mas que esse órgão serve para – e somente para – fazer com que elas tenham prazer. E isso, nas ementas da educação sexual americana, é praticamente inédito. Denison, porém, não se intitula educadora sexual. Ela se vê como uma "defensora da juventude", que provê informação acurada e um fórum sem julgamentos no qual os jovens podem discutir sexo e uso de substâncias ao lado de ideias mais amplas sobre ética e justiça social. Ela viaja para comunidades de escolas de ensino médio em toda a Califórnia – a maioria das quais, devido a sua abordagem franca, é particular, como aquela, embora um número crescente seja pública –, visitando cada turma diversas vezes por ano, construindo sobre as experiências anteriores. Seu currículo inclui tomada de decisão, capacidade de ser assertivo, consentimento sexual, responsabilidade pessoal, os papéis de cada gênero e diversidade de orientação sexual e de identidade de gênero. Mas "meu trabalho", como ela disse aos alunos nesse dia, "*todo* o meu trabalho consiste em ajudá-los a tomar o máximo de decisões que terminem em alegria e em dignidade em vez de arrependimento, culpa ou vergonha".

Denison fala sobre riscos e perigos em suas aulas (embora não necessariamente use esses termos). Ela aborda anatomia e contracepção se os temas não fizerem parte do currículo regular dos alunos. Na graduação, mesmo que suas alunas planejem permanecer abstinentes até o casamento ("o que é *incrível!*") ou que nunca façam sexo com um homem, ela espera que elas saibam pôr a camisinha, mesmo que estejam "bêbadas, zonzas e no escuro". Ela também fala sobre algo que costuma ser omitido na "conversa" dos pais e pelos técnicos de futebol americano, que, inexplicavelmente, ensinam "saúde": a atividade sexual deve ser uma fonte de prazer para os adolescentes. A perspectiva dela não só é mais honesta, mas ela acredita também (e pesquisas confirmam) que seja a estratégia mais eficaz para reduzir os riscos envolvidos. "Para alguns pais em comunidades escolares, isso não parece correto", Denison me disse, "mas é correto. [Adolescentes] se abstêm com mais informação porque têm opções, porque têm conhecimento, porque têm alternativas. Para mim é muito claro que, nessa área, quanto menos específicos e quanto mais fechados nós formos, mais e mais colocamos os jovens em risco, em particular as meninas."

A abordagem de Denison é polêmica, tão polêmica que tive dificuldade para encontrar uma escola que me deixasse observá-la em ação. Sua filosofia não harmoniza exatamente com o pensamento apenas-diga-não que dominou a educação sexual nas últimas três décadas, mas está lenta e gradualmente ganhando crédito. Em 2011, a *New York Times Magazine* perfilou Al Vernacchio, um educador revolucionário da Filadélfia que faz uma comparação notória entre fazer sexo e comer uma pizza. Ambos começam com um desejo infernal, com fome, com apetite. Nos dois casos, você pode decidir, por diversas razões, que não é a hora certa de satisfazê-los. Se você for em frente, haverá alguma discussão, alguma negociação – talvez você goste de pepperoni e seu acompanhante não, por isso vocês dividem a pizza, concordam que alguém fará a escolha na próxima vez ou escolhem outro sabor juntos – em um esforço de boa-fé para que todos os envolvidos fiquem satisfeitos.[1] Essa metáfora não fala sobre alcançar bases ou dar uma tacada, como no beisebol. A prioridade é o desejo, o consentimento mútuo, a comunicação, a colaboração, o processo e o prazer compartilhado.

Em 2009, o Conselho de População publicou o estudo *It's All One Curriculum*, que pode ser baixado gratuitamente na internet e foi criado em conjunto com a Assembleia Geral das Nações Unidas, a Organização Mundial da Saúde, a Unaids e a Unesco, entre outros. Essas diretrizes, que integram ideias sobre direitos humanos e vulnerabilidade de gênero, têm como meta ajudar educadores e outros a "desenvolver a capacidade dos jovens de usufruir – e defender – seus direitos a dignidade, igualdade, satisfação com responsabilidade e a vidas sexuais saudáveis". O programa apresenta a exploração da sexualidade (seja sozinha, seja com outros) como uma parte normal da adolescência, assim como o fazem Denison e Vernacchio. É claro que existem riscos, mas também há alegrias, e nosso papel como adultos preocupados é o de ajudar nossos filhos a balancearem os dois. Eu admito que, como mãe, a ideia de que minha filha se torne sexualmente ativa é apenas um pouco menos mortificante que pensar nos meus pais fazendo qualquer coisa além dos três atos reprodutivos necessários para conceber meus irmãos e eu. Mas as consequências do silêncio dos pais, de aulas moralizantes e da distorção dos meios de comunicação são bem piores. Deve haver um modo melhor.

Companheiros desconhecidos: sexo e política

Em 1959, o aborto ainda era crime. As mulheres que não eram casadas não podiam obter métodos contraceptivos legalmente, e os farmacêuticos, segundo a socióloga Kristin Luker, autora de *When Sex Goes to School*, se recusavam a vender camisinha para homens que eles achavam que fossem solteiros.[2] Contudo, mesmo que naquela época mais de metade das mulheres e três quartos dos homens tenham tido relação sexual antes do dia do casamento, havia um amplo consenso público de que o sexo deveria ser reservado para o matrimônio.[3] Isso estava para mudar, radical e rapidamente. A introdução da pílula anticoncepcional, em 1960, foi o primeiro tiro da revolução sexual. Três anos depois, veio a publicação da *Mística feminina*, que lançou uma nova onda feminista. Uma década mais tarde, a Suprema Corte garantiu o direito da mulher ao aborto. Como o sexo se viu livre da reprodução, a ideia de "esperar até o casamento" ou mesmo até a vida adulta ficou cada vez mais obsoleta.[4] Entre 1965 e 1980, a porcentagem de garotas de dezesseis anos que haviam tido relação sexual dobrou. Um grupo de ativistas, liderado por Mary Calderone, a médica que fundou o Conselho de Educação e Informação sobre Sexo dos Estados Unidos (Siecus, na sigla em inglês), esperava que as mudanças anunciassem uma época de educação sexual positiva, neutra em valores e acurada do ponto de vista médico.

Isso não iria acontecer. Em vez disso, segundo Jeffrey Moran, autor de *Teaching Sex*, para controlar o acesso contínuo dos menores de idade à contracepção, congressistas liberais foram contrários, popularizando a ideia de que o sexo na adolescência, embora talvez fosse inevitável, tinha um risco inerente e era uma "crise" que exigia controle de danos. Eles argumentavam que a "epidemia" de gravidez na adolescência disparada pela nova liberdade sexual era, em particular entre os afro-americanos, responsável por acentuar a pobreza.[5] (Na verdade, embora a taxa de gravidez entre garotas negras fosse três vezes maior que entre garotas brancas, a taxa total de gravidez na adolescência despencou nos anos 60 e 70.) A única resposta pragmática era ensinar as crianças a se proteger. Assim, os Serviços de Saúde para a Adolescência e Prevenção à Gravidez e o Ato de Cuidados de 1978, introduzido pelo senador Edward Kennedy, embora eternamente subfinanciado, defendeu programas educacionais que enfocariam a administração de riscos, a contracepção, a educação relativa ao aborto, o aconselhamento e o "esclarecimento de valores". Também estabeleceu uma ideia obscura e inespecífica de "prontidão", em vez do casamento, como padrão esperado para o comportamento sexual. Isso, escreveu Moran, enfureceu os conservadores. Como a consultora educacional e ativista Diane Ravitch criticou (sem razão, por sinal): "É apropriado que o governo ensine seus cidadãos a se masturbarem? Que explique como fazer cunilíngua? Que enfatize que a infidelidade é generalizada?"[6]

Com isso, a educação sexual, antes relegada a aulas inócuas de "Vida familiar", nas quais eram incluídas lições sobre casamento bem-sucedido, se tornou um campo de batalha: um vetor para trepidação de direita sobre a erosão do casamento tradicional, a ascensão dos direitos da mulher, a crescente aceitação da homossexualidade e mesmo o desmantelamento potencial do próprio gênero. Em 1981, em parte como recompensa pelo apoio da Nova Direita a sua candidatura presidencial, Ronald Reagan assinou o que foi apelidado de "lei da castidade", a primeira legislação que requeria que a educação sexual financiada com recursos federais ensinasse, como único propósito, "os ganhos sociais, psicológicos e de saúde realizados pela abstenção da atividade sexual".[7] Reagan, no entanto, alocou apenas 4 milhões de dólares por ano para a lei. Não foi antes da administração Clinton – ah, a ironia! – que o financiamento anual para a educação para a abstinência subiu para 60 milhões de dólares, um golpe no Ato de Reforma do Bem-Estar de 1996. Conforme a verba aumentou, a mensagem que o programa promovia se tornou ainda mais restritiva: para pegar o dinheiro, as escolas públicas agora tinham de ensinar que o casamento era a *única* esfera aceitável para relações físicas, e que o sexo fora dele em qualquer idade (incluindo depois do divórcio e da viuvez) levaria a danos físicos e emocionais irreparáveis.

No governo de George W. Bush, o financiamento para programas de abstinência-até-o-casamento continuou a crescer, alcançando o teto de 176 milhões anuais. Foi assim que, em 1988, quando a epidemia de aids estava no auge, apenas 2% dos professores de educação sexual ensinavam que a abstinência era o melhor modo de prevenir gravidez ou doenças, e que, em 1999, 40% daqueles que supostamente ensinavam educação sexual abrangente consideravam que essa era a mensagem mais importante que tentavam transmitir.[8] Em 2003, 30% das aulas de educação sexual nas escolas públicas não ofereciam *qualquer informação* sobre camisinha e outros contraceptivos (além de suas taxas de falha), e, em 2005, um relatório do Congresso revelou que mais de 80% dos programas de abstinência financiados pelo governo federal ensinavam informações imprecisas descaradamente, incluindo "fatos" como o de que a pílula tem apenas 20% de eficácia na prevenção à gravidez, que as camisinhas de látex provocam câncer, que o HIV pode ser transmitido por meio de suor ou lágrimas e que metade dos adolescentes homossexuais do sexo masculino tinha o vírus.[9]

No total, o governo federal gastou 1,7 bilhão de dólares a mais em programas de abstinência desde 1982, dinheiro que também poderia ter sido queimado.[10] Como mencionei antes, enquanto os que prometeram manter a virgindade demoravam alguns meses mais para ter a primeira relação sexual que seus pares, quando se tornavam sexualmente ativos eles tinham menos probabilidade de se proteger e de proteger o parceiro contra gravidez e doenças. O mesmo vale para participantes de aulas de abstinência. Estudos que são realizados há mais de uma década revelaram que, na melhor das hipóteses, quando comparado a um grupo controle, os participantes nem se abstinham totalmente de sexo nem demoravam mais para fazer sexo, e também não tinham menos parceiros sexuais.[11] A probabilidade de ter uma gravidez indesejada, no entanto, era muito maior, de cerca de 60%.[12] Isso poderia levar alguém a suspeitar que os defensores da abstinência estão mais preocupados com a ideologia que com a saúde pública ou mesmo com a restrição sexual. Caso contrário, eles teriam trocado há muito tempo esse programa por algo que provou diversas vezes reduzir a atividade sexual dos adolescentes, aumentar o uso de contraceptivos e de proteção contra doenças e melhorar seus relacionamentos: uma educação sexual abrangente.[13]

No governo de Barack Obama, a educação sexual abrangente por fim recebeu o carinho federal pela primeira vez, embora o enfoque tenha se mantido diretamente na redução das consequências negativas: 185 milhões de dólares foram destinados a pesquisa e programas que reconhecidamente reduziam, após avaliação rigorosa, a gravidez na adolescência.[14] Essa verba, é claro, poderia desaparecer com facilidade sob outro comandante menos progressista, e provavelmente irá: por exemplo, uma cláusula escondida do Ato de Sucesso Estudantil, uma reformulação republicana do programa Nenhuma Criança Ficará para Trás que passou no Congresso no verão de 2015, zera todo financiamento de programas que "normalizem a atividade sexual na adolescência como um comportamento esperado, implícita ou explicitamente, seja homossexual, seja heterossexual". Enquanto isso, 75 milhões de dólares em recursos para a abstinência continuaram a ser gastos a cada ano por meio do Ato de Cuidados Acessíveis.[15] Embora fosse substancialmente menos que no governo Bush, ainda se trata de muito para se jogar fora em uma educação sexual equivalente a nada.

Para os pais, o resultado é que nunca se sabe o que a aula de "educação sexual" dos filhos pode implicar.[16] Apenas catorze estados exigem que a educação sexual seja acurada do ponto de vista da medicina. E mesmo isso não é garantia. O meu estado deveria ser um deles, mas somente na primavera de 2015 um juiz se decidiu pela primeira vez contra o sistema escolar público que reiteradamente ensinava informações erradas: durante anos, estudantes na cidade de Clovis, na Califórnia, tiveram de assistir a vídeos que comparavam uma mulher solteira que tinha feito sexo a um "sapato sujo" e eram encorajados a cantar o lema antigay "Um homem, uma mulher, uma vida".[17] Naquela mesma época, Alice Dreger, uma professora de bioética e humanidades médicas na Escola de Medicina Feinberg da Universidade Northwestern, tuitou ao vivo a aula de educação sexual baseada em abstinência de seu filho em uma escola pública de ensino médio na politicamente progressista East Lansing, em Michigan. Os instrutores alertaram sobre as taxas potenciais de fracasso dos contraceptivos, citando, como exemplo, uma caixa de camisinhas na qual *todas tinham um furo*! Eles também aconselharam os garotos a procurarem "boas meninas" que dizem não ao sexo. Em determinado momento, Dreger tuitou, disseram aos estudantes: "Nós vamos jogar esse dado oito vezes. Cada vez que o seu número cair, finja que sua camisinha estourou e você ganhou um bebê de papel." Ela continuou, logo em seguida: "Bebês de papel estão sendo distribuídos para TODO MUNDO. Todos eles TINHAM UMA CAMISINHA QUE NÃO FUNCIONOU E TODA A TURMA ESTÁ GRÁVIDA." Quando terminou, Dreger tuitou: "Eu queria simplesmente reunir todos aqueles jovens depois da escola e dizer ESSA É A VERDADE: SEXO É BOM, POR ISSO VOCÊS O PROCURAM. CUIDEM-SE E DIVIRTAM-SE."[18]

A vida é como uma redação

Quase 25 anos atrás, enquanto ensinava inglês e liderava programas ao ar livre em uma escola particular só para garotas, Charis Denison teve uma epifania. Muitas das lições críticas do ensino fundamental e médio ocorriam fora da sala de aula. Seus estudantes queriam (precisavam) falar sobre suas experiências, mas não sabiam como, e, de qualquer modo, não havia nenhum lugar em que eles pudessem tentar. "Eu comecei a sentir que estávamos falhando com esses jovens", ela me disse. O que aconteceria se ela criasse um espaço formal para aquelas conversas? O que aconteceria se ela encorajasse estudantes a aplicar as capacidades críticas rigorosas que eles usavam na sala de aula à vida além dela? "Você não vai para uma prova de redação se perguntando sobre qual livro será a prova, certo?", ela disse. "Mas as pessoas vão às festas sem nenhuma ideia, nem mesmo sobre o que elas *não* querem que aconteça." Em vez de culparem a si mesmos quando as coisas dão errado, os estudantes precisam se lembrar – Denison começou a estimulá-los – da estratégia "refletir-rever-reformular" que eles usam para escrever um trabalho. "Em vez de simplesmente pensarem: 'Meu Deus, aquela noite foi terrível, foi um horror!', eu quero que eles revejam a situação e pensem: 'Por que foi horrível? E que papel eu desempenhei nela, e qual parte estava fora do meu controle?' Do mesmo modo que fariam com uma nota ruim ou com qualquer outra coisa que desse errado, eles devem evitar o jogo da culpa, e apenas rever, perceber o que aconteceu, revisar o planejamento, perdoar a si mesmos e seguir adiante."

Denison evita conscientemente rótulos como "bom" e "mau", "responsável" e "irresponsável" e até mesmo "saudável" e "doentio" em suas aulas. "É uma questão de crença pessoal", ela explicou. "A ideia de 'arrependimento' funciona, a despeito de tudo." Isso é importante, disse, porque ela ensina em comunidades que abrangem uma ampla gama de contextos e valores. Na parte destinada a questões anônimas, um estudante pode querer saber: "É aceitável ficar sem compromisso com alguém com uma grande frequência?" Outro, da mesma turma, pode perguntar: "É aceitável esperar até o casamento para fazer sexo?" "Nesse contexto, a ideia de 'boas' escolhas não faz sentido", ela explicou. "A chave é ser capaz de falar sobre sexo de um modo que seja igualmente confortável para esses dois estudantes. Assim, se na manhã de segunda-feira você se sentir alegre depois de ficar com dois garotos, você fez a escolha certa. E depois podemos voltar e perguntar: Isso está funcionando para os seus parceiros também? Está claro que vocês estão na mesma página? E se você não tem certeza, isso realmente serve para você? Assim, para a garota que vê o sexo como algo que ela guarda e quer manter como uma parte de si para entregar a um parceiro com quem ela tenha um compromisso de estar para o resto da vida, podemos perguntar: Como você se sente com isso? Se você não se sente culpada, se você não se envergonha, se você sente alegria e dignidade, nesse caso *bingo*. E se você se sente culpada e envergonhada, vamos falar sobre isso. De onde vêm esses sentimentos? Assim desenvolve-se a ideia de 'quais são as escolhas que afetam a mim *e* as pessoas à minha volta? Como elas servem a mim, e como elas servem ao meu parceiro?'."

Grande parte do currículo de Denison, talvez a maior parte dele, não é especificamente sobre sexo. É sobre tomada de decisão e comunicação, capacidades úteis em qualquer área. Em outra ocasião, eu a assisti com um grupo de alunos do nono ano que ela via pela primeira vez. Ela estava explicando o que chama de "recuo", comportamentos inconscientes e irrefletidos aos quais recorremos quando estamos desconfortáveis. "Muitos recuos vêm de papéis de gênero", ela disse. "Muitos deles vêm do modo como lidamos com nossas famílias. E se você quiser fazer uma coisa depois da escola e seus amigos quiserem fazer outra? Ou você está em uma situação e de repente se sente superdesconfortável e não sabe o que fazer?"

Especialistas em teoria não necessariamente servem de ajuda nesses momentos de luta ou fuga, em especial, talvez, para as meninas. "Eu converso com uma centena de garotas por mês que são superassertivas, feministas, que podem corrigir seus professores sobre o simbolismo de um romance na aula", ela disse. "E de repente, elas estão em uma festa e um cara põe a mão na perna delas – ou no meio das pernas – e elas sentem como se houvesse fita adesiva em suas bocas. Elas não conseguem dizer literalmente: 'Dá para você tirar a sua mão?' Superassertivas, mas não nessa situação, porque estão usando uma parte diferente de si mesmas. E, depois, há o arrependimento e a vergonha. E isso acontece apenas porque nós precisamos praticar." Uma vez mais, a sala ficou em silêncio, o tipo de silêncio que surge quando um professor toca de fato em uma parte sensível.

Denison pediu um voluntário, e Jackson, um garoto magricela com uma camiseta do Chicago Bulls, se levantou. "As pessoas falam sobre 'assertivo' o tempo todo", disse Denison. "E 'agressivo' e 'passivo-agressivo'. Esses são modos de pensar sobre como podemos reagir no mundo real, em especial quando não estamos confortáveis." Ela pegou seu celular. "Digamos que eu peguei emprestado o celular do Jackson e disse que o devolveria um dia depois. Mas já se passaram três dias. E eu também quebrei a tela. Agora vou devolver o aparelho, e ele vai nos mostrar como seria uma resposta passiva."

Ela caminhou até ele e largou o celular em sua mão. "Obrigada pelo celular, Jackson. Ele é incrível." Apontou casualmente para a rachadura imaginária e acrescentou: "Tem só essa coisinha aqui."

"Sem problema", disse Jackson.

"Mesmo?", Denison disse enquanto dava um passo na direção dele. "Me empresta de novo, então?"

"Não, hmm..."

Ela deu mais um passo. "Ah! Bem, você tem carro?"

"Sim, está logo ali."

"Posso pegar a chave?" Jackson fingiu que ia jogá-la para ela, e a cena terminou.

Denison se voltou para a turma. "O recuo dele foi: 'Estou desconfortável, isso é desagradável, eu quero que acabe, e concordar com ela é o modo mais rápido.' Mas vocês viram como quando eu dei um passo à frente e ele recuou, eu estava meio que: 'Sim, eu consegui. Eu não preciso ser responsável de modo algum. Eu posso levar vantagem.' O ruim nessa resposta é: 'Eu vou voltar?' Ah, *claro* que sim. Ele tem um post-it na testa com um alvo agora. Mas se ele pudesse ir a um local para pensar: 'Como eu me sinto agora? O que eu penso? E o que eu gostaria que tivesse acontecido?' Talvez bastassem trinta segundos fazendo algo diferente para que essa garota desagradável não voltasse."

Um menino magro de camiseta listrada de vermelho e branco levantou a mão. "E o que é exatamente um recuo agressivo?"

"Rechaçar alguém antes que ele possa ir atrás de você", disse outro adolescente. "Ou dizer que alguém é um imbecil."

"Ou, tipo, gritar de volta quando seus pais começam a gritar com você", disse uma das meninas.

Denison havia convidado alguns alunos do último ano, que os estudantes mais novos respeitavam, para se juntarem a ela naquele dia como professores assistentes. Uma delas, uma garota de chapéu diplomata e uma camiseta *vintage* da banda Violent Femmes, levantou a mão. "Meu recuo era, quando alguém me perguntava 'O que você quer comer?', responder: 'O que você quiser.' E eu nunca, *nunca* dizia o que eu queria fazer. Eu venho tentando mudar isso, ao menos com pessoas com quem me sinto confortável."

"Então pode não estar funcionando para você...", sugeriu Denison.

A garota balançou a cabeça. "Eu ainda faço isso com frequência. Mas eu não gostava de nunca ter o poder comigo mesma para dizer o que eu queria. Eu estava sempre muito preocupada com que as pessoas não gostassem de mim se eu dissesse o que queria fazer."

"O que você disse nos traz de volta à situação sobre a qual estamos falando", disse Denison, "em especial no cenário das ficadas, em especial na cidade, onde há muito mais acesso a boates para menores de idade. Se esse é o seu recuo, ele é como um potencial campo minado de arrependimento. Porque existem muitos alunos do nono ano que vão a essas boates e que dizem que não vão beber, só dançar, mas eles não pensam em situações que podem deixá-los desconfortáveis ou em terem um plano."

"Nessas boates, rola muito sexo oral nos corredores dos fundos", ela prosseguiu. "Às vezes é porque as pessoas sabem que não querem fazer sexo, mas não praticaram dizer: 'Não, eu não vou fazer sexo oral em você.' Parece impossível para elas. E depois há um monte de comportamentos sexuais de que se arrependem. E a bebida também. Porque você se cansa de dizer não ou de fazer sua mãe mandar mensagens falando para você voltar para casa. Por isso, a tentativa de desenvolver algumas ferramentas reais e práticas, e em especial trabalhar com os alunos mais velhos aqui, pessoas que já passaram por essas situações, é realmente útil. E tentar fazer com que vocês identifiquem, no início, dois ou três de seus recuos, que serão equilibrados até o final do semestre. Depois vamos falar sobre isso nos próximos anos. Vamos trabalhar de verdade esse músculo, para evitar arrependimentos e praticar a assertividade, que é tão importante. E o legal é que, quanto mais você pratica, mais fácil fica."

Eles representaram mais algumas situações passivas, agressivas e assertivas, com Denison incitando os voluntários a falarem com firmeza "o que você sente agora, o que você pensa, o que você queria que tivesse acontecido". Nos poucos minutos de aula que restavam, ela recebeu diversas perguntas anônimas que os estudantes escreveram em cartões e deu o número de um celular que ela mantém especificamente para as ligações e mensagens deles. Ao longo dos anos, alguns colegas de Denison questionaram sua disposição de deixar que os adolescentes se intrometessem em sua vida a qualquer hora do dia ou da noite. "Eles dizem ser uma questão de limites", ela me falou mais tarde, "mas eu discordo. Eu venho aqui e encorajo os estudantes a se questionarem, a nomearem uma situação que não está caminhando bem, a perceberem que ela não está indo bem e a pensarem sobre ela. Eu prometo que vou defendê-los. Se depois disso eu desaparecesse, eu não estaria fazendo meu trabalho." A maioria das mensagens que ela recebe são consultas sobre fatos básicos que envolvem sexo e drogas, mas há outras sobre dilemas de relacionamento ou sobre a escolha entre visões conflitantes de "arrependimento". Às vezes, são apenas mensagens de gratidão. Elas costumam ser anônimas, às vezes de amigos de amigos dos estudantes com quem ela conversou, de adolescentes que ela nunca encontrará. Estas são algumas das mensagens que ela recebeu recentemente:

"Meu namorado não me toca depois que ele goza. Isso é certo?"

"Minha namorada e eu tivemos um contratempo com a camisinha e estamos nos perguntando se deveríamos apelar para um plano B, mas ela está tomando pílula. Seria uma má ideia misturar a medicação?"

"Eu estou falando com um garoto e ele me disse (por mensagem): 'Você age como se nunca fosse chupar um pau. Isso é trabalho de menina...' Temos uma 'coisa' há cerca de dois meses, e eu não sei o que fazer porque quero tomar uma decisão em relação a isso da qual eu não vá me arrepender."

"Eu acabei de pegar quatro ônibus e um trem para ir atrás de um menino que me chamou de vaca há um mês e eu preciso saber por que estou aqui."

"Charis, eu gosto muito de tudo o que você faz. Você foi uma fonte de informação incrível quando eu estava na escola e me motivou a começar um programa de educação sexual no rádio/podcast da minha faculdade!"

Ao percorrer as mensagens, Denison balança a cabeça admirada. "Se os adultos pensassem sobre seu mundo e suas escolhas com tanta profundidade como os adolescentes que me procuram...", ela disse. "Eles são muito ponderados. Ponderam antes de fazer alguma coisa. Ponderam depois que fazem alguma coisa. Ponderam enquanto fazem alguma coisa. É inspirador."

Tornar-se holandês

Eis uma solução para os pais preocupados: mudem-se para a Holanda. Está certo, talvez não seja o conselho mais prático. Talvez, no entanto, possamos trazer um pouco da Holanda para cá, porque os holandeses parecem ter entendido tudo. Enquanto nos Estados Unidos temos a maior taxa de gravidez na adolescência no mundo industrializado, eles têm uma das menores. Nossa taxa de gravidez na adolescência? É oito vezes maior que a deles, e nossa taxa de aborto na adolescência é 1,7 vezes superior. Sim, existem algumas diferenças demográficas significativas que afetam esses números: somos uma nação mais diversificada que a Holanda, com taxas mais altas de pobreza na infância, menos garantias de bem-estar social e mais socialmente conservadores. Contudo, mesmo descontando tudo isso, a diferença se mantém. Consideremos um estudo que comparou as experiências sexuais precoces de quatrocentas mulheres americanas e holandesas escolhidas aleatoriamente em duas faculdades semelhantes: praticamente todas são brancas, todas de classe média, de contextos religiosos similares.[19] Assim, comparamos maçãs a maçãs. As meninas americanas se tornaram sexualmente ativas com menos idade que as holandesas, tiveram mais encontros com mais parceiros e tinham menos probabilidade de usar métodos contraceptivos. A probabilidade de elas dizerem que tiveram a primeira relação sexual devido à "oportunidade" ou pressão dos amigos ou parceiros era maior. Em entrevistas subsequentes com algumas das participantes, as americanas, muito como as que eu encontrei, descreveram interações "impulsionadas pelos hormônios", nas quais os meninos determinavam os relacionamentos, o prazer masculino era priorizado e a reciprocidade era rara. E as holandesas? Sua atividade sexual precoce aconteceu em relações de amor e respeito nas quais elas se comunicavam abertamente com seus parceiros (que elas disseram que conheciam "muito bem") sobre o que era bom e o que não era, sobre o quão "longe" elas queriam ir e sobre que tipo de proteção elas precisariam no caminho. Elas relataram mais bem-estar com seus corpos e desejos que as americanas e estavam mais em contato com seu próprio prazer.

É o bastante para que a gente corra para comprar um par de tamancos de madeira.

Qual é o segredo delas? As meninas holandesas disseram que as professoras e os médicos falaram francamente com elas sobre sexo, prazer e a importância de uma relação amorosa. Mais que isso, no entanto, havia uma diferença radical em como seus pais abordavam esses assuntos. As mães americanas se concentravam nos riscos e danos potenciais do sexo, enquanto seus pais, quando diziam alguma coisa, ficavam com as piadas sem graça. Os pais holandeses, em contrapartida, falavam com suas filhas desde pequenas sobre as alegrias e responsabilidades da intimidade. Como resultado, uma garota holandesa disse que contou para a mãe logo depois de sua primeira relação sexual, "porque nós somos muito abertas quanto a isso. A mãe da minha amiga também me perguntou como foi, se eu tive um orgasmo e se ele teve também".[20]

As atitudes das duas nações não foram sempre tão distantes. Segundo Amy Schalet, professora associada de sociologia da Universidade de Massachusetts e autora de *Not Under My Roof*, no fim dos anos 60 os holandeses, assim como os americanos, se opunham fortemente ao sexo antes do casamento. A revolução sexual transformou as atitudes nos dois países, mas enquanto os pais e formuladores de políticas americanos responderam tratando o sexo na adolescência como uma crise de saúde, os holandeses foram por outro caminho: eles o aceitaram conscientemente como natural, ainda que exigisse orientação adequada.[21] O governo deles tornou grátis os exames pélvicos, o controle de natalidade e o aborto para todos os menores de 22 anos, sem exigência de consentimento dos pais. Nos anos 90, quando os americanos empurravam milhões para a cova da educação inútil da abstinência, os professores (e os pais) holandeses estavam ocupados discutindo os aspectos positivos do sexo e das relações, assim como a anatomia, a reprodução, a prevenção de doenças, a contracepção e o aborto. Eles enfatizavam o respeito por si mesmo e pelos outros em encontros íntimos e falavam abertamente de masturbação, sexo oral, homossexualidade e orgasmo. Quando um levantamento nacional na Holanda descobriu que a maioria dos adolescentes ainda acreditava que os garotos deveriam ser os parceiros mais ativos durante o sexo, o governo acrescentou ferramentas de "interação" ao currículo de educação sexual, tais como o que fazer para que a "outra pessoa saiba exatamente o que dá prazer" e como estipular limites.[22] Em 2005, quatro em cada cinco jovens holandeses disse que sua primeira experiência sexual ocorreu na hora certa, sob seu controle, e que foi divertida. Oitenta e seis por cento das meninas e

93% dos garotos concordaram que "nós dois estávamos igualmente ávidos para ter a experiência". Comparemos isso aos Estados Unidos, onde dois terços dos adolescentes com experiência sexual dizem que gostariam de ter esperado mais para transar pela primeira vez.[23]

Não se trata somente de sexo, no entanto. De acordo com Schalet, existe uma diferença fundamental nas concepções dos dois países de como os adolescentes se tornam adultos. Os pais americanos consideram os adolescentes como rebeldes por natureza, prisioneiros de seus "hormônios violentos". Nós respondemos reprimindo-os, determinando limites rigorosos, proibindo ou restringindo qualquer comportamento que possa levar ao sexo ou ao uso de substâncias químicas. Nós acabamos vivendo uma profecia autorrealizável: os adolescentes impõem a independência quebrando regras, rompendo a relação com os pais, se separando da família. O sexo, que envolve tipicamente se esconder ou mentir, se torna um veículo através do qual eles agem assim. Charis Denison, por exemplo, me disse que cerca de metade das perguntas sobre os pais que ela recebe dos estudantes é sobre como obter contraceptivos ou testes para detectar DSTs sem que a mamãe e o papai saibam. A outra metade trata de como abordar assuntos delicados de forma que os pais os ouçam. Ambos falam de um abismo entre os adolescentes e as pessoas que mais os amam, um abismo que, em parte, nós, os pais, criamos. As meninas, disse Schalet, são as que mais sofrem, lutando contra a incompatibilidade de continuarem sendo "boas filhas" enquanto iniciam a vida sexual. Elas acabam mentindo para os pais ou reafirmando o próprio comportamento, mas mantendo-o invisível fora de casa. De qualquer modo, a proximidade pode ficar comprometida.[24] Voltemos a Sam, que disse que seus pais politicamente progressistas se comportavam "mais como uma família conservadora" em relação ao sexo; a Megan, que me disse, rindo: "Meu pai pensa que eu sou virgem"; a Holly, cuja mãe lhe disse "você não deveria estar transando" quando ela pediu, aos dezenove anos de idade, para tomar pílula. Cada garota foi forçada a fingir para os pais, a agir como uma inocente. Isso não mudou seu comportamento, apenas as deixou sem apoio e vulneráveis.

Os adolescentes holandeses, por outro lado, continuam próximos de seus pais e crescem em uma atmosfera de *gezelligheid*, uma palavra que a maioria dos americanos não consegue nem sequer pronunciar, mas que Schalet traduz livremente como "intimidade aconchegante". Espera-se que os pais e os adolescentes falem sobre o desenvolvimento psicológico e emocional das crianças, incluindo seu desejo sexual crescente. Como parte disso, os pais holandeses permitem – espere para ouvir essa – que os filhos durmam fora de casa, o que é raro nos Estados Unidos, exceto nos círculos mais progressistas. Dois terços dos jovens holandeses com idades entre quinze e dezessete anos com um namorado ou namorada fixo relatam que a pessoa é bem-vinda para passar a noite no quarto deles. Isso não quer dizer que liberou geral por lá. É bem o oposto: os holandeses desencorajam ativamente a promiscuidade em suas crianças, ensinando que o sexo emerge de uma relação amorosa. Negociar as regras básicas para dormir um na casa do outro, mesmo que não seja sempre fácil (os pais admitem que existe um período de "ajuste" e certo constrangimento), proporciona mais uma oportunidade para exercer a influência, reforçar a ética e enfatizar a necessidade de proteção. Schalet chama isso de um tipo de "controle suave". E não se pode discutir com os resultados.

A Holanda não é perfeita. As meninas ainda correm mais risco que os meninos de serem forçadas a fazer algo de natureza sexual.[25] Elas têm mais probabilidade de sentir dor durante o sexo ou de ter dificuldade para chegar ao orgasmo. Embora elas expressem o mesmo interesse que os garotos em buscar tanto o desejo quanto o amor, e possam admitir livremente o desejo sexual, as meninas holandesas que têm vários parceiros casuais ou ficadas de uma noite só correm o risco de serem rotuladas de "vadias".[26] Schalet descobriu, no entanto, que a palavra não carregava o mesmo veneno ou estigma que nos Estados Unidos. Enquanto isso, os meninos holandeses que ela entrevistou esperavam combinar sexo e amor. Eles disseram que seus pais lhes ensinaram expressamente que suas parceiras devem estar igualmente a fim de qualquer atividade sexual, que as meninas podem (e devem) ter prazer tanto quanto os garotos, e que, como disse um rapaz, "é claro que você não deve ser estúpido de [fazer sexo] com uma bêbada".

Embora ela tenha encontrado muitos meninos americanos ansiosos para amar também, eles tendiam a considerar isso uma peculiaridade pessoal, um traço que seus colegas, que estavam sempre PPF ("prontos para foder"), não compartilhavam com ele.

Abrindo o jogo e indo fundo – com ética

"Eu fico confortável para falar com meus pais sobre sexo."

Charis Denison observou quando os alunos do nono ano começaram a se movimentar. Aqueles que concordaram com a declaração que ela acabara de fazer se dirigiram para o lado norte da sala; os que discordaram foram para o sul. Denison deixou claro que permanecer no meio não era uma opção: o objetivo do exercício era forçar os alunos a tomar uma posição, a defender ou talvez mudar crenças profundamente estabelecidas. Nesse caso, no entanto, quase todo mundo escolheu "discordo".

"Meus pais são estranhos", uma garota explicou, parecendo falar por todo o grupo.

Algumas das declarações que Denison soltou durante essa aula pareciam ciladas. Quando questionados "se um adolescente fizer sexo, ele ou ela deveriam usar camisinha todas as vezes", todos obviamente concordaram. Depois Denison disse: "Sexo oral não é sexo de verdade." Alguns adolescentes tentaram ficar no meio da sala, mas Denison não permitiu. "Às vezes na vida", ela disse a eles, "vocês têm de fazer uma escolha difícil. Não podem ficar no meio. Às vezes, vocês simplesmente têm de arriscar uma escolha." No final, a turma se dividiu. "Bem", disse uma garota que discordara com relutância, "não é sexo *de verdade*. Mas não é não sexo de verdade também. É tipo um..." Ela encolheu os ombros, desamparada. "Eu não sei."

Um garoto que estava perto dela acrescentou: "Eu acho que você precisa ser capaz de engravidar para ser sexo de verdade."

Denison levantou uma sobrancelha. "Então minha amiga de 35 anos que é lésbica e nunca ficou com um cara é virgem?", ela disse. O menino ficou confuso. "Não", ele disse, lentamente, "mas..."

Uma menina do lado dos que "concordaram" interrompeu. "Acho que sexo é ter um momento íntimo com alguém", ela disse. "Não precisa significar colocar alguma coisa dentro de outra pessoa." Ela recebeu palavras de aprovação por essa resposta.

As declarações de Denison se tornaram mais provocativas depois, quando ela repetiu o exercício com alunos do 11º ano. O caos irrompeu quando ela disse: "Um cara fazer sexo oral em uma menina é o mesmo que uma menina fazer em um cara." Muitos estudantes perguntaram a Denison: "*Deveria* ser ou é?", mas ela ficou calada. Vários se recusaram a se movimentar do centro neutro da sala. Enfim, quase todos aterrissaram no campo do "concordo".

"É um grupo grande", disse Denison, olhando para eles. "Vocês veem isso acontecer na realidade? Levante a mão se você pensa que as meninas estão recebendo tanto sexo oral quanto os meninos." Nem uma única mão se levantou. "Então eu acho que temos que conversar sobre o que está acontecendo", disse Denison.

Próxima: "Eu conheço alguém que fez sexo sem querer." Uma vez mais, quase todo mundo foi para o lado do "concordo".

Um menino com uma camiseta do Matchbox Twenty levantou a mão. "O que é 'sem querer'?", ele perguntou. "É quando você está bêbado, faz sexo e no dia seguinte diz: 'Ugh, eu não queria ter feito'?"

"Você chamaria isso de sexo indesejado?", Denison replicou.

"Sim", ele disse.

Uma menina de vestido listrado interrompeu. "Mas eu acho que é meio injusto dizer que o cara é um canalha por fazer isso com você", ela disse. "Se você estava tipo", ela faz uma voz insegura e embriagada, "'Ah, isso parece legal!', e depois fala: 'Não foi legal, cara.' Isso não é culpa dele."

"Tem que ser culpa de alguém para o sexo ser indesejado?", Denison perguntou.

A garota deu de ombros. "Não, acho que não."

Denison gesticulou para o lado que concordava. "Pessoal daí: levante a mão se você conhece mais de uma pessoa que fez sexo sem querer." A maioria levantou. "Mantenha a mão levantada se você conhece mais de duas pessoas que fizeram sexo sem querer." A maioria das mãos continuou no alto. "Mais de três." Ainda havia um monte de mãos. "Quatro." Ela fez uma pausa por um longo instante. "Eu estou apaixonada pela população adolescente", ela disse, por fim. "Acho que eles são os mais espertos, os mais criativos, a população mais corajosa do planeta, mas existe muito arrependimento em torno disso, um monte de confusão e um monte de bagunça. O que precisamos para reduzir isso? O que não estamos fazendo ou o que precisamos fazer?"

Um menino de gorro levantou a mão. "Acho que substâncias que alteram a consciência são chamadas assim por uma razão. Você toma decisões sob a influência delas que não tomaria se estivesse sóbrio."

Denison assentiu. "Em todas as escolhas que fazemos nós entregamos ou ganhamos poder, certo?", ela disse. "Com o álcool e as drogas, você está entregando seu poder. É por isso que as pessoas os usam às vezes, porque é isso o que querem. Mas não sejamos ignorantes. Vamos entender que você perde, a cada gole, o poder de discernir o que está acontecendo perto de você, você perde o poder de cuidar de si mesmo, de julgar suas emoções."

Uma garota de moletom cinza que mascava uma bola de chiclete enorme levantou a mão. "Acho que você precisa tornar a definição de consentimento muito clara", ela disse. "Se a pessoa não disser literalmente: 'Sim, eu quero', pare. Mesmo que ela não tenha dito não. Mesmo que ela esteja alcoolizada. Mesmo que diga que quer e depois mude de ideia. Isso não é consensual."

"Ela está dizendo *torne o consentimento claro*", disse Denison. "Faz muito sentido. Alguém está ficando com outra pessoa, eles estão totalmente envolvidos. A outra pessoa diz: 'Está tudo bem?' E ela diz: 'Sim, vá em frente.' Mas depois, de repente, começa a *não* ficar tudo bem. O que deve acontecer depois?"

"A pessoa tem que falar: 'Agora não está tranquilo para mim'", a menina disse. "'Ou nós paramos ou voltamos a fazer o que estávamos fazendo.'"

"Isso é maravilhoso. Mas e se a pessoa não falar, o que a outra pessoa pode fazer?"

"Perguntar se está tudo bem", a menina respondeu.

"Excelente", disse Denison. "É muito sexy obter o consentimento do outro. A ideia de simplesmente falar" – ela baixou a voz para uma oitava mais grave, levantou o queixo como um menino adolescente – "'Ei, está tudo bem? Você está bem?'." Ela fez uma pausa de um segundo para deixar aquilo assentar. "Isso é *bacana*. Não é tipo: 'Eu queria pegar a minha documentação legal agora e contratar um advogado.'" Os jovens riram. "E parte disso é o reconhecimento de que há uma série de maneiras de ser sexual. Não precisa ser uma coisa linear de ir do ponto A para o ponto B. Nós temos toda uma linguagem, todas as metáforas que dizem que é preciso ir daqui até ali." Ela citou a metáfora do beisebol, com suas imagens familiares de "percorrer as bases", "chegar à última base" e "pontuar". "Nunca se pensa que alguém pode se levantar, pegar o taco, acertar a bola, ir para a segunda rodada e dizer: 'Sabe de uma coisa? Eu gostei daqui. Vou simplesmente ficar por aqui. Eu não vou até a última base.' Você perderia o jogo, certo? Mas se alguém diz sim, não significa sim para todo o resto. Existe uma coisa útil acerca do consentimento: todo bom amante é um bom ouvinte. E um mau ouvinte é, na melhor das hipóteses, um mau amante, e, na pior, um estuprador."

Os adolescentes engasgaram: *"Opa!"*, alguém exclamou.

"Trata-se de comunicação", Denison prosseguiu. "Isso não significa que você cante 'Kumbaya' no meio da transa, mas significa que você está compartilhando algo com seu parceiro. Vocês estão sendo íntimos. Você precisa decidir como a intimidade parece e que sentimento ela desperta, e você conseguirá definir o que é 'intimidade'. Mas *duas* pessoas estão envolvidas, 'vocês' é um plural. Um outro modo de pensar sobre isso é: 'Vai ser uma experiência sexual positiva para todos os envolvidos?'"

Um garoto com uma camiseta de futebol e piercing nos lóbulos das orelhas levantou a mão. "Eu nunca pensei nisso antes, mas naquela metáfora do beisebol você está tentando pontuar *contra* o outro."

"Exatamente", Denison concordou. "Existe um vencedor e um perdedor no beisebol. É uma competição."

"Então quem se espera que seja o perdedor?", uma menina perguntou. "A outra pessoa?"

Denison sorriu, apenas.

Enquanto via a troca entre os adolescentes, eu me lembrei de uma conversa que tive com uma das ex-alunas de Denison, Olivia, que estava agora no primeiro ano da faculdade. Olivia me disse que ficou com muitos garotos no nono e no décimo ano. Ela não sabia dizer a razão: ela não tinha prazer, o que fez com que se sentisse, segundo ela, "vulgar". "Não houve um momento em que as coisas mudaram para mim", ela disse em uma tarde enquanto conversávamos em um café próximo de sua antiga escola. "Eu simplesmente comecei a entender que não estava me comportando como eu gostaria de me comportar e que não era a pessoa que eu queria ser. A aula de Charis teve um papel importante nisso. Aprendi a tomar decisões com consciência em vez de apenas deixar as coisas acontecerem. E comecei a pensar de verdade sobre meus valores e minha moral." Ela puxou uma mecha de cabelo escuro. "Acho que a maior diferença é que agora eu tento viver com consciência, com propósito. Tipo, eu costumava pensar: 'Ah, tudo bem, acho que estamos ficando agora', em vez de pensar se eu de fato queria fazer aquilo. Não é que eu tenha parado totalmente de ficar, mas no penúltimo ano eu estava menos impulsiva. E eu senti muito que eu estava participando daquilo, e não apenas me deixando levar."

DOIS ALUNOS DO DÉCIMO ANO seguraram um pedaço de papel pardo do tamanho de um pôster com as palavras "FICAR É..." impressas no alto em letras maiúsculas roxas. Alguns minutos antes, Denison havia distribuído canetas e pediu para que os estudantes escrevessem respostas a frases que ela anotou em uma fileira de papéis semelhantes, como "ABSTINÊNCIA É...", "SEXO É...", "SEXO E ÁLCOOL...", "SER VIRGEM É...", "XINGAR DE VADIA É...", "XINGAR DE PURITANA É...". Eles se dividiram em grupos pequenos para analisar os resultados e agora os relatavam para a turma. "Observamos que ficar pode ser uma série de coisas diferentes para uma série de pessoas diferentes", disse uma garota cujo cabelo escuro e ondulado batia na cintura. "Mas em geral é visto como 'sem compromisso' e menos complicado. Como algo que você faz em uma festa." Ela riu. "Mas, na verdade, às vezes é até *mais* complicado."

"Isso é muito comum para os adolescentes", Denison disse. "Vocês ficam para tornar as coisas fáceis, mas às vezes o tiro sai pela culatra. É isso o que você disse? O que lhe parece?"

"Em alguns casos uma pessoa se apega mais que a outra", a menina disse, "e acredita que exista algo entre eles."

"Se eu dissesse a palavra *ficar*", Denison perguntou, "quantas pessoas pensariam, instintivamente, em algo negativo?" Nenhuma mão se levantou. "Uma coisa positiva?" Apenas os meninos levantaram as mãos. "Quantas pessoas imaginam que seja apenas uma coisa, nem positiva nem negativa, mas apenas outra escolha?" Mais mãos se levantaram, dessa vez metade de meninos e metade de meninas.

Conforme a aula seguia, diversos temas familiares surgiram. Embora todas as respostas para "Sexo é..." tenham sido entusiasmadas – "Em uma palavra", disse o garoto alto e loiro que representava seu grupo, "as pessoas acham que é 'ótimo!'" –, todos levantaram a mão quando Denison perguntou quem deles conhecia alguém que teve uma experiência sexual negativa. "Mas não havia nem uma única coisa negativa naquele papel", ela disse. "Por que vocês acham que isso acontece?" Uma vez mais, eles discutiram se sexo oral era, de fato, "sexo"; apenas duas pessoas concordaram que era, até que Denison citou sua amiga lésbica. "Sinceramente?", o menino loiro disse. "Sexo deveria ser qualquer coisa que você quiser que seja." Mais palavras.

Ao longo da hora seguinte, eles discutiram seus sentimentos sobre a virgindade ("Em nosso grupo, nós não gostamos da conotação de 'limpa' e 'pura'", disse uma das meninas) e a abstinência (comentários sobre isso incluíram "triste", "uma escolha" e "anal"). Um menino que estava com uma camiseta de basquete despejou uma cacofonia de respostas à questão "Mas o que é a abstinência, afinal de contas? É fazer tudo menos penetração ou é não ter nenhum contato ou o quê?" O grupo que se manifestava sobre sexo e álcool sugeriu a princípio, hipocritamente, que misturar as duas coisas era má ideia. Mas quando Denison perguntou quem conhecia alguém que tivesse ficado com outra pessoa quando estava sóbrio, ninguém levantou a mão. Ninguém. "Ouço cada vez mais que ninguém tem algo sexual com outra pessoa a não ser que esteja em um estado alterado", ela disse. "E isso pode realmente alimentar o fator do arrependimento."

"Mas acho que de algum modo é mais fácil", uma garota disse. "Você pode dar uma de que: 'Ah, eu não pensei na hora. Eu estava bebendo.'"

"Isso é o que eu chamo de armadilha", Denison respondeu. "Em particular para as meninas: se você é puritana por estabelecer limites e se é uma vadia por decidir fazer sexo, você está ferrada de qualquer modo. Ao menos se você ficar bêbada poderá dizer: 'Bem, eu não sabia o que estava fazendo.' Então, trata-se de uma maneira de não ser responsável. E você precisa ter alguma empatia por isso. É muito sedutor poder ter uma amnésia qualquer se você vai ficar envergonhada ou se arrepender de um jeito ou de outro. Então o que esperam que você faça? Temos que olhar mais de perto para isso. Vamos falar mais sobre isso da próxima vez."

Nos momentos finais, como ela fazia em toda sessão, Denison respondeu a perguntas anônimas. Aqui está um apanhado das aulas que acompanhei:

E se eu fizer xixi durante a transa?

Como se pega DSTs fazendo sexo oral?

É verdade que quando as garotas gozam elas podem esguichar fluidos até o meio do quarto?

Qual o tamanho de um pênis normal?

Quantas calorias há no esperma?

O hímen sempre se rompe quando a menina perde a virgindade?

Você precisa de lubrificante para masturbar o outro?

Como posso fazer com que o sexo anal seja melhor para minha parceira?

Denison as respondeu sem demonstrar emoção, expondo fatos e corrigindo mitos – incluindo o de que "todo mundo faz isso". "Existe uma percepção de que todo mundo transa e fica", ela disse, respondendo à preocupação de uma menina do nono ano, "e não é verdade. Existe muita pressão, mas não é tão comum assim, em especial no nono ano. Existe um monte de gente que não deu nem sequer o primeiro beijo até o décimo ano, e muito menos gente foi além disso. Então essa ideia de que é preciso ficar com alguém porque está na 'hora'?" Ela balançou a cabeça. "Nós realmente precisamos trabalhar isso. Temos de voltar àquela ideia: 'O que eu estou sentindo de verdade, o que eu penso sobre isso, o que eu quero que aconteça e como posso olhar para trás sem arrependimento?'"

Ao mesmo tempo, ela disse o seguinte para um aluno do 11º ano cujo amigo estava transando com diversas pessoas diferentes: "Sua reação não precisa ser 'isso é vulgar' ou 'isso é bom' ou 'isso é ruim'. Você pode se perguntar: 'Como é isso para você? O que isso te traz? Como isso te serve?' Se a abordagem for correta, pode ser uma ótima conversa. Assim, se você realmente se importa com essa pessoa, sua tarefa é ser seu escudo humano contra a vergonha."

Enquanto ouvia Denison responder as perguntas anônimas, houve momentos em que fiquei um pouco em dúvida. Como quando alguém do 11º ano perguntou como fazer sexo de um modo que não machucasse sua parceira. Ela falou para pôr e tirar o pênis na vagina gradualmente em vez de dar as marteladas inspiradas na pornografia, o que permite que o corpo da garota se adapte. Ela sugeriu que um menino poderia variar seu peso para que não ficasse sempre martelando o mesmo local e que poderia "empoderar" a parceira para que agarrasse o quadril dele para controlar a profundidade da penetração. Não havia como negar: ela estava explicando como fazer sexo. Era a realização do pior pesadelo dos formuladores de políticas conservadoras. Ainda assim, era exatamente o tipo de discussão que, se a Holanda fosse alguma inspiração, era necessária para combater a cultura pornográfica popular, para reduzir os arrependimentos e para aumentar a satisfação dos adolescentes quando eles escolhem fazer sexo (seja lá quando for que isso aconteça). Então o que é que me faz hesitar? Eu certamente prefiro ter uma filha na cama com um menino que tem uma dúvida dessa respondida que um cujo único ponto de referência é o que ele viu na internet. "Eu não estou lhes dizendo o que fazer", Denison me explicou mais tarde. "Estou respondendo a uma pergunta direta – que me fazem em 99% do tempo, por sinal – que nasce do respeito e do senso de responsabilidade de um estudante tanto em relação a ele quanto à sua parceira. Se eu não for específica na resposta, eu serei falsa, apenas mais um adulto que testa a confiança deles." Para a turma, ela concluiu com: "Tudo diz respeito à *comunicação*." E é claro que ela estava certa.

No fim de cada sessão, Denison pegava dezenas de camisinhas de uma caixa prateada que ela carregava consigo para todo lugar, como uma espécie de sacola de Mary Poppins que também tinha a vulva de pelúcia, um modelo de pênis (apelidado de Ricardão) para mostrar o uso adequado do preservativo, cápsulas individuais de lubrificante pessoal e outras ferramentas do seu negócio. "Continuem falando, continuem perguntando", ela dizia. "Conhecimento é poder." Verdade, eu vi um grupo de garotos fazer uma cena, lançando camisinhas no ar. "Crianças, sejam livres!", um deles disse rindo. Mas a maioria dos estudantes, tanto homens quanto mulheres, se aproximavam com respeito. Alguns pegaram camisinhas casualmente; outros disfarçaram, fingindo pegar um cartão de identificação ou uma caneta e depois, de repente, enfiarem uma ou duas camisinhas no bolso.

Alguns adolescentes sempre ficam rondando enquanto a sala se esvazia, esperando para ter um momento a sós com Denison. Uma garota queria esclarecer a definição legal de estupro. Outra queria saber sobre a trajetória profissional de Denison para que pudesse imitá-la. Uma tarde, o último estudante a abordá-la foi um menino de cabelo preto e encaracolado e grandes olhos castanhos. Ele raspava a ponta do tênis no chão enquanto confidenciava que sua namorada o pressionava para fazer sexo, mas ele não estava pronto. "Você se surpreenderia ao saber com que frequência os meninos me dizem isso", Denison disse a ele. "Deve ser duro e solitário." O garoto assentiu, com os olhos se enchendo de lágrimas. Denison conversou um pouco com ele, em uma voz baixa demais para que eu pudesse ouvir. Depois ela lhe deu seu número de telefone e seu e-mail e lhe disse para ficar à vontade para contatá-la. Ele fez que sim e saiu, um pouco menos sozinho.

Este livro é sobre meninas, sobre os obstáculos contínuos à sua expressão sexual completa e saudável e os custos disso para o seu bem-estar. Mas quero deixar Denison aqui, com um garoto, porque a mudança precisa incluí-los também. Não é mais suficiente apenas advertir os rapazes contra "engravidar uma menina", ou, mais provável no cenário atual, alertá-los sobre a mudança do conceito de estupro. Os pais precisam discutir o espectro de pressão, de coerção e de consentimento com os filhos, as forças que os impelem a ver os limites das garotas como um desafio a ser superado. Os meninos precisam entender como eles, também, são prejudicados pela pornografia e pelos meios de comunicação sexualizados. Eles precisam ver modelos de sexualidade masculina que não se fundamentam na agressão contra a mulher, em denegri-las ou em conquistá-las. Eles precisam saber do prazer compartilhado, da mutualidade, da reciprocidade, para se transformarem de jogadores de beisebol em consumidores de pizza. Isso pode não ser tão difícil de fazer quanto se pensa.

Como Charis Denison dá aulas principalmente para o ensino médio, uma tarde eu me sentei em uma aula mista para a puberdade com uma semana de duração para alunos do quarto e do quinto ano, dada por uma mulher de cabelo rosa adequadamente chamada Jennifer Devine, pastora unitária e educadora sexual certificada. Ela passou a primeira sessão falando sobre como, com algumas diferenças notáveis, a puberdade era basicamente a mesma para quem ela se referia como "pessoas com vulvas e pessoas com pênis": todo mundo ganha altura, todo mundo ganha espinhas, todo mundo começa a ter pelos em áreas novas, os genitais de todos amadurecem, todos adquirem "sensações excitantes", todos se tornam capazes de fazer um bebê. Ela também dedicou uma aula para as complexidades da anatomia feminina e outra, para a masculina. Depois dessas aulas, ela pediu para que os estudantes rotulassem desenhos dos aparelhos reprodutivos do homem e da mulher, tanto internos quanto externos, que eram exibidos com precisão clínica. Isso significa que tanto os meninos quanto as meninas tinham de nomear a vulva, os grandes e pequenos lábios, os orifícios da vagina e da uretra e o ânus. Eu me sentei atrás de dois meninos, Terrell e Gabe, que estavam indo bem até que subitamente Terrell teve um branco. "Ei, Gabe", ele disse, apontando para seu caderno. "O que é isso mesmo?" Gabe olhou por cima do ombro. "Ah, isso é o clitóris", ele respondeu. "Ele serve para produzir sensações boas."

É um começo.

Os pais podem aprender uma ou duas coisas com Gabe. Recentemente eu sugeri a uma amiga minha, uma mulher que, como eu, é uma mãe feminista e politicamente progressista de uma pré-adolescente, que não é o bastante ensinar nossas filhas sobre os mecanismos da reprodução, encorajar a resistência à pressão para o sexo não desejado ou lhes dizer que o estupro não é culpa delas. Nem equipá-las com pílula e camisinha quando chegar a hora é suficiente. Temos de conversar com elas sobre o *bom* sexo, começando com a maneira como o corpo delas funciona, com masturbação e orgasmo. Ela hesitou. "Elas não querem ouvir esse tipo de coisa de *nós*", ela disse. Não? De quem elas vão ouvir, então? Elas merecem algo melhor que as vozes falsas e distorcidas que retumbam nas TVs, nos computadores, nos iPhones, nos tablets e nas telas de cinema. Elas merecem nossa orientação e não o medo e a negação do seu desenvolvimento sexual. Elas merecem nossa ajuda para entender os perigos que as espreitam, mas também merecem que acolhamos seu desejo com respeito e responsabilidade e que entendamos as complexidades e nuances da sexualidade.

Depois de estudar os holandeses, Amy Schalet desenvolveu um modelo de quatro etapas para a criação de filhos sexualmente saudáveis.[27] Primeiramente, queremos que eles sejam autônomos, que compreendam o desejo e o prazer, que sejam capazes de sustentar seus desejos sexuais e de estabelecer limites e que se preparem com responsabilidade para os encontros sexuais. Não ter pressa, com consciência do desejo e do conforto, é a melhor maneira de se obter essas capacidades. Quem, afinal, é de fato mais "experiente" sexualmente, uma pessoa que faz sexo quando está bêbada para se livrar da virgindade ou uma que passa três horas beijando o parceiro, aprendendo sobre a tensão erótica, o prazer mútuo e a intencionalidade? Sinceramente, mesmo se os pais americanos não forem além da primeira etapa, já estaremos em vantagem.

Mesmo assim, existem outras três etapas. A segunda é para construir relacionamentos igualitários e solidários que valorizem os interesses compartilhados, o respeito, o cuidado e a confiança; a terceira, para manter e nutrir a conexão com seus filhos; e a quarta, para reconhecer a diversidade e a gama de orientações sexuais, de crenças culturais e de desenvolvimento entre os pares. E quanto a dormir fora de casa? Eu não sei se eu mesma chegarei lá, mas não digo nunca – o raciocínio é terrivelmente irresistível. Não importa como navegamos pelos detalhes, nós ainda podemos, e devemos, ser mais abertos com nossas filhas e filhos e encorajá-los a serem mais abertos conosco. Na verdade, minha amiga está equivocada: as crianças *querem* ouvir seus pais falarem sobre esse tema. Elas realmente querem. Em 2012, em uma pesquisa com mais de 4 mil jovens, a maioria disse que desejava ter mais informação, em particular do pai e da mãe, antes de sua primeira experiência sexual. Eles queriam saber mais de nós, em especial, sobre os relacionamentos e o lado emocional do sexo.[28] Então, pense sobre isso: você gostaria que sua filha adolescente explorasse e compreendesse bem seu próprio corpo antes de mergulhar no sexo com um parceiro? Você gostaria que a ideia que ela tem de intimidade fosse além da relação sexual? Você gostaria que ela tivesse menos parceiros e que se protegesse de modo consistente contra doenças e gravidez? E que tal se ela gostasse de suas relações sexuais? Que transcendesse os estereótipos de gênero? Você espera que ela tenha relacionamentos recíprocos, igualitários e afetivos nos quais possa expressar suas necessidades e limites? Se ela procurar o prazer sexual fora dos relacionamentos, você quer que essas experiências também sejam seguras, mútuas e respeitosas? Eu sei que eu gostaria. Trata-se de mais uma razão para respirar fundo e seguir em frente com discussões (ou melhor, discussões *múltiplas*) que incluam ideias sobre relacionamentos saudáveis, comunicação, satisfação, alegria, reciprocidade, ética e, sim, a alegria de sentir frio na barriga.[29]

Depois de conversar com tantas garotas, agora eu sei o que esperar para minha própria filha e para elas. Quero que a sexualidade seja uma fonte de autoconhecimento, criatividade e comunicação, a despeito de seus riscos potenciais. Quero que elas se divirtam com a sensualidade de seus corpos sem se reduzirem a ela. Quero que elas sejam capazes de pedir e obter o que desejam na cama. Quero que elas estejam protegidas de doenças, de gravidez indesejada, da crueldade, da desumanização e da violência. Se elas forem assediadas, quero que tenham auxílio dos administradores da escola, dos chefes e dos tribunais. Isso é querer muito, mas não é demais. Nós criamos essa geração de meninas para que tenham voz, para que esperem tratamento igualitário em casa, na sala de aula, no local de trabalho. Agora é hora de exigir a "justiça íntima" em suas vidas pessoais também.

Notas

Introdução (p.13-8)

1. Finer e Philbin, "Sexual Initiation, Contraceptive Use, and Pregnancy Among Young Adolescents".
2. Haffner, ed., *Facing Facts: Sexual Health for America's Adolescents.*
3. McClelland, "Intimate Justice".

1. Matilda Oh não é um objeto – exceto quando ela quer (p.19-53)

1. Moran, *How to Be a Woman*, p.283.
2. Glenn Boozan, "11 Disney Princesses Whose Eyes Are Literally Bigger Than Their Stomachs", Above Average, 22 jun 2015.
3. Associação Americana de Psicologia, *Report of the APA Task Force on the Sexualization of Girls.* O relatório impactante define a sexualização como uma dessas expressões ou uma combinação delas: "O valor de uma pessoa vem apenas do comportamento ou do apelo sexual dele ou dela, excluindo outras características; uma pessoa é definida por um padrão que iguala a atratividade sexual (definição restrita) a ser sexy; uma pessoa é objetificada sexualmente – ou seja, transformada em coisa para o uso sexual dos outros, em vez de vista como alguém com capacidade de ações independentes e de tomada de decisões; e/ou a sexualidade é imposta de modo impróprio a uma pessoa." Veja também Madeline Fisher, "Sweeping Analysis of Research Reinforces Media Influence on Women's Body Image", *Universidade de Wisconsin-Madison News*, 8 mai 2008.
4. Tolman e Impett, "Looking Good, Sounding Good". Veja também Impett, Schooler e Tolman, "To Be Seen and Not Heard".
5. Slater e Tiggeman, "A Test of Objectification Theory in Adolescent Girls".
6. Hirschman et al., "Dis/Embodied Voices".
7. Caroline Heldman, "The Beast of Beauty Culture: An Analysis of the Political Effects of Self-Objectification", artigo apresentado no encontro anual da Associação de Ciência Política Ocidental, em Las Vegas, 8 mar 2007. Veja também Calogero, "Objects Don't Object"; *Miss Representation*, dir. Jennifer Siebel Newsom e Kimberlee Acquaro. São Francisco, Representation Project, 2011.
8. Steering Committee on Undergraduate Women's Leadership, Universidade Princeton, *Report of the Steering Committee on Undergraduate Women's Leadership*, 2011; Evan Thomas, "Princeton's Woman Problem", *Daily Beast*, 21 mar 2011.

9. Liz Dennerlein, "Study: Females Lose Self-Confidence Throughout College", *USA Today*, 26 set 2013.
10. Sara Rimer, "Social Expectations Pressuring Women at Duke, Study Finds", *New York Times*, 24 set 2003.
11. Levy, *Female Chauvinist Pigs*.
12. Haley Phelan, "Young Women Say No To Thongs", *New York Times*, 27 mai 2015.
13. Brumberg, *The Body Project*.
14. Steyer, *Talking Back to Facebook*; Fardouly et al., "Social Comparisons on Social Media". Veja também Shari Roa, "Women Who Post Lots of Photos of Themselves on Facebook Value Appearance, Need Attention, Study Finds", *Los Angeles Times*, 10 mar 2011; Lizette Borrel, "Facebook Use Linked to Negative Body Image in Teen Girls: How Publicly Sharing Photos Can Lead to Eating Disorders", *Medical Daily*, 3 dez 2013; Jess Weiner, "The Impact of Social Media and Body Image: Does Social Networking Actually Trigger Body Obsession in Today's Teenage Girls?", *Dove Self Esteem Project* (blog), 26 jun 2013.
15. Entrevista da autora com Adriana Manago, Departamento de Psicologia e Centro Infantil de Mídia Digital, UCLA, 7 mai 2010. Veja também Manago, Graham, Greenfield et al., "Self-Presentation and Gender on MySpace".
16. Lenhart, "Teens, Social Media and Technology Overview 2015".
17. Bailey et al., "Negotiating with Gender Stereotypes on Social Networking Sites".
18. O primeiro uso registrado da palavra *selfie* é de 2002, por um australiano bêbado, em uma sala de bate-papo online. Ela se tornou a palavra do ano depois que os pesquisadores de Oxford concluíram que seu uso alcançou um pico de 17% desde o mesmo período de 2012. Bem Brumfield, "Selfie Named Word of the Year in 2013", cnn.com, 20 nov 2013.
19. Mehrdad Yazdani, "Gender, Age, and Ambiguity of Selfies on Instagram", *Software Studies Initiative* (blog), 28 fev 2014.
20. Rachel Simmons, "Selfies Are Good for Girls", *Slate DoubleX*, 1 dez 2013.
21. Melissa Dahl, "Selfie-Esteem: Teens Say Selfies Give a Confidence Boost", today.com, 26 fev 2014.
22. Meier e Gray, "Facebook Photo Activity Associated with Body Image Disturbance in Adolescent Girls".
23. Fadouly e Vartanian, "Negative Comparisons About One's Appearance Mediate the Relationship Between Facebook Usage and Body Image Concerns". Veja também Kendyl M. Klein, "Why Don't I Look Like Her? The Impact of Social Media on Female Body Image", CMC Senior Theses, artigo 720, 2013.
24. Sara Gates, "Teen Chin Implants: More Teenagers Are Seeking Plastic Surgery Before Prom", *Huffington Post*, 30 abr 2013.
25. Academia Americana de Plástica Facial e Cirurgia Reconstrutiva, "Selfie Trend Increases Demand for Facial Plastic Surgery", comunicado oficial, 11 mar 2014. Alexandria, Academia Americana de Plástica Facial e Cirurgia Reconstrutiva.

26. Ringrose et al., *A Qualitative Study of Children, Young People, and "Sexting"*. Veja também Lounsbury et al., "The True Prevalence of 'Sexting'".
27. Englander, "Low Risk Associated with Most Teen Sexting".
28. Caitlin Dewey, "The Sexting Scandal No One Sees", *Washington Post*, 28 abr 2015. A pesquisa com 480 universitários revelou que, tanto para os homens quanto para as mulheres, ser coagido a praticar *sexting* era mais traumático que ser coagido a fazer sexo de verdade.
29. Roger Schwarz, "Moving from Either/Or to Both/And Thinking", schwarzassociates.com. Se você achar que não consegue fazer essa atividade traiçoeira, tente uma inversão, começando com o dedo na cintura, traçando um círculo em sentido anti-horário e movendo-o para cima.
30. Conversa pessoal, 20 set 2011.
31. Sociedade Americana de Cirurgiões Plásticos, *2013 Plastic Surgery Statistics Report*, Arlington Heights, Sociedade Americana de Cirurgiões Plásticos, 2014.
32. "Milk, Milk, Lemonade": "Watch 'Inside Amy Schumer' Tease New Season with Booty Video Parody", *Rolling Stone*, 12 abr 2015.
33. Kat Stoeffel, "bell hooks Was Bored By 'Anaconda'", *The Cut*, blog da *New York Magazine*, 9 out 2014.
34. Levy, *Female Chauvinist Pigs*.
35. Katherine Thomson, "Miley Cyrus on God, Remaking 'Sex and the City', and Her Purity Ring", *Huffington Post*, 15 jul 2008. Outras promessas frustradas que rondaram Disney Kids foram Selena Gomez, Demi Lovato e os Jonas Brothers. Britney Spears também declarou que guardava a primeira relação sexual para a noite de núpcias. Revelou-se que ela "não era tão inocente": ela fez sexo pela primeira vez no ensino médio, anos antes de sua famosa relação com Justin Timberlake.
36. Foubert et al., "Pornography Viewing Among Fraternity Men". Veja também Bridges et al., "Aggression and Sexual Behavior in Best-Selling Pornography Videos".
37. Bridges et al., "Aggression and Sexual Behavior in Best-Selling Pornography Videos".
38. Chris Morris, "Porn Industry Feeling Upbeat About 2014", nbcnews.com, 14 jan 2014.
39. Bridges et al., "Aggression and Sexual Behavior in Best-Selling Pornography Videos". Um estudo anterior revelou pequena diferença no nível de agressão ou degradação das mulheres em filmes quando o diretor era homem ou mulher. Chyng et al., "A Comparison of Male and Female Directors in Popular Pornography". Veja também Monk-Turner e Purcell, "Sexual Violence in Pornography", que analisou uma amostra aleatória de vídeos para adultos e descobriu que a maioria tinha "temas sexualmente violentos ou desumanizadores/degradantes". Por exemplo, 17% das cenas mostravam agressão contra a mulher, 39% exibiam subordinação feminina e 85% mostravam homens ejaculando nas mulheres. Barron e Kimmel, em "Sexual Violence in Three Pornographic Media", concluíram que há um au-

mento progressivo da violência sexual em materiais pornográficos, de revistas a vídeos na internet.

40. *Hot Girls Wanted*, dirigido por Jill Bauer e Ronna Gradus, Netflix, 2015.
41. Entrevista pessoal, Bryant Paul, Universidade de Indiana em Bloomington, 4 dez 2013.
42. Wolak, Mitchell e Finkelhor, "Unwanted and Wanted Exposure to Online Pornography in a National Sample of Youth Internet Users". As taxas de exposição indesejada ou acidental à pornografia subiram de 26% em 1999 para 34% em 2005, segundo Wolak e seus colegas revelaram.
43. Carroll et al., "Generation XXX".
44. Regnerus, "Porn Use and Support of Same-Sex Marriage".
45. Wright e Funk, "Pornography Consumption and Opposition to Affirmative Action for Women". Isso se mostrou verdadeiro tanto para homens quanto para mulheres, mesmo quando aplicado a atitudes anteriores sobre ações afirmativas.
46. Peter e Valkenburg, "Adolescents' Exposure to Sexually Explicit Online Material and Recreational Attitudes Toward Sex"; Peter e Valkenburg, "The Use of Sexually Explicit Internet Material and Its Antecedents". Veja também Wright e Tokunaga, "Activating the Centerfold Syndrome", e Wright, "Show Me the Data!".
47. Wright e Tokunaga, "Activating the Centerfold Syndrome"; Wright, "Show Me the Data!".
48. Wright e Funk, "Pornography Consumption and Opposition to Affirmative Action for Women"; Brosi et al., "Effects of Women's Pornography Use on Bystander Intervention in a Sexual Assault Situation and Rape Myth Acceptance"; Foubert et al., "Pornography Viewing Among Fraternity Men". Para um estudo com estudantes do ensino médio, veja Peter e Valkenburg, "Adolescents' Exposure to a Sexualized Media Environment and Notions of Women as Sex Objects".
49. Brosi et al., "Effects of Women's Pornography Use on Bystander Intervention in a Sexual Assault Situation and Rape Myth Acceptance". Um dos argumentos a favor da pornografia é que as taxas de agressão sexual caíram nos países em que sua proibição foi retirada. Mas, como Paul Wright, professor de telecomunicações da Universidade de Indiana em Bloomington me disse, se tanto homens quanto mulheres que consomem pornografia tendem mais a acreditar em mitos sobre o estupro, se as usuárias do sexo feminino têm menos chance de perceber quando estão em risco e se as mulheres objetificadas têm mais probabilidade de serem culpadas quando sofrem uma agressão, então pode ser que o estupro nesses países não seja tão reconhecido ou denunciado, e não que haja menos estupros por lá. Entrevista da autora, Paul Wright, 6 dez 2013.
50. Carroll et al., "Generation XXX".
51. Paul, *Pornified*.
52. "Joseph Gordon-Levitt, on Life and the Lenses We Look Through", entrevista na *Weekend Edition*. Rádio Pública Nacional, 29 set 2013.
53. Entrevista da autora, Paul Wright, 6 dez 2013. Veja também Fisher, "Sweeping Analysis of Research Reinforces Media Influence on Women's Body Image".

54. Fisher et al., "Televised Sexual Content and Parental Mediation".
55. Isso é mais que os 56% de 1998, o primeiro ano da pesquisa. Noventa e um por cento das comédias e 87% dos dramas tinham conteúdo sexual, variando de referência indireta a relação sexual implícita. Ward e Friedman, "Using TV as a Guide"; Shiver Jr., "Television Awash in Sex, Study Says", *Los Angeles Times*, 20 nov 2005.
56. Stermer e Burkley, "SeX-Box".
57. Fox et al., "Sexualized Avatars Lead to Women's Self-Objectification and Acceptance of Rape Myths"; Calogero, "Objects Don't Object".
58. Aligo, "Media Coverage of Female Athletes and Its Effect on the Self-Esteem of Young Women"; Daniels, "Sex Objects, Athletes, and Sexy Athletes".
59. Calogero, "Objects Don't Object".
60. Ibid.
61. Trinta e cinco por cento do sexo exibido na TV envolve duas pessoas que ou nunca se encontraram antes ou não tinham um relacionamento: Kunkel et al., *Sex on TV 4*.
62. Lisa Wade, "Why Is Kim Kardashian Famous?", *Sociological Images* (blog), 21 dez 2010.
63. Tina Brown, "Why Kim Kardashian Isn't 'Aspirational'", *Daily Beast*, 1 abr 2014.

2. Já estamos nos divertindo? (p.54-79)

1. Tamar Lewin, "Teen-Agers Alter Sexual Practices, Thinking Risks Will Be Avoided", *New York Times*, 5 abr 1997.
2. Laura Sessions Stepp, "Unsettling New Fad Alarms Parents: Middle School Oral Sex", *Washington Post*, 8 jul 1991.
3. Brumberg, *The Body Project*.
4. Laumann et al., *Sex in America*.
5. Entrevista da autora, Debby Herbenick, Universidade de Indiana, 5 dez 2013.
6. Remez, "Oral Sex Among Adolescents".
7. Anne Jarrell, "The Face of Teenage Sex Grows Younger", *New York Times*, 2 abr 2000.
8. Kann et al., "Youth Risk Behavior Surveillance – United States, 2013".
9. Linda Franks, "The Sex Lives of Your Children", *Talk*, fev 2000; veja também Liza Mundy, "Young Teens and Sex: Sex and Sensibility", *Washington Post Magazine*, 16 jul 2000.
10. "Is Your Child Leading a Double Life?", *The Oprah Winfrey Show*. Exibido em out 2003/abr 2004.
11. Tamar Lewin, "Are These Parties for Real?", *New York Times*, 30 jun 2005.
12. Halpern-Felsher, Cornell, Kropp e Tschann, "Oral Versus Vaginal Sex Among Adolescents", descobriram que um em cada estudante do nono ano relatou ter experiência com sexo oral; 37% dos meninos e 32% das meninas com idades entre quinze e dezessete anos relataram experiência com sexo oral; nas idades de dezoito e dezenove anos, esses números praticamente dobraram, para 66% e 64%,

respectivamente. Child Trends DataBank, "Oral Sex Behaviors Among Teens". Veja também Herbenick et al., "Sexual Behavior in the United States"; Fortenberry, "Puberty and Adolescent Sexuality"; Copne, Chandra e Martinez, "Prevalence and Timing of Oral Sex with Opposite-Sex Partners Among Females and Males Aged 15-24 Years". Mais da metade das meninas de quinze a dezenove anos experimentaram sexo oral antes da primeira relação sexual. Veja Chandra et al., "Sexual Behavior, Sexual Attraction, and Sexual Identity in the United States"; Chambers, "Oral Sex"; Fundação Família Henry J. Kaiser, "Teen Sexual Activity", *Planilha de dados*; Hoff, Green e Davis, "National Survey of Adolescents and Young Adults".

13. Dotson-Blake, Know e Zusman, "Exploring Social Sexual Scripts Related to Oral Sex".
14. Dillard, "Adolescent Sexual Behavior: Demographics".
15. Child Trends DataBank, "Oral Sex Behaviors Among Teens".
16. Halpern-Felsher, Cornell, Kropp e Tschann, "Oral Versus Vaginal Sex Among Adolescents". Apenas 9% dos adolescentes que participaram de sexo oral relatam o uso de camisinha. Veja Child Trends DataBank, "Oral Sex Behaviors Among Teens". Veja também Copen, Chandra e Martinez, "Prevalence and Timing of Oral Sex with Opposite-Sex Partners Among Females and Males Aged 15-24 Years".
17. Defensores da Juventude, "Adolescents and Sexually Transmitted Infections"; veja também "A Costly and Dangerous Global Phenomenon", *Planilha de dados*, Defensores da Juventude, Washington (D.C.), 2010; "Comprehensive Sex Education: Research and Result"; Braxton et al., *Sexually Transmitted Disease Surveillance 2013*.
18. Steven Reinberg, "U.S. Teens More Vulnerable to Genital Herpes", WebMD, 17 out 2013. Veja também Jerome Groopman, "Sex and the Superbug", *New Yorker*, 1 out 2012; Katie Baker, "Rethinking the Blow Job: Condoms or Gonorrhea? Take Your Pick", *Jezebel* (blog), 27 set 2012.
19. Evitar DSTs apareceu na quinta posição de uma lista de motivação para que as meninas façam sexo oral, depois de melhorar o relacionamento, popularidade, prazer e curiosidade. Para os meninos, ficou em terceiro. Cornell e Halpern-Felsher, "Adolescent Health Brief".
20. Gilligan et al., *Making Connections*; Brown e Gilligan, *Meeting at the Crossroads*; Pipher, *Reviving Ophelia*. Veja também: Simmons, *Odd Girls Out*; Simmons, *The Curse of the Good Girl*; Orenstein, *Schoolgirls*.
21. A probabilidade de os garotos relatarem que se sentiram bem consigo mesmos depois do sexo oral era duas vezes maior que a das meninas, enquanto elas tinham três vezes mais chances de dizer que se sentiram usadas. Brady e Halpern-Felsher, "Adolescents' Reported Consequences of Having Oral Sex Versus Vaginal Sex". O estudo observou em particular as consequências do sexo oral entre alunos do nono e do décimo anos.
22. Cornell and Halpern-Felsher, "Adolescent Health Brief".
23. Iniciar a prática da felação antes que seus pares, no entanto, foi associado a baixa autoestima nas meninas. Fava e Bay-Cheng, "Young Women's Adolescent

Experiences of Oral Sex". Embora elas digam que o sexo oral é uma estratégia para obter popularidade, garotas do nono e do décimo anos tinham apenas metade da chance dos meninos de sentir que a estratégia deu certo. Brady e Halpern-Felsher, "Adolescents' Reported Consequences of Having Oral Sex Versus Vaginal Sex"; Cornell e Halpern-Felsher, "Adolescent Health Brief".

24. Em uma pesquisa nacional com adolescentes, uma em cada três garotas relatou que faz sexo oral especialmente para evitar a relação sexual. Hoff, Green e Davis, "National Survey of Adolescents and Young Adults".
25. Burns, Futch e Tolman, "'It's Like Doing Homework'".
26. Em sua pesquisa com universitários, Laura A. Backstrom e suas colegas descobriram, de modo semelhante, que a cunilíngua era entendida como parte de um relacionamento, mas não de uma ficada. As mulheres que queriam sexo oral em uma ficada tinham que ser assertivas para recebê-lo, enquanto as que não queriam se mostravam aliviadas. Nos relacionamentos, as mulheres que não queriam sexo oral se sentiam desconfortáveis, enquanto ele era considerado uma fonte de prazer para as que gostavam da prática. Backstrom et al., "Women's Negotiation of Cunnilingus in College Hookups and Relationships".
27. Segundo a Pesquisa Nacional de Saúde e Comportamento Sexual (NSSHB), mais de três quartos dos meninos com idades entre catorze e dezessete anos nunca se masturbaram; menos de metade das meninas se masturbaram e cerca de um terço das garotas em qualquer faixa etária se masturbava regularmente, enquanto a porcentagem dos meninos aumenta consistentemente com o tempo. Forteberry et al., "Sexual Behaviors and Condom Use at Last Vaginal Intercourse"; Robbins et al., "Prevalence, Frequency, and Associations of Masturbation with Other Sexual Behaviors Among Adolescents Living in the United States of America"; Alan Mozes, "Study Tracks Masturbation Trends Among U.S. Teens", *U.S. News and World Report*, 1 ago 2011. Segundo Caron, *The Sex Lives of College Students*, 65% dos estudantes do sexo masculino se masturbam uma vez por semana, em comparação a 19% das estudantes do sexo feminino.
28. A maioria dos universitários que Backstrom et al. estudaram também viam a cunilíngua como algo íntimo e emocional, e muito mais desejável quando em um relacionamento. Backstrom et al., "Women's Negotiation of Cunnilingus in College Hookups and Relationships". Veja também Bay-Cheng, Robinson e Zucker, "Behavioral and Relational Contexts of Adolescent Desire, Wanting, and Pleasure".
29. Wayne Nutnot, "I'm a Feminist but I Don't Eat Pussy", Thought Catalog, 7 jun 2013.
30. Schick et al., "Genital Appearance Dissatisfaction".
31. Entrevista da autora, Debby Herbenick, Universidade de Indiana, 5 dez 2013; Schick et al., "Genital Appearance Dissatisfaction". Veja também Widerman, "Women's Body Image Self-Consciousness During Physical Intimacy with a Partner".
32. Schick et al., "Genital Appearance Dissatisfaction". Veja também Widerman, "Women's Body Image Self-Consciousness During Physical Intimacy with a Partner".

33. Bay-Cheng e Fava, "Young Women's Experiences and Perceptions of Cunnilingus During Adolescence".
34. Armstrong, England e Fogarty, "Accounting for Women's Orgasm and Sexual Enjoyment in College Hookups and Relationships".
35. Sociedade Americana de Cirurgia Plástica Estética, "Labiaplasty and Buttock Augmentation Show Marked Increase in Popularity", comunicado oficial, 5 fev 2014; Sociedade Americana de Cirurgia Plástica Estética, "Rising Demand for Female Cosmetic Genital Surgery Begets New Beautification Techniques", comunicado oficial, 15 abr 2013.
36. Alanna Nuñez, "Would You Get Labiaplasty to Look Like Barbie?", *Shape*, 24 mai 2013. Veja também Mireya Navarro, "The Most Private of Makeovers", *New York Times*, 28 nov 2004.
37. Herbenick et al., "Sexual Behavior in the United States". A Pesquisa Nacional de Saúde e Comportamento Sexual é o maior levantamento já conduzido sobre práticas sexuais de homens e mulheres com idades entre catorze e 94 anos.
38. Ibid.
39. Ibid. Veja também: Susan Donaldson James, "Study Reports Anal Sex on Rise Among Teens", abc.com, 10 dez 2008.
40. Bahar Gholipour, "Teen Anal Sex Study: 6 Unexpected Findings", livescience.com, 13 ago 2014.
41. Laumann et al., *Sex in America*.
42. Doze por cento das mulheres jovens disseram que toleram atividade sexual indesejada, ante 3% dos homens jovens. Kaestle, "Sexual Insistence and Disliked Sexual Activities in Young Adulthood".
43. McClelland, "Intimate Justice", entrevista da autora, Sara McClelland, 27 jan 2014.
44. McClelland, "Intimate Justice"; McClelland, "What Do You Mean When You Say That You Are Sexually Satisfied?"; McClelland, "Who Is the 'Self' in Self-Reports of Sexual Satisfaction?".
45. Em encontros sexuais entre duas mulheres, as duas parceiras têm orgasmo em 83% das vezes. Entrevista da autora, Lisa Wade, 19 mar 2014. Veja também Douglass e Douglass, *Are We Having Fun Yet?*, e Thompson, *Going All the Way*.

3. Como uma virgem, seja lá o que for isso (p.80-104)

1. Em 2012, a cineasta Lina Esco lançou um movimento chamado "Free the Nipple" [Liberte o mamilo], com o objetivo de dar um fim ao padrão duplo que sexualiza a parte superior do corpo das mulheres, mas não a dos homens. Em agosto de 2015, manifestantes protestaram em sessenta cidades ao redor do mundo, fazendo topless em público no "Go Topless Day", pela igualdade de gênero. *Free the Nipple*, dir. Lina Esco, Nova York, IFC Films; Kristie McCrum, "Go Topless Day Protesters

Take Over New York and 60 Other Cities for 'Free the Nipple' Campaign'", *Mirror*, 24 ago 2015.

2. Sessenta e quatro por cento dos alunos do 12º ano tiveram relação sexual ao menos uma vez. Kann et al., "Youth Risk Behavior Surveillance – United States, 2013".
3. Setenta por cento das garotas com experiência sexual relatam que sua primeira relação foi com um parceiro fixo; 16% disseram que foi com alguém que elas tinham acabado de conhecer ou com um amigo. Martinez, Copen e Abma, "Teenagers in the United States: Sexual Activity, Contraceptive Use, and Childbearing, 2006-2010 National Survey of Family Growth".
4. Leigh e Morrison, "Alcohol Consumption and Sexual Risk-Taking in Adolescents".
5. Martino et al., "It's Better on TV"; Carpenter, *Virginity Lost*. Embora a pesquisa não responda a questão "Esperavam *o quê*?", Martino e seus colegas escreveram que "jovens que dizem que queriam ter esperado mais tempo para fazer sexo pela primeira vez aparentemente se arrependeram da decisão de transar, seja porque se sentiram despreparadas para a experiência, porque queriam tê-la compartilhado com outra pessoa ou estar em outro momento da relação, porque o sexo em si foi insatisfatório ou porque descobriram que as consequências não foram as esperadas ou desejadas".
6. Valenti, *The Purity Myth*.
7. Jayson, "More College 'Hookups' but More Virgins, Too".
8. Carpenter, *Virginity Lost*.
9. Ibid.
10. Essa pode ser a razão pela qual a pesquisadora Sharon Thompson concluiu que jovens mulheres que reconhecem e tomam decisões baseadas em seu próprio desejo têm mais chances de sentirem prazer ao perder a virgindade que aquelas que o ignoram ou negam. Thompson, *Going All the Way*.
11. Bearman e Brückner, "Promising the Future".
12. Rector et al., *Sexually Active Teenagers Are More Likely to Be Depressed and to Attempt Suicide*.
13. Dunn et al., "Association Between Sexual Behaviors, Bullying Victimization, and Suicidal Ideation in a National Sample of High School Students".
14. Regnerus, *Forbidden Fruit*. Regnerus descobriu que apenas metade dos adolescentes sexualmente ativos que relatam a busca de orientação em Deus ou nas Escrituras para tomar uma decisão difícil diz que usa proteção toda vez que tem uma relação sexual. Entre jovens sexualmente ativos que dizem que procuram os pais ou outro adulto de confiança para obter conselhos, 69% usam. As conclusões de Regnerus foram extraídas do Estudo Longitudinal Nacional de Saúde na Adolescência (doravante chamada de Saúde Adô) assim como de uma pesquisa nacional que ele e seus colegas conduziram com cerca de 3,4 mil adolescentes com idades entre treze e dezessete anos.
15. Bearman e Brückner, "Promising the Future". Dados de Bearman e Brückner foram extraídos da Saúde Adô.

16. Bearman e Brückner, "After the Promise".
17. Rosenbaum, "Patient Teenagers?".
18. Ibid.
19. Molly McElroy, "Virginity Pledges for Men Can Lead to Sexual Confusion – Even After the Wedding Day", *UW Today*, 16 ago 2014.
20. Samantha Pugsley, "It Happened to Me: I Waited Until My Wedding Night to Lose My Virginity and I Wish I Hadn't", *XOJane*, 1 ago 2014. Veja também Jessica Ciencin Henriquez, "My Virginity Mistake: I Took an Abstinence Pledge Hoping It Would Ensure a Strong Marriage. Instead, It Led to a Quick Divorce", *Salon*, 5 mai 2013.
21. Darrel Ray e Amanda Brown, *Sex and Secularism*, Bonner Springs, IPC Press, 2011.
22. Os relacionamentos no meio da adolescência foram relacionados ao comprometimento positivo e saudável em relações futuras, mas às vezes eles também podem ser sintoma de uma patologia. Como muitos desses temas, isso depende do contexto e do casal. Simpson, Collins e Salvatore, "The Impact of Early Interpersonal Experience on Adult Romantic Relationship Functioning".
23. Departamento do Censo dos Estados Unidos, "Divorce Rates Highest in the South, Lowest in the Northeast, Census Bureau Reports", coletiva de imprensa, Washington (D.C.), Departamento do Censo dos Estados Unidos, 25 ago 2011. Veja também Vincent Trivett e Vivian Giang, "The Highest and Lowest Divorce Rates in America", *Business Insider*, 23 jul 2011.
24. Jennifer Glass, "Red States, Blue States, and Divorce: Understanding the Impact of Conservative Protestantism on Regional Variation in Divorce Rates", comunicado oficial, 16 jan 2014. Conselho de Famílias Americanas Contemporâneas.
25. Segundo uma pesquisa conjunta com leitores conduzida pelas revistas *O Magazine* e *Seventeen* que envolveu mil garotas com idades entre quinze e 22 anos e mil mães de meninas dessas idades, 22% das mães acreditavam que as filhas se sentiam desconfortáveis de conversar com elas sobre sexo, enquanto 61% das meninas disseram que se sentiam de fato desconfortáveis. A porcentagem de meninas que fizeram sexo oral (30%) era o dobro do que as mães sabiam ou suspeitavam. Quarenta e seis por cento das meninas que tiveram relações sexuais não contaram às suas mães. Entre as garotas que fizeram aborto, muitas também não contaram às mães. Liz Brody, "The *O/Seventeen* Sex Survey: Mothers and Daughters Talk About Sex", *O Magazine*, mai 2009. Uma pesquisa de 2012 sobre planejamento familiar revelou que, enquanto cerca de metade dos pais disse que se sentia confortável em falar de sexo com os filhos adolescentes, apenas 19% dos adolescentes disseram que se sentiam confortáveis em tocar no assunto com os pais; e que, enquanto, 42% dos pais disseram que conversavam "repetidas vezes" com os filhos sobre sexo, apenas 27% dos adolescentes concordaram. Trinta e quatro por cento disseram que os pais haviam conversado com eles uma ou nenhuma vez. Os pais que participaram da pesquisa acreditavam que davam aos filhos uma orientação elaborada; os jovens estavam ouvindo apenas diretrizes simples, como "não". Planejamento Familiar, "Parents and Teens Talk About Sexuality: A National Poll", *Let's Talk*, out 2012.

Veja também Planejamento Familiar, "New Poll: Parents Are Talking with Their Kids About Sex but Often Not Tackling Harder Issues", plannedparenthood.org, 3 out 2011.

26.Valenti, *The Purity Myth.*

4. Ficadas e saídas (p.105-40)

1. Armstrong, Hamilton e England, "Is Hooking Up Bad for Young Women?".
2. Wade e Heldman, "Hooking Up and Opting Out".
3. Armstrong, Hamilton e England, "Is Hooking Up Bad for Young Women?".
4. Ibid. Mulheres afro-americanas e homens asiáticos foram historicamente mais marginalizados no mercado do sexo. Estudantes gays também ficam menos, talvez porque, em muitos *campi*, eles estão em pequeno número e as preocupações com a segurança continuam grandes. Veja Garcia et al., "Sexual Hook-Up Culture". Segundo a socióloga Lisa Wade, estudantes negros são mais preocupados quanto a parecerem "respeitáveis" e a evitar estereótipos de "Mandingo" ou "Jezebel".* A cultura do ficar também gira em torno das festas das fraternidades, e as fraternidades negras não costumam ter suas próprias casas. Estudantes pobres e da classe trabalhadora, muitas vezes os primeiros na família a frequentar uma faculdade, também evitam o cenário de festas/ficadas. Lisa Wade, "The Hookups Elites", *Slate DoubleX*, 19 jul 2013.
5. Armstrong, Hamilton e England, "Is Hooking Up Bad for Young Women?".
6. Alissa Skelton, "Study: Students Not 'Hooking Up' As Much As You Might Think", *USA Today*, 5 out 2011; Erin Brodwin, "Students Today 'Hook Up' No More Than Their Parents Did in College", *Scientific American*, 16 ago 2013.
7. Dino Grandoni, "92% of Top Ten Billboard Songs Are About Sex", The Wire, News from *The Atlantic*, 30 set 2011.
8. "Not My Job: Mindy Kaling Gets Quizzed on Do-It-Yourself Projects", *Wait, Wait... Don't Tell Me!*, Rádio Pública Nacional, 20 jun 2015.
9. Debby Herbenick, pesquisa não publicada, fev 2014.
10. Armstrong, England e Fogarty, "Accounting for Women's Orgasm and Sexual Enjoyment in College Hookups and Relationships".
11. Ibid.
12. Ibid.
13. Garcia et al., "Sexual Hook-Up Culture". Um estudo de 2010 com 832 universitários revelou que apenas 26% das mulheres e 50% dos homens relataram sentimentos positivos depois de ficar com alguém. Outros estudos revelaram que cerca de três

* Termo usado na época da escravidão, Mandingo faz referência ao suposto "lado animal" do homem negro, bem-dotado e incansável. Alusão à personagem bíblica, Jezebel é usado para mulheres supostamente insaciáveis e amorais. (N.T.)

quartos dos estudantes se arrependeram de ao menos um episódio sexual. Owen et al., "'Hooking up' Among College Students".

14. Armstrong, Hamilton e England, "Is Hooking Up Bad for Young Women?"; Hamilton e Armstrong, "Gendered Sexuality in Young Adulthood".
15. O término de um relacionamento é um dos acontecimentos mais traumáticos e perturbadores relatados pelos adolescentes, e vêm aumentando os indícios de que se trata de um dos principais motivos para o suicídio de jovens. Joyner e Udry, "You Don't Bring Me Anything but Down"; Monroe et al., "Life Events and Depression in Adolescence".
16. Segundo o Centro de Controle de Doenças, mais de uma em cada sete alunas do ensino médio foi abusada fisicamente por um parceiro romântico em 2013, e uma em cada sete foi estuprada. Latinas e brancas foram mais vítimas de abuso em encontros que meninas negras. Kann et al., "Youth Risk Behavior Surveillance – United States, 2013".
17. Exner-Cortens, Eckenrode e Rothman, "Longitudinal Associations Between Teen Dating Violence Victimization and Adverse Health Outcomes".
18. Recentemente, houve alguns esforços para mudar isso como uma estratégia para a redução das agressões sexuais. Amanda Hess, "Sorority Girls Fight for Their Right to Party", *Slate XXFactor*, 20 jan 2015.
19. Entrevista da autora com Lisa Wade, 9 jun 2015.
20. A redução nas taxas de *binge drinking* foram protagonizadas pelos homens universitários, não pelas mulheres. Centro Nacional para a Prevenção de Doenças Crônicas e Promoção da Saúde, "Binge-Drinking: A Serious, Unrecognized Problem Among Women and Girls". Veja também Rachel Pomerance Berl, "Making Sense of the Stats on Binge Drinking", *U.S. News and World Report*, 17 jan 2013.
21. Centro Nacional para a Prevenção de Doenças Crônicas e Promoção da Saúde, "Binge-Drinking: A Serious, Unrecognized Problem Among Women and Girls". Veja também Berl, "Making Sense of the Stats on Binge Drinking".
22. "College Drinking", *Planilha de dados*. Kelly-Weeder, "Binge Drinking and Disordered Eating in College Students"; Dave Moore e Bill Manville, "Drunkorexia: Disordered Eating Goes Hand-in-Glass with Drinking Binges", *New York Daily News*, 1 fev 2013; Ashley Jennings, "Drunkorexia: Alcohol Mixes with Eating Disorders", ABC News, 21 out 2010.
23. Em um estudo com homens e mulheres que tiveram um encontro sexual sem compromisso que incluiu penetração, 71% estavam embriagados na hora. Fisher et al., "Feelings of Regret Following Uncommitted Sexual Encounters in Canadian University Students".
24. Caitlan Flanagan, "The Dark Power of Fraternities", *Atlantic*, mar 2014.
25. Caron, *The Sex Lives of College Students*.
26. Centros de Controle de Doenças, "Caffeine and Alcohol", *Planilha de dados*; Linda Carroll, "Mixing Energy Drinks and Alcohol Can 'Prime' You for a Binge", today.com, *News* (blog), 17 jul 2014; Allison Aubrey, "Caffeine and Alcohol Just Make a Wide-Awake Drunk", *Shots: Health News from NPR* (blog), 11 fev 2013.

27. Armstrong, Hamilton e Sweeney, "Sexual Assault on Campus".
28. Ibid.
29. Trinta e dois por cento das vítimas com a mesma idade que *não* estavam na faculdade relataram as agressões que sofreram. Laura Sullivan, "Study: Just 20 Percent of Female Campus Sexual Assault Victims Go to Police", *The Two Way*, Rádio Pública Nacional, 11 dez 2014.
30. Oswalt, Cameron e Koob, "Sexual Regret in College Students".

5. Fora: online e NVR (p.141-64)

1. Para saber mais sobre *fan fiction*, veja Alexandra Alter, "The Weird World of Fan Fiction", *Wall Street Journal*, 14 jun 2012; e Jarrah Hodge, "Fanfiction and Feminism". Para uma discussão fascinante de por que tantas histórias de homossexualidade são protagonizadas por homens, incluindo as escritas por lésbicas, veja Melissa Pittman, "The Joy of Slash: Why Do Women Want it?", *The High Hat*, primavera de 2005. Na primavera de 2014, autoridades chinesas prenderam vinte autores pelo crime de escrever ficção homossexual masculina – a maioria era mulher e estava na casa dos vinte anos. Ala Romano, "Chinese Authorities Are Arresting Writers of Slash Fanfiction", *Daily Dot*, 18 abr 2014.
2. É impossível saber quem publica as fotos no Reddit, porque os usuários são anônimos. Ben Branstetter, "Why Reddit Had to Compromise on Revenge Porn", *Daily Dot*, 27 fev 2015.
3. "Meninas" incluem tanto garotas LGB cisgênero, para as quais a identidade de gênero está de acordo com o sexo biológico, e homens trans. O mesmo vale para "meninos". Veja GLSEN, *Out Online*.
4. Adolescentes LGBTQ têm uma chance cinco vezes maior de buscar informações sobre sexualidade e atração sexual que seus pares não LGBTQ. Também é substancialmente mais provável que eles tenham um amigo próximo online. Ibid.
5. Ibid. Segundo um relatório de 2012 da Campanha pelos Direitos Humanos, *Growing Up LGBT in America*, 73% dos adolescentes gays são "mais honestos" sobre si mesmos online que no mundo real, em oposição a 43% dos adolescentes que se identificam como heterossexuais – embora também isso pareça preocupante.
6. "Age of 'Coming Out' Is Now Dramatically Younger: Gay, Lesbian and Bisexual Teens Find Wider Family Support, Says Researcher", *Science News*, 11 out 2011.
7. Caron, *The Sex Lives of College Students*. Segundo os Centros de Controle de Doenças, 12% das mulheres com idades entre 25 e 44 anos já tiveram uma relação sexual com pessoas do mesmo sexo na vida, ante 6% dos homens. Chandra et al., "Sexual Behavior, Sexual Attraction, and Sexual Identity in the United States".
8. Campanha pelos Direitos Humanos, *Growing Up LGBT in America*.
9. Zack Ford, "Family Acceptance Is the Biggest Factor for Positive LGBT Youth Outcomes, Study Finds", thinkprogress.org, 24 jun 2015; Ryan, "Generating a Revolution in Prevention, Wellness, and Care for LGBT Children and Youth".

10. Gary J. Gates, "How Many People Are Lesbian, Gay, Bisexual, and Transgender?", abr 2011, Instituto Williams de Leis e Políticas Públicas para Orientação Sexual, Faculdade de Direito da UCLA, Los Angeles.
11. Gates, "How Many People Are Lesbian, Gay, Bisexual, and Transgender?". Veja também Gary J. Gates e Frank Newport, "Special Report: 3,4% of U.S. Adults Identify as LGBT", pesquisa, gallup.com, 8 out 2012. A maior taxa de todas as faixas etárias é verificada entre os dezoito e 29 anos, em que 4,6% dos homens e 8,3% das mulheres se identificam como LGBT. O público americano, quando questionado, acreditava que 23% dos adultos eram gays: Frank Newport, "American Greatly Overestimate Percent Gay, Lesbian in U.S.", pesquisa, gallup.com, 21 mai 2015.
12. Há controvérsias sobre se indivíduos "de gênero não binário" são transgêneros ou vice-versa. Gates, "How Many People Are Lesbian, Gay, Bisexual, and Transgender?".
13. Desde então, eles romperam e cada um deles planeja publicar um *memoir*. Janine Radford Rubenstein, "Arin Andrews and Katie Hill, Transgender Former Couple, to Release Memoirs", *People*, 11 mar 2014.
14. Para uma lista de pronomes de gênero neutro e seus significados, veja "The Need for a Gender Neutral Pronoun", *Gender Neutral Pronoun Blog*, 24 jan 2010. Veja também Margot Adler, "Young People Push Back Against Gender Categories".
15. Solomon P. Banda e Nicholas Riccardi, "Coy Mathis Case: Colorado Civil Rights Division Rules in Favor of Transgender 6-Year-Old in Bathroom Dispute", Associated Press, 24 jun 2013; Sabrina Rubin Erdely, "About a Girl: Coy Mathis' Fight to Change Gender", *Rolling Stone*, 28 out 2013.

6. Linhas indefinidas: cena dois (p.165-200)

1. Para um relato impressionante do estupro em Glen Ridge e seu impacto, veja Lefkowitz, *Our Guys*.
2. Nicholas Godden, "'Mike Tyson Rape Case Was Inevitable, I'm Surprised More Girls Didn't Make Claims Against Him'", *Mail Online*, 9 fev 2015.
3. Kamenetz, "The History of Campus Sexual Assault".
4. *The Date Rape Backlash Media and the Denial of Rape*, prod. Jhally.
5. Zoe Heller, "Shooting from the Hip", *Independent*, 17 jan 1993.
6. Hoff Sommers, *Who Stole Feminism*.
7. Raphael, *Rape Is Rape*.
8. Havia um total de mais de 5,7 milhões de universitárias nas instituições com graduação de quatro anos e mais de 3,8 milhões nas que oferecem cursos de dois anos. Departamento do Censo dos Estados Unidos, *School Enrollment in the United States 2013*, Washington (D.C.), Departamento do Censo dos Estados Unidos, 24 set 2014.
9. Cantor et al., *Report on the AAU Campus Climate Survey on Sexual Assault and Sexual Misconduct*.

10. Ford e England, "What Percent of College Women Are Sexually Assaulted in College?". Uma terceira pesquisa, divulgada em 2015 pela Educadores Unidos, que oferece seguro de responsabilidade a universidades, revelou que 30% dos estupros relatados nas 104 escolas que integram sua carteira de clientes entre 2011 e 2013 foram cometidos através do uso de força ou da ameaça de força e 33% ocorreram quando a vítima estava incapacitada de se defender. Em outros 13% dos casos, o agressor não empregou força, mas continuou a ter contato sexual com a vítima mesmo após ela hesitar ou recusar verbalmente. Dezoito por cento dos casos foram rotulados de "consentimento fracassado": o agressor não usou força, ameaça de força nem coerção, mas "ignorou ou interpretou mal os sinais ou o consentimento inferido a partir do silêncio ou da falta de resistência". Os 7% dos estupros restantes envolveram o uso de droga para deixar a vítima inconsciente. Noventa e nove por cento dos agressores eram homens. Claire Gordon, "Study: College Athletes Are More Likely to Gang Rape", *Al Jazeera America*, 26 fev 2015.
11. Outro estudo de 2015, com 483 estudantes que frequentavam uma universidade particular não identificada no interior de Nova York, revelou que 18,6% das mulheres do primeiro ano foram vítimas de estupro ou de tentativa de estupro. Carey et al., "Incapacitated and Forcible Rape of College Women".
12. Kristen Lombardi, "Campus Sexual Assault Statistics Don't Add Up", Centro de Integridade Pública, dez 2009. Entre 2009 e 2014, mais de 40% das universidades em uma amostragem nacional não conduziram uma única investigação sobre agressão. Senado dos Estados Unidos, Subcomitê de Controle Financeiro e de Contratos do Senado dos Estados Unidos, *Sexual Violence on Campus*.
13. Michael Dorf, "'Yes Means Yes' and Preponderance of the Evidence", *Dorf on Law* (blog), 29 out 2014.
14. Edwin Rios, "The Feds Are Investigating 106 Colleges for Mishandling Sexual Assault. Is Yours One of Them?", *Mother Jones*, 8 abr 2015.
15. "New Education Department Data Shows Increase in Title IX Sexual Violence Complaints on College Campuses", comunicado oficial, 5 mai 2015. Gabinete de Barbara Boxer, senadora dos Estados Unidos, Califórnia.
16. Yung, "Concealing Campus Sexual Assault".
17. Diferentemente de outras pesquisas, essa se limitou à definição legal de estupro. Ela não incluiu carícias nem beijos forçados. Carey et al., "Incapacitated and Forcible Rape of Women". O Departamento de Justiça dos Estados Unidos revelou que praticamente uma em cada cinco garotas com idades entre catorze e dezessete anos foram vítimas de tentativas de agressão ou de estupro consumado. Finkelhor, Turner e Ormrod, "Children's Exposure to Violence".
18. Jason Riley e Andrew Wolfson, "Louisville Boys Sexually Assaulted Savannah Dietrich 'Cause We Thought It Would Be Funny'", *Courier Journal*, 30 ago 2012.
19. Krebs, Lindquist e Warner, *The Campus Sexual Assault (CSA) Study Final Report*.
20. Emily Yoffe, "College Women: Stop Getting Drunk", *Slate DoubleX*, 15 out 2013.
21. Centros de Controle de Doenças, "Binge Drinking: A Serious Under-Recognized Problem Among Women and Girls".

22. Gordon, "Study: College Athletes Are More Likely to Gang Rape"; Abbey, "Alcohol's Role in Sexual Violence Perpetration"; Davis, "The Influence of Alcohol Expectancies and Intoxication on Men's Aggressive Unprotected Sexual Intentions"; Foubert, Newberry e Tatum, "Behavior Differences Seven Months Later"; Carr e VanDeusen, "Risk Factors for Male Sexual Aggression on College Campuses"; Abbey et al., "The Relationship Between the Quantity of Alcohol Consumed and Severity of Sexual Assaults Committed by College Men"; Norris et al., "Alcohol's Direct and Indirect Effects on Men's Self-Reported Sexual Aggression Likelihood"; Abbey et al., "Alcohol and Sexual Assault"; Norris et al., "Alcohol and Hypermasculinity as Determinants of Men's Empathic Responses to Violent Pornography".
23. Abbey, "Alcohol's Role in Sexual Violence Perpetration"; Davis, "The Influence of Alcohol Expectancies and Intoxication on Men's Aggressive Unprotected Sexual Intentions"; Abbey et al., "Alcohol and Sexual Assault".
24. Abbey, "Alcohol's Role in Sexual Violence Perpetration"; Orchowski et al., "Bystander Intervention Among College Men".
25. Nicole Kosanake e Jeffrey Foote, "Binge Thinking: How to Stop College Kids from Majoring in Intoxication", *Observer*, 21 jan 2015.
26. Dan Noyes, "Binge Drinking at UC Berkeley Strains EMS System", *Eyewitness News*, ABC, 7 nov 2013; Emilie Raguso, "Student Drinking at Cal Taxes Berkeley Paramedics", berkeleyside.com, 12 nov 2013; Nico Correia, "UCPD Responds to 8 Cases of Alcohol-Related Illness Monday Morning", *Daily Californian*, 26 ago 2013. Em 2012, doze estudantes foram levados ao hospital durante as primeiras duas semanas de aula na Universidade da Califórnia em Berkeley; em 2011, houve onze incidentes apenas no mês de agosto. Em 2014, entretanto, o número de incidentes durante o primeiro fim de semana do ano letivo caiu pela metade. *Daily Californian*, "Drinking Is a Responsability", 26 ago 2014.
27. Mohler-Kuo et al., "Correlates of Rape While Intoxicated in a National Sample of College Women". Uma vez mais, não significa que o álcool seja causa de estupro, mas sim que os estupradores usam o álcool de diversas formas como incentivo a cometer o crime.
28. Noyes, "Binge Drinking at UC Berkeley Strains EMS System".
29. "Poll: One in 5 Women Say They Have Been Sexually Assaulted in College", *Washington Post*, 12 jun 2005.
30. André Rouillard, "The Girl Who Ratted", *Vanderbilt Hustler*, 16 abr 2014.
31. Raphael, *Rape Is Rape*.
32. Além do mais, as vítimas foram incitadas a fazer o teste do polígrafo, prática que foi abandonada desde então por influenciar de modo adverso sua disposição de se apresentar. Vítimas de estupro que foram instadas a fazer o teste acreditam que sua palavra está sendo posta em dúvida desde o início do processo. Kanin, "False Rape Allegations".
33. Raphael, *Rape Is Rape*; Lisak et al., "False Allegations of Sexual Assault: An Analysis of Ten Years of Reported Cases".

34. Sinozich e Langton, *Special Report: Rape and Sexual Assault Victimization Among College-Age Females, 1995-2013*; Tyler Kingkade, "Fewer Than One-Third of Campus Sexual Assault Cases Result in Expulsion", *Huffington Post*, 29 set 2014; Nick Anderson, "Colleges Often Reluctant to Expel for Sexual Violence", *Washington Post*, 15 dez 2014.
35. Emily Yoffe, "The College Rape Overcorrection", *Slate DoubleX*, 7 dez 2014.
36. Emily Yoffe, "How *The Hunting Ground* Blurs the Truth", *Slate DoubleX*, 27 fev 2015.
37. Veja Tolman, Davis e Bowman, "That's Just How It Is".
38. Senn et al., "Efficacy of a Sexual Assault Resistance Program for University Women". Isso é particularmente importante porque os estupradores miram as jovens calouras. O programa de resistência incluiu quatro aulas de três horas cada uma, nas quais as capacidades foram ensinadas e praticadas. O objetivo era que as jovens fossem capazes de avaliar o risco oferecido por conhecidos, superar barreiras emocionais para reconhecerem o perigo e acionar a autodefesa efetiva verbal e física.
39. Bidgood, "In Girl's Account, Rite at St. Paul's Boarding School Turned into Rape".
40. Edwards et al., "Denying Rape but Endorsing Forceful Intercourse".
41. Katha Pollitt, "Why Is 'Yes Means Yes' So Misunderstood?", *Nation*, 8 out 2014.
42. Laina Y. Bay-Cheng e Rebecca Eliseo-Arras, "The Making of Unwanted Sex: Gendered and Neoliberal Norms in College Women's Unwanted Sexual Experiences", *Journal of Sex Research* 45, n.4, 2008, p.386-97.
43. Para algumas universitárias, consentir com o sexo indesejado pode ser uma reação ao fato de elas terem recusado e depois sido coagidas por um parceiro no passado. Em um estudo com universitários, a probabilidade de uma mulher concordar com a relação sexual era sete vezes maior se seu parceiro tinha anteriormente a coagido ou agredido. Katz e Tirone, "Going Along with It".
44. Em 2015, a Educadores Unidos, que oferece seguro de responsabilidade a universidades, divulgou uma análise de 305 relatos de agressão sexual de 104 de suas clientes feitos entre 2011 e 2013. Embora 10% dos homens acusados de estupro fossem membros de fraternidades (um número proporcional à presença deles no campus), eles constituíam 24% dos agressores reincidentes; 15% dos acusados eram atletas, também proporcional a sua presença no campus, embora constituíssem 20% dos reincidentes. Os atletas também tinham probabilidade três vezes maior que os outros estudantes de se envolverem em ataques coletivos, cometendo 40% dos ataques com múltiplos agressores relatados nas instituições. Gordon, "Study: College Athletes Are More Likely to Gang Rape".

7. E se nós lhes contássemos a verdade? (p.201-30)

1. Abraham, "Teaching Good Sex".
2. Luker, *When Sex Goes to School*.

3. Schalet, *Not Under My Roof.* Até 1969, dois terços dos americanos pensavam que era errado ter relações sexuais antes do casamento. Lydia Saad, "Majority Considers Sex Before Marriage Morally Okay", Gallup News Service, 24 mai 2011.
4. No início dos anos 1970, a taxa de reprovação ao sexo pré-nupcial caiu para 47%. Em 1985, mais da metade dos americanos concordava que o sexo antes do casamento era "moralmente aceitável". Saad, "Majority Considers Sex Before Marriage Morally Okay". Em 2014, 66% dos americanos achavam que sexo entre um homem solteiro e uma mulher era "amplamente aceitável". Rebecca Riffkin, "New Record Highs in Moral Acceptability", pesquisa, gallup.com, mai 2014.
5. Moran, *Teaching Sex.*
6. Ibid.
7. Ibid.
8. Ibid.
9. Câmara dos Deputados dos Estados Unidos, *The Content of Federally Funded Abtinence-Only Education Programs.*
10. Nicole Cushman e Debra Hauser, "We've Been Here Before: Congress Quietly Increases Funding for Abstinence-Only Programs", *RH Reality Check*, 23 abr 2015.
11. Câmara dos Deputados dos Estados Unidos, *The Content of Federally Funded Abstinence-Only Education Programs*; Hauser, "Five Years of Abstinence-Only-Until-Marriage Education: Assessing the Impact", 2004, Defensores da Juventude, Washington (D.C.); Kirby, "Sex and HIV Programs"; Trenholm et al., "Impacts of Four Title V, Section 510 Abstinence Education Programs".
12. Kohler, Manhart e Lafferty, "Abstinence-Only and Comprehensive Sex Education and the Initiation of Sexual Activity and Teen Pregnancy".
13. Amanda Peterson Beadle, "Teen Pregnancies Highest in States with Abstinence-Only Policies", ThinkProgress, 10 abr 2012; Rebecca Wind, "Sex Education Linked to Delay in First Sex", Media Center, Guttmacher Institute, 8 mar 2012; Defensores da Juventude, "Comprehensive Sex Education"; e "What Research Says About Comprehensive Sex Education".
14. O fluxo de financiamento facultativo inclui 100 milhões de dólares para a Iniciativa de Prevenção à Gravidez na Adolescência (TPPI) do presidente, que está sob a jurisdição do Escritório de Saúde na Adolescência, e 75 milhões para o Programa de Educação de Responsabilidade Pessoal (PREP), que era parte do Ato de Cuidados Acessíveis. Veja "A Brief History of Federal Funding for Sex Education and Related Programs".
15. "Senate Passes Compromise Bill Increasing Federal Funding for Abstinence-Only Sex Education", *Feminist Majority Foundation: Feminist Newswire* (blog), 17 abr 2015.
16. Para informações sobre os requisitos individuais por estado de 2015, veja Instituto Guttmacher, "Sex and HIV Education".
17. Bob Egeiko, "Abstinence-Only Curriculum Not Sex Education, Judge Rules", *San Francisco Chronicle*, 14 mai 2015. Um estudo de 2011 conduzido pela Universidade da Califórnia em São Francisco revelou uma observância irregular das leis estaduais

da Califórnia sobre educação sexual. Em uma amostra de distritos escolares da Califórnia, mais de 40% falharam em ensinar sobre camisinhas e outros métodos contraceptivos no ensino fundamental intermediário; e, no ensino médio, 16% dos estudantes aprenderam que a camisinha é ineficaz. Além disso, 70% dos distritos falharam no cumprimento de provisões da lei que requerem material sobre orientação sexual apropriado para cada idade. Sarah Combellick e Claire Brindis, *Uneven Progress: Sex Education in California Public Schools*, nov 2011, São Francisco, Centro Bixby para a Saúde Reprodutiva Global da Universidade da Califórnia em São Francisco.

18. Alice Dreger, "I Sat In on My Son's Sex-Ed Class, and I Was Shocked by What I Heard", *The Stranger*, 15 abr 2015; Sarah Kaplan, "What Happened When a Medical Professor Live-Tweeted Her Son's Sex-Ed Class on Abstinence", *Washington Post*, 17 abr 2015.
19. Brugman, Caron e Rademakers, "Emerging Adolescent Sexuality".
20. Ibid.
21. Schalet, *Not Under My Roof*. Veja também Saad, "Majority Considers Sex Before Marriage Morally Okay". O Gallup não mensurou as atitudes dos americanos em relação ao sexo na adolescência em particular até 2013, quando descobriu que as crenças variavam significativamente de acordo com a idade. Apenas 22% dos adultos com mais de 55 anos acreditavam que o sexo entre adolescentes era "moralmente aceitável", ante 30% dos adultos de 35 a 54 anos e 48% dos jovens de dezoito a 34 anos. Joy Wilke e Lydia Saad, "Older Americans' Moral Attitudes Changing", pesquisa, gallup.com, mai 2013.
22. Schalet, *Not Under My Roof*.
23. Martino et al., "It's Better on TV".
24. Schalet, *Not Under My Roof*.
25. Vanwesenbeeck, "Sexual Health Behavior Among Young People in the Netherlands".
26. Schalet, *Not Under My Roof*.
27. Schalet, "The New ABCD's of Talking About Sex with Teenagers".
28. Alexandra Ossola, "Kids Really Do Want to Have 'The Talk' with Parents", *Popular Science*, 5 mar 2015.
29. Schear, *Factors That Contribute to, and Constrain, Conversations Between Adolescent Females and Their Mothers About Sexual Matters*. William Fisher, professor de psicologia, obstetra e ginecologista, concluiu que adolescentes que se sentem bem com o sexo têm mais chance de usar contraceptivos e de se proteger contra doenças. Elas também têm maior probabilidade de se comunicar com o parceiro. Fisher, "All Together Now".

Bibliografia selecionada

Abbey, Antonia. "Alcohol's Role in Sexual Violence Perpetration: Theoretical Explanations, Existing Evidence, and Future Directions". *Drug and Alcohol Review* 30, n.5, 2011, p.481-89.

_____ et al. "The Relationship Between the Quantity of Alcohol Consumed and Severity of Sexual Assaults Committed by College Men". *Journal of Interpersonal Violence* 18, n.7, 2003, p.813-33.

_____, Tina Zawacki, Philip O. Buck e A. Monique Clinton. "Alcohol and Sexual Assault". *Alcohol Resarch and Health* 25, n.1, 2002, p.43-51.

Abraham, Laurie. "Teaching Good Sex". *New York Times Magazine*, 16 nov 2011.

Aligo, Scott. "Media Coverage of Female Athletes and Its Effect on the Self-Esteem of Young Women". *Research Brief: Youth Development Initiative* 29, 15 set 2014, Universidade Texas A&M, College Station, TX.

Allison, Rachel e Barbara J. Risman. "A Double Standard for 'Hooking Up': How Far Have We Come Toward Gender Equality?". *Social Science Research* 42, n.5, 2013, p.1191-206.

_____. "'It Goes Hand in Hand with the Parties': Race, Class, and Residence in College Student Negotiations of Hooking Up". *Sociological Perspectives* 57, n.1, 2014, p.102-23.

Associação Americana de Psicologia. *Report of the APA Task Force on the Sexualization of Girls*. Washington (D.C.): Associação Americana de Psicologia, 2007.

Associação Americana de Sociologia. "Virginity Pledges for Men Can Lead to Sexual Confusion – Even After the Wedding Day". *Science Daily*, 17 ago 2014.

Anônimo. "The Pretty Game: Objectification, Humiliation and the Liberal Arts". *Bowdoin Orient*, 13 fev 2014.

Armstrong, Elisabeth A., Paula England e Alison C.K. Fogarty. "Accounting for Women's Orgasm and Sexual Enjoyment in College Hookups and Relationships". *American Sociological Review* 77, 2012, p.435-62.

_____, Laura Hamilton e Paula England. "Is Hooking Up Bad for Young Women?". *Contexts* 9, n.3, 2010, p.22-7.

_____ e Brian Sweeney. "Sexual Assault on Campus: A Multilevel, Integrative Approach to Party Rape". *Social Problems* 53, n.4, 2006, p.488-99.

Backstrom, Laura et al. "Women's Negotiation of Cunnilingus in College Hookups and Relationships". *Journal of Sex Research* 49, n.1, 2012, p.1-12.

Bailey, Jane et al. "Negotiating with Gender Stereotypes on Social Networking Sites: From 'Bicycle Face' to Facebook". *Journal of Communication Inquiry* 37, n.2, 2013, p.91-112.

Barron, Martin e Michael Kimmel. "Sexual Violence in Three Pornographic Media: Toward a Sociological Explanation". *Journal of Sex Research* 37, n.2, 2000, p.161-68.

Bay-Cheng, Laina Y. e Nicole M. Fava. "Young Women's Experiences and Perceptions of Cunnilingus During Adolescence". *Journal of Sex Research* 48, n.6, 2010, p.532-42.

_____, Layna Y., Adjoa D. Robinson e Alyssa N. Zucker. "Behavioral and Relational Contexts of Adolescent Desire, Wanting, and Pleasure: Undergraduate Women's Retrospective Accounts". *Journal of Sex Research* 46, 2009, p.511-24.

Bearman, Peter S. e Hanna Brückner. "Promising the Future: Virginity Pledges and First Intercourse". *American Journal of Sociology* 106, n.4, 2001, p.859-912.

Bersamin, Melina et al. "Defining Virginity and Abstinence: Adolescents' Interpretations of Sexual Behaviors". *Journal of Adolescent Health* 41, n.2, 2007, p.182-88.

_____. "Promising to Wait: Virginity Pledges and Adolescent Sexual Behavior". *Journal of Adolescent Health* 36, n.5, 2005, p.428-36.

Bisson, Melissa A. e Timothy R. Levine. "Negotiating a Friends with Benefits Relationship". *Archives of Sexual Behavior* 38, 2009, p.66-73.

Black, M.C. et al. *The National Intimate Partner and Sexual Violence Survey (NISVS): 2010 Summary Report*. Atlanta, Centro Nacional de Prevenção e Controle de Danos, Centros de Controle e Prevenção de Doenças, 2011.

Bonino, S. et al. "Use of Pornography and Self-Reported Engagement in Sexual Violence Among Adolescents". *European Journal of Developmental Psychology* 3, 2006, p.265-88.

Brady, Sonya S. e Bonnie L. Halpern-Felscher. "Adolescents' Reported Consequences of Having Oral Sex Versus Vaginal Sex". *Pediatrics* 119, n.2, 2007, p.229-36.

Bridges, Ana J. et al. "Aggression and Sexual Behavior in Best-Selling Pornography Videos: A Content Analysis Update". *Violence Against Women* 16, n.10, 2010, p.1065-85

Brixton, James et al. *Sexually Transmitted Disease Surveillance, 2013*. Atlanta, Centros de Controle e Prevenção de Doenças, 2014.

Brosi, Matthew et al. "Effects of Women's Pornography Use on Bystander Intervention in a Sexual Assault Situation and Rape Myth Acceptance". *Oracle: The Research Journal of the Association of Fraternity/Sorority Advisors* 6, n.2, 2011, p.26-35.

Brown, Lyn Mikel e Carol Gilligan. *Meeting at the Crossroads: Women's Psychology and Girls' Development*. Nova York, Ballantine Books, 1993.

Brown, Jane D. "Mass Media Influences on Sexuality". *Journal of Sex Research* 39, n.1, 2002, p.42-5.

_____ e Kelly L. L'Engle. "X-Rated: Sexual Attitudes and Behaviors Associated with U.S. Early Adolescents' Exposure to Sexually Explicit Media". *Communication Research* 36, n.1, 2009, p.129-51.

Brückner, Hannah e Peter Bearman. "After the Promise: The STD Consequences of Adolescent Virginity Pledges". *Journal of Adolescent Health* 36, 2005, p.271-8.

Brugman, Margaret, Sandra L. Caron e Jany Rademakers. "Emerging Adolescent Sexuality: A Comparison of American and Dutch College Women's Experiences". *International Journal of Sexual Health* 22, n.1, 2010, p.32-46.

Brumberg, Joan Jacobs. *The Body Project: An Intimate History of American Girls*. Nova York, Random House, 1997.

Burns, April, Valerie A. Futch e Deborah L. Tolman. "It's Like Doing Homework". *Sexuality Research and Social Policy* 7, n.1, 2011.

Calogero, Rachel M. "Objects Don't Object: Evidence That Self-Objectification Disrupts Women's Social Activism". *Psychological Science* 24, n.3, 2013, p.312-18.

Câmara dos Deputados dos Estados Unidos, Comitê de Reforma do Governo, Divisão de Investigações Especiais. *The Content of Federally Funded Abstinence-Only Education Programs*. Preparado para o deputado Henry A. Waxman. Washington (D.C.), U.S. Government Printing Office, 2004.

Campanha pelos Direitos Humanos. *Growing Up LGBT in America*. Campanha pelos Direitos Humanos, Washington (D.C.), 2012.

Cantor, David et al. *Report on the AAU Campus Climate Survey on Sexual Assault and Sexual Misconduct*. Washington (D.C.), Associação de Universidades Americanas, 2015.

Carey, Kate et al. "Incapacitated and Forcible Rape of College Women: Prevalence Across the First Year". *Journal of Adolescent Health* 56, 2015, p.678-80.

Caron, Sandra L. *The Sex Lives of College Students: Two Decades of Attitudes and Behaviors*. Orono, Maine College Press, 2013.

Carpenter, Laura M. *Virginity Lost: An Intimate Portrait of First Sexual Experiences*. Nova York, New York University Press, 2005.

Carr, Joetta L. e Karen M. VanDeusen. "Risk Factors for Male Sexual Aggression on College Campuses". *Journal of Family Violence* 19, n.5, 2004, p.279-89.

Carroll, Jason S. et al. "Generation XXX: Pornography Acceptance and Use Among Emerging Adults". *Journal of Adolescent Research* 23, 2008, p.6-30.

Centro Nacional de Prevenção a Doenças Crônicas e Promoção à Saúde. "Binge-Drinking: A Serious, Unrecognized Problem Among Women and Girls". *CDC Vital Signs* (blog), 2013. Centro Nacional de Prevenção a Doenças Crônicas e Promoção à Saúde. Atlanta, Centros de Controle e Prevenção de Doenças, 2013.

Centros de Controle e Prevenção de Doenças. "Binge Drinking: A Serious, Under-Recognized Problem Among Women and Girls". *CDC Vital Signs* (blog), jan 2013. Atlanta, Centros de Controle e Prevenção de Doenças.

_____. "Caffeine and Alcohol". *Planilha de dados*, 19 nov 2014. Atlanta, Centros de Controle e Prevenção de Doenças.

_____. "Reproductive Health: Teen Pregnancy, About Teen Pregnancy". 2014. Atlanta, Centros de Controle e Prevenção de Doenças.

_____. "Youth Risk Behavior Surveillance". *Morbidity and Mortality Weekly Report*, 13 jun 2014. Atlanta, Centros de Controle e Prevenção de Doenças.

Chambers, Wendy C. "Oral Sex: Varied Behaviors and Perceptions in a College Population". *Journal of Sex Research* 44, n.1, 2007, p.28-42.

Chandra, Anjani et al. "Sexual Behavior, Sexual Attraction, and Sexual Identity in the United States: Data from the 2006-2008 National Survey of Family Growth". *National Health Statistics Reports* 36, 3 mar 2011. Washington (D.C.), U.S. Department of Health and Human Services.

Child Trends DataBank. "Oral Sex Behaviors Among Teens". Bethesda (MD), Child Trends DataBank, 2013.

Chyng, Sun et al. "A Comparison of Male and Female Directors in Popular Pornography: What Happens When Women Are at the Helm?". *Psychology of Women Quarterly* 32, n.3, 2008, p.312-25.

Collins, W. Andrew, Deborah P. Welsh e Wyndol Furman. "Adolescent Romantic Relationships". *Annual Review of Psychology* 60, 2009, p.631-52.

"Consent: Not Actually That Complicated", www.rockstardinosaurpirateprincess.com, 2 mar 2015.

Copen, Casey E., Anjani Chandra e Gladys Martinez. "Prevalence and Timing of Oral Sex with Opposite-Sex Partners Among Females and Males Aged 15-24 Years: United States 2007-2010". *National Health Statistics Reports* 56, 16 ago 2012.

Corinna, Heather. *S.E.X.: The All-You-Need-to-Know Progressive Sexuality Guide to Get You Through High School and College.* Boston, Da Capo Press, 2007.

Cornell, Jodi L. e Bonnie L. Halpern-Felsher. "Adolescent Health Brief: Adolescents Tell Us Why Teens Have Oral Sex". *Journal of Adolescent Health* 38, 2006, p.299-301.

Daniels, Elizabeth A. "Sex Objects, Athletes, and Sexy Athletes: How Media Representations of Women Athletes Can Impact Adolescent Girls and Young Women". *Journal of Adolescent Research* 24, 2009, p.399-422.

Davis, Kelly Cue. "The Influence of Alcohol Expectancies and Intoxication on Men's Aggressive Unprotected Sexual Intentions". *Experimental and Clinical Psychopharmacology* 18, n.5, 2010, p.418-28.

Defensores da Juventude. "Comprehensive Sex Education: Research and Results". *Planilha de dados.* Washington, 2009.

Diamond, Lisa. "Introduction: In Search of Good Sexual-Developmental Pathways for Adolescent Girls". In *Rethinking Positive Adolescent Female Sexual Development.* Editado por Lisa Diamond. São Francisco, Jossey-Bass, 2006, p.1-7.

Diamond, Lisa e Ritch Savin-Williams. "Adolescent Sexuality". In *Handbook of Adolescent Psychology.* Editado por Richard M. Lerner e Laurence Steinberg. 3ª ed. Nova York, Wiley, 2009, p.479-523.

Dillard, Katie. "Adolescent Sexual Behavior: Demographics". Defensores da Juventude, Washington (D.C.), 2002.

Dotson-Blake, Kylie P., David Knox e Marty E. Zusman. "Exploring Social Sexual Scripts Related to Oral Sex: A Profile of College Student Perceptions". *Professional Counselor* 2, 2012, p.1-11.

Douglass, Marcia e Lisa Douglass. *Are We Having Fun Yet? The Intelligent Woman's Guide to Sex.* Nova York, Hyperion, 1997.

Dunn, Hailee et al. "Association Between Sexual Behaviors, Bullying Victimization and Suicidal Ideation in a National Sample of High School Students: Implications of a Sexual Double Standard". *Women's Health Issues* 24, n.5, 2014, p.567-74.

Edwards, Sarah R., Kathryn A. Bradshaw e Verlin B. Hinsz. "Denying Rape but Endorsing Forceful Intercourse: Exploring Differences Among Responders". *Violence and Gender* 1, n.4, 2014, p.188-93.

England, Paula et al. "Hooking Up and Forming Romantic Relationships on Today's College Campuses". In *Gendered Society Reader.* Editado por Michael S. Kimmel e Amy Aronson. 3ª ed. Nova York, Oxford University Press, 2008.

Englander, Elizabeth. "Low Risk Associated with Most Teenage Sexting: A Study of 617 18-Year-Olds". *MARC Research Reports*, Paper 6, 2012. Bridgewater, Virtual Commons-Bridgewater State University.

Exner-Cortens, Deinera, John Eckenrode e Emily Rothman. "Longitudinal Associations Between Teen Dating Violence Victimization and Adverse Health Outcomes". *Pediatrics* 131, n.1, 2013, p.71-8.

Fardouly, Jasmine et al. "Social Comparisons on Social Media: The Impact of Facebook on Young Women's Body Image Concerns and Mood". *Body Image* 13, 2015, p.38-45.

Fava, Nicole M. e Laina Y. Bay-Cheng. "Young Women's Adolescent Experiences of Oral Sex: Relation of Age of Initiation to Sexual Motivation, Sexual Coercion, and Psychological Functioning". *Journal of Adolescence* 30, 2012, p.1-11.

Fay, Joe. "Teaching Teens About Sexual Pleasure". *SIEUS Report* 30, n.4, 2002, p.1-7.

Fine, Michelle. "Sexuality, Schooling, and Adolescent Females: The Missing Discourse of Desire". *Harvard Educational Review*, n.58, 1988, p.29-53.

_____ e Sara McClelland. "Sexuality Education and Desire: Still Missing After All These Years". *Harvard Educational Review*, n.76, 2006, p.297-338.

Finer, Lawrence B., e Jesse M. Philbin. "Sexual Initiation, Contraceptive Use, and Pregnancy Among Young Adolescents". *Pediatrics* 131, n.5, 2013, p.886-91.

Finkelhor, David, Heather Turner e Richard Ormrod. "Children's Exposure to Violence: A Comprehensive National Survey". *Juvenile Justice Bulletin*, out 2009.

Fisher, Deborah A. et al. "Televised Sexual Content and Parental Mediation: Influences on Adolescent Sexuality". *Media Psychology* 12, n.2, 2009, p.121-47.

Fisher, Maryanne et al. "Feelings of Regret Following Uncommitted Sexual Encounters in Canadian University Students". *Culture, Health and Sexuality* 14, n.1, 2012, p.45-57.

Fisher, William A. "All Together Now: An Integrated Approach to Preventing Adolescent Pregnancy and STD/HIV Infection". *SIECUS Report* 18, n.4, 1990, p.1-14.

Fortenberry, Dennis J. "Puberty and Adolescent Sexuality". *Hormones and Behavior* 64, n.2, 2013, p.280-87.

_____ et al. "Sexual Behaviors and Condom Use at Last Vaginal Intercourse: A National Sample of Adolescents Ages 14 to 17 Years". *Journal of Sexual Medicine* 7, supl.5, 2010, p.305-14.

Foubert, John D., Matthew W. Brossi e R. Sean Bannon. "Pornography Viewing Among Fraternity Men: Effects on Bystander Intervention, Rape Myth Acceptance, and Behavioral Intent to Commit Sexual Assault". *Sexual Addiction and Compulsivity: The Journal of Treatment and Prevention* 18, n.4, 2011, p.212-31.

_____, Jonathan T. Newberry e Jerry L. Tatum. "Behavior Differences Seven Months Later: Effects of a Rape Prevention Program on First-Year Men Who Join Fraternities". *NASPA Journal* 44, 2007, p.728-49.

Ford, Jessie e Paula England. "What Percent of College Women Are Sexually Assaulted in College?". Contexts.com, 12 jan 2015.

Fox, Jesse et al. "Sexualized Avatars Lead to Women's Self-Objectification and Acceptance of Rape Myths". *Psychology of Women Quarterly*, out 2014.

Fredrickson, Barbara et al. "That Swimsuit Becomes You: Sex Differences in Self-Objectification, Restrained Eating, and Math Performance". *Journal of Personality and Social Psychology* 75, 1998, p.269-84.

______ e Tomi-Ann Roberts. "Objectification Theory: Toward Understanding Women's Lived Experience and Mental Health Risks". *Psychology of Women Quarterly* 21, 1997, p.173-206.

Friedman, Jaclyn e Jessica Valenti. *Yes Means Yes!: Visions of Female Sexual Power and a World Without Rape*. Nova York, Seal Press, 2008.

Fundação Família Henry J. Kaiser. "Teen Sexual Activity". *Planilha de dados*, dez 2002. Menlo Park, Fundação Família Henry J. Kaiser.

Fundação Família Henry J. Kaiser/*YM* Magazine. *National Survey of Teens: Teens Talk About Dating, Intimacy, and Their Sexual Experiences*. Menlo Park, Fundação Família Henry J. Kaiser, 27 mar 1998.

Garcia, Justin R. et al. "Sexual Hook-Up Culture: A Review". *Review of General Psychology* 16, n.2, 2012, p.161-76.

Gerressu, Makeda et al. "Prevalence of Masturbation and Associated Factors in a British National Probability Survey". *Archives of Sexual Behavior* 37, 2008, p.266-78.

Gilligan, Carol, Nona Lyons e Trudy Hanmer, eds. *Making Connections: The Relational Worlds of Adolescent Girls at Emma Willard School*. Cambridge, Harvard University Press, 1990.

GLSEN. *Out Online: The Experiences of Lesbian, Gay, Bisexual and Transgender Youth on the Internet*. Nova York, GLSEN, 10 jul 2013.

Gomillion Sarah C. e Traci A. Giuliano. "The Influence of Media Role Models on Gay, Lesbian, and Bisexual Identity". *Journal of Homosexuality* 58, 2011, p.330-54.

Grello, Catherine M. et al. "No Strings Attached: The Nature of Casual Sex in College Students". *Journal of Sex Research* 43, 2006, p.55-67.

Grunbaum, J.A. et al. "Youth Risk Behavior Surveillance – United States, 2001". *Morbidity and Mortality Weekly Report. CDC Surveillance Summaries* 51, 2002, p.1-64.

Guttmacher Institute. "American Teens' Sexual and Reproductive Health". *Planilha de dados*, mai 2014. Nova York, Guttmacher Institute.

_____. "Sex and HIV Education". *State Policies in Brief*, 1 jun 2015. Nova York, Guttmacher Institute.

Haffner, Debra W., ed. *Facing Facts: Sexual Health for America's Adolescents: The Report of the National Commission on Adolescent Sexual Health*. Washington (D.C.), Sexuality Information and Education Council of the United States, 1995.

Halliwell, Emma et al. "Are Contemporary Media Images Which Seem to Display Women as Sexually Empowered Actually Harmful to Women?". *Psychology of Women Quarterly* 35, n.1, 2011, p.38-45.

Halpern-Felsher, Bonnie L., Jodi L. Cornell, Rhonda Y. Kropp e Jeanne M. Tschann. "Oral Versus Vaginal Sex Among Adolescents: Perceptions, Attitudes, and Behavior". *Pediatrics* 4, 2005, p.845-51.

Hamilton, Laura e Elizabeth A. Armstrong. "Gendered Sexuality in Young Adulthood: Double Binds and Flawed Options". *Gender and Society* 23, 2009, p.589-616.

Harris, Michelle. "Shaved Paradise: A Sociological Study of Pubic Hair Removal Among Lehigh University Undergraduates". TCC, 2009, Universidade Lehigh, Bethlehem.

Herbenick, Debby et al. "Sexual Behavior in the United States: Results from a National Probability Sample of Men and Women Ages 14-94". *Journal of Sexual Medicine* 7, supl.5, 2010, p.255-65.

Hirschman, Celeste, Emily A. Impett e Deborah Schooler. "Dis/Embodied Voices: What Late-Adolescent Girls Can Teach Us About Objectification and Sexuality". *Sexuality Research and Social Policy* 3, n.4, 2006, p.8-20.

Hoff, Tina, Liberty Green e Julia Davis. "National Survey of Adolescents and Young Adults: Sexual Health Knowledge, Attitudes and Experiences", 2004. Fundação Família Henry J. Kaiser, Menlo Park, p.14.

Horan, Patricia F., Jennifer Phillips e Nancy E. Hagan. "The Meaning of Abstinence for College Students". *Journal of HIV/AIDS Prevention and Education for Adolescents and Children* 2, n.2, 1998, p.51-66.

Impett, Emily, Deborah Schooler e Deborah Tolman. "To Be Seen and Not Heard: Femininity Ideology and Adolescent Girls' Sexual Health". *Archives of Sexual Behavior* 35, 2006, p.129-42.

Impett, Emily e Deborah Tolman. "Late Adolescent Girls' Sexual Experiences and Sexual Satisfaction". *Journal of Adolescent Research* 6, 2006, p.628-46.

Instituto Nacional para Abuso de Álcool e Alcoolismo. "College Drinking". *Planilha de dados*, 5 abr 2015. Washington (D.C.), Instituto Nacional para Abuso de Álcool e Alcoolismo.

Joyner, Kara e J. Richard Udry. "You Don't Bring Me Anything but Down: Adolescent Romance and Depression". *Journal of Health and Social Behavior* 41, n.4, 2000, p.369-91.

Kaestle, Christine Elizabeth. "Sexual Insistence and Disliked Sexual Activities in Young Adulthood: Differences by Gender and Relationship Characteristics". *Perspectives on Sexual and Reproductive Health* 41, n.1, 2009, p.33-39.

Kanin, Eugene J. "False Rape Allegations". *Archives of Sexual Behavior* 23, n.1, 1994, p.81-92.

Kann, Laura et al. "Youth Risk Behavior Surveillance: United States, 2013". *Morbidity and Mortality Weekly Report*. Atlanta, Centros de Controle e Prevenção de Doenças, 2014.

Katz, Jennifer e Vanessa Tirone. "Going Along with It: Sexually Coercive Partner Behavior Predicts Dating Women's Compliance with Unwanted Sex". *Violence Against Women* 16, n.7, 2010, p.730-42.

Kelly-Weeder, Susan. "Binge Drinking and Disordered Eating in College Students". *Journal of the American Academy of Nurse Practitioners* 23, n.1, 2011, p.33-41.

Kipnis, Laura. *The Female Thing: Dirt, Sex, Envy, Vulnerability*. Nova York, Pantheon Books, 2006.

Kirby, Douglas. *Emerging Answers 2007: Research Findings on Programs to Reduce Teen Pregnancy and Sexually Transmitted Diseases*. Washington (D.C.), Campanha Nacional de Prevenção à Gravidez Adolescente e Não Planejada, 2007.

_____. "Sex and HIV Programs: Their Impact on Sexual Behaviors of Young People Throughout the World". *Journal of Adolescent Health* 40, 2007, p.206-17.

Kohler, Pamela K., Lisa E. Manhart e William E. Lafferty. "Abstinence-Only and Comprehensive Sex Education and the Initiation of Sexual Activity and Teen Pregnancy". *Journal of Adolescent Health* 42, 2008, p.334-51.

Krebs, Christopher P., Christine H. Lindquist e Tara D. Warner. *The Campus Sexual Assault (CSA) Study Final Report*. Washington (D.C.), Instituto Nacional de Justiça, 2007.

Kunkel, D. et al. *Sex on TV 4*. Menlo Park, Fundação Família Henry J. Kaiser, 2005.

Lamb, Sharon. "Feminist Ideals for a Healthy Female Adolescent Sexuality: A Critique". *Sex Roles* 62, 2010, p.294-306.

Laumann, Edward O. et al. *Sex in America: A Definitive Survey*. Nova York, Grand Central Publishing, 1995.

Lefkowitz, Bernard. *Our Guys: The Glen Ridge Rape and the Secret Life of the Perfect Suburb*. Berkeley, University of California Press, 1997.

Leigh, Barbara e D.M. Morrison. "Alcohol Consumption and Sexual Risk-Taking in Adolescents". *Alcohol Health and Research World* 15, 1991, p.58-63.

Lenhart, Amanda. "Teens and Sexting". Internet, Science, and Tech. Pew Research Center, 15 dez 2009.

Lescano, Celia et al. "Correlates of Heterosexual Anal Intercourse Among At-Risk Adolescents and Young Adults". *American Journal of Public Health* 99, 2009, p.1131-36.

Levine, Judith. *Harmful to Minors: The Perils of Protecting Children from Sex*. Cambridge, Da Capo Press, 2003.

Levy, Ariel. *Female Chauvinist Pigs: Women and the Rise of Raunch Culture*. Nova York, Free Press, 2006.

Lindberg, Laura Duberstein, Rachel Jones e John S. Santelli. "Noncoital Sexual Activities Among Adolescents". *Journal of Adolescent Health* 43, n.3, 2008, p.231-38.

Lindberg, Laura Duberstein, John S. Santelli e Susheela Singh. "Changes in Formal Sex Education: 1995-2002". *Perspectives on Sexual and Reproductive Health* 38, 2006, p.182-89.

Lisak, David et al. "False Allegations of Sexual Assault: An Analysis of Ten Years of Reported Cases". *Violence Against Women* 16, n.12, 2010, p.1318-34.

Lisak, David e Paul M. Miller Brown. "Repeat Rape and Multiple Offending Among Undetected Rapists". *Violence and Victims* 17, n.1, 2002, p.73-84.

Livingston, Jennifer et al. "Mixed Drinks and Mixed Messages: Adolescent Girls' Perspectives on Alcohol and Sexuality". *Psychology of Women Quarterly* 37, n.1, 2013, p.38-50.

Lounsbury, Kaitlin, Kimberly J. Mitchell e David Finkelhor. "The True Prevalence of 'Sexting.'" *Planilha de dados*, abr 2011. Centro de Pesquisas de Crimes contra Crianças, Durham.

Luker, Kristin. *When Sex Goes to School: Warring Views on Sex – and Sex Education – Since the Sixties*. Nova York, W.W. Norton, 2006.

Manago, Adriana et al. "Self-Presentation and Gender on MySpace". *Journal of Applied Developmental Psychology* 29, n.6, 2008, p.446-58.

Martinez, Gladys, Casey E. Copen e Joyce C. Abma. "Teenagers in the United States: Sexual Activity, Contraceptive Use, and Childbearing, 2006-2010 National Survey of Family Growth". *Vital Health Statistics* 31, 2011, p.1-35.

Martino, Steven C. et al. "It's Better on TV: Does Television Set Teenagers Up for Regret Following Sexual Initiation?". *Perspectives on Sexual and Reproductive Health* 41, n.2, 2009, p.92-100.

McAnulty, Richard D. e Arnie Cann. "College Student Dating in Perspective: 'Hanging Out', 'Hooking Up', and Friendly Benefits". In *Sex in College*. Editado por Richard D. McAnulty. Santa Barbara, Praeger, 2012, p.1-18.

McClelland, Sara I. "Intimate Justice: A Critical Analysis of Sexual Satisfaction". *Social and Personality Psychology Compass* 4, n.9, 2010, p.663-80.

_____. "What Do You Mean When You Say That You Are Sexually Satisfied? A Mixed Methods Study". *Feminism and Psychology* 24, n.1, 2014, p.74-96.

_____. "Who Is the 'Self' in Self-Reports of Sexual Satisfaction? Research and Policy Implications". *Sexuality Research and Social Policy* 8, n.4, 2011, p.304-20.

Meier, Evelyn P. e James Gray. "Facebook Photo Activity Associated with Body Image Disturbance in Adolescent Girls". *Cyberpsychology, Behavior, and Social Networking* 10, n.10, 2013.

Mohler-Kuo, Meichun et al. "Correlates of Rape While Intoxicated in a National Sample of College Women". *Journal of Studies on Alcohol* 65, n.1, 2004.

Monk-Turner, Elizabeth e H. Christine Purcell. "Sexual Violence in Pornography: How Prevalent Is It?". *Gender Issues* 2, 1999, p.58-67.

Monroe, Scott M. et al. "Life Events and Depression in Adolescence: Relationship Loss as a Prospective Risk Factor for First Onset of Major Depressive Disorder". *Journal of Abnormal Psychology* 180, n.4, 1999, p.606-14.

Moore, Mignon R. e Jeanne Brooks-Gunn. "Healthy Sexual Development: Notes on Programs That Reduce Risk of Early Sexual Initiation and Adolescent Pregnancy". In *Reducing Adolescent Risk: Toward an Integrated Approach*. Editado por Daniel Romer. Thousand Oaks, Sage Publications, 2003.

Moran, Caitlin. *How to Be a Woman*. Nova York, HarperPerennial, 2012.

Moran, Jeffrey. *Teaching Sex: The Shaping of Adolescence in the Twentieth Century*. Cambridge, Harvard University Press, 2002.

Norris, Jeanette et al. "Alcohol's Direct and Indirect Effects on Men's Self-Reported Sexual Aggression Likelihood". *Journal of Studies on Alcohol* 63, 2002, p.688-69.

_____. "Alcohol and Hypermasculinity as Determinants of Men's Empathic Responses to Violent Pornography". *Journal of Interpersonal Violence* 14, 1999, p.683-700.

Orchowski, Lindsay M. et al. "Bystander Intervention Among College Men: The Role of Alcohol and Correlates of Sexual Aggression". *Journal of Interpersonal Violence*, 2015, p.1-23.

Orenstein, Peggy. *Cinderella Ate My Daughter: Dispatches from the Front Lines of the New Girlie-Girl Culture*. Nova York, HarperPaperbacks, 2012.

_____. *Flux: Women on Sex, Work, Love, Kids, and Life in a Half-Changed World*. Nova York, Anchor, 2001.

_____. *Schoolgirls: Young Women, Self-Esteem, and the Confidence Gap*. Nova York, Anchor, 1995.

O'Sullivan, Lucia et al. "I Wanna Hold Your Hand: The Progression of Social, Romantic and Sexual Events in Adolescent Relationships". *Perspectives in Sexual and Reproductive Health* 39, n.2, 2007, p.100-107.

Oswalt, Sara B., Kenzie A. Cameron e Jeffrey Koob. "Sexual Regret in College Students". *Archives of Sexual Behavior* 34, 2005, p.663-69.

Owen, Janice et al. "'Hooking up' Among College Students: Demographic and Psychosocial Correlates". *Archives of Sexual Behavior* 39, 2010, p.653-63.

Paul, Elizabeth L. et al. "'Hookups': Characteristics and Correlates of College Students' Spontaneous and Anonymous Sexual Experiences". *Journal of Sexual Research* 37, 2000, p.76-88.

Paul, Pamela. *Pornified: How Pornography Is Transforming Our Lives, Our Relationships, and Our Families*. Nova York, Times Books, 2005.

Peter, Jochen e Patti Valkenburg. "Adolescents' Exposure to a Sexualized Media Environment and Notions of Women as Sex Objects". *Sex Roles* 56, 2007, p.381-95.

_____. "Adolescents' Exposure to Sexually Explicit Online Material and Recreational Attitudes Toward Sex". *Journal of Communication* 56, n.4, 2006, p.639-60.

_____. "The Use of Sexually Explicit Internet Material and Its Antecedents: A Longitudinal Comparison of Adolescents and Adults". *Archives of Sexual Behavior* 40, n.5, out 2011, p.1015-25.

Peterson, Zoe D. e Charlene L. Muehlenhard. "What Is Sex and Why Does It Matter? A Motivational Approach to Exploring Individuals' Definitions of Sex". *Journal of Sex Research* 44, n.3, 2007, p.256-68.

Phillips, Lynn M. *Flirting with Danger: Young Women's Reflections on Sexuality and Domination*. Nova York, New York University Press, 2000.

Pittman, Melissa. "The Joy of Slash: Why Do Women Want It?". *The High Hat*, primavera 2005.

Ponton, Lynn. *The Sex Lives of Teenagers: Revealing the Secret World of Adolescent Boys and Girls*. Nova York, Dutton, 2000.

Raphael, Jody. *Rape Is Rape: How Denial, Distortion, and Victim Blaming Are Fueling a Hidden Acquaintance Rape Crisis*. Chicago, Chicago Review Press, 2013.

Rector, Robert E., Kirk A. Jonson e Laura R. Noyes. *Sexually Active Teenagers Are More Likely to Be Depressed and to Attempt Suicide: A Report of the Heritage Center for Data Analysis*. Washington (D.C.), Heritage Foundation, Center for Data Analysis, 2003.

Regnerus, Mark. *Forbidden Fruit: Sex and Religion in the Lives of American Teenagers*. Nova York, Oxford University Press, 2007.

_____. "Porn Use and Support of Same-Sex Marriage". *Public Discourse*, 20 dez 2012.

Remez, Lisa. "Oral Sex Among Adolescents: Is It Sex or Is It Abstinence?". *Family Planning Perspectives* 32, 2000, p.298-304.

Ringrose, Jessica et al. *A Qualitative Study of Children, Young People, and 'Sexting': A Report Prepared for the NSPCC*. Londres, Sociedade Nacional para a Prevenção da Crueldade contra Crianças, 2012.

Robbins, Cynthia et al. "Prevalence, Frequency, and Associations of Masturbation with Other Sexual Behaviors Among Adolescents Living in the United States of America". *Archives of Pediatric and Adolescent Medicine* 165, n.12, 2011, p.1087-93.

Rosenbaum, Janet Elise. "Patient Teenagers? A Comparison of the Sexual Behavior of Virginity Pledgers and Matched Nonpledgers". *Pediatrics* 123, 2009, p.110-20.

Ryan, Caitlin. "Generating a Revolution in Prevention, Wellness, and Care for LGBT Children and Youth". *Temple Political and Civil Rights Law Review* 23, n.2, 2014, p.331-44.

Sanders, Stephanie et al. "Misclassification Bias: Diversity in Conceptualisations About Having 'Had Sex'." *Sexual Health* 7, n.1, 2010, p.31-34.

Schalet, Amy T. "The New ABCD's of Talking About Sex with Teenagers". *Huffington Post*, 2 nov 2011.

_____. *Not Under My Roof: Parents, Teens, and the Culture of Sex*. Chicago, University of Chicago Press, 2011.

Schear, Kimberlee S. *Factors That Contribute to, and Constrain, Conversations Between Adolescent Females and Their Mothers About Sexual Matters*. Urbana, Forum on Public Policy, 2006.

Schick, Vanessa R. et al. "Genital Appearance Dissatisfaction: Implications for Women's Genital Image Self-Consciousness, Sexual Esteem, Sexual Satisfaction, and Sexual Risk". *Psychology of Women Quarterly* 34, 2010, p.394-404.

Sedgh, Gilda et al. "Adolescent Pregnancy, Birth, and Abortion Rates Across Countries: Levels and Recent Trends". *Journal of Adolescent Health* 58, n.2, 2012, p.223-30.

Senn, Charlene Y. et al. "Efficacy of a Sexual Assault Resistance Program for University Women". *New England Journal of Medicine* 372, 2015, p.2326-35.

"Sexual Health of Adolescents and Young Adults in the United States". *Planilha de dados*, 20 ago 2104. Menlo Park, Fundação Família Henry J. Kaiser.

Sharpley-Whiting, Tracy D. *Pimps Up, Ho's Down: Hip Hop's Hold on Young Black Women*. Nova York, New York University Press, 2008.

SIECUS. "A Brief History of Federal Funding for Sex Education and Related Programs". *Planilha de dados*. Washington (D.C.), SIECUS, n.d.

_____. "Questions and Answers: Adolescent Sexuality". Washington (D.C.), SIECUS, 12 nov 2012.

_____. "What Research Says... Comprehensive Sex Education". *Planilha de dados*. Washington (D.C.), SIECUS, out 2009.

Simmons, Rachel. *The Curse of the Good Girl: Raising Authentic Girls with Courage and Confidence*. Reimpressão. Nova York, Penguin, 2010.

_____. *Odd Girl Out, Revised and Updated: The Hidden Culture of Aggression in Girls*. New York, Mariner Books, 2011.

Simpson, Jeffry A., W. Andrew Collins e Jessica E. Salvatore. "The Impact of Early Interpersonal Experience on Adult Romantic Relationship Functioning: Recent Findings from the Minnesota Longitudinal Study of Risk and Adaptation". *Current Directions in Psychological Science* 20, n.6, 2011, p.355-59.

Sinozich, Sofi e Lynn Langton. *Special Report: Rape and Sexual Assault Victimization Among College-Age Females, 1995-2013*. Washington (D.C.), Office of Justice Programs, Bureau of Justice Statistics, Departamento de Justiça dos Estados Unidos, 2014.

Slater, Amy e Marika Tiggeman. "A Test of Objectification Theory in Adolescent Girls". *Sex Roles* 46, n.9/10 (mai 2002), p.343-49.

Sommers, Christina Hoff. *Who Stole Feminism? How Women Have Betrayed Women*. Nova York, Simon & Schuster, 1994.

Steering Committee on Undergraduate Women's Leadership at Princeton University. *Report of the Steering Committee on Undergraduate Women's Leadership*. Princeton, Universidade Princeton, 2011.

Stermer, S. Paul e Melissa Burkley. "SeX-Box: Exposure to Sexist Video Games Predicts Benevolent Sexism". *Psychology of Popular Media Culture* 4, n.1, 2015, p.47-55.

Steyer, James. *Talking Back to Facebook: The Common Sense Guide to Raising Kids in the Digital Age*. Nova York, Scribner, 2012, p.22-3.

Strasburger, Victor. "Policy Statement from the American Academy of Pediatrics: Sexuality, Contraception, and the Media". *Pediatrics* 126, n.3 (1 set 2010), p.576-82.

Tanenbaum, Leora. *Slut: Growing Up Female with a Bad Reputation*. Nova York, Harper-Perennial, 2002.

The Date Rape Backlash: Media and the Denial of Rape. Transcrição. Documentário produzido por Sut Jhally, 1994.

Thomas, J. "Virginity Pledgers Are Just as Likely as Matched Nonpledgers to Report Premarital Intercourse". *Perspectives on Sexual and Reproductive Health* 41, n.63, mar 2009.

Thompson, Sharon. *Going All the Way: Teenage Girls' Tales of Sex, Romance, and Pregnancy*. Nova York, Hill and Wang, 1995.

Tolman, Deborah. *Dilemmas of Desire: Teenage Girls Talk About Sexuality*. Cambridge, Harvard University Press, 2002.

Tolman, Deborah, Brian R. Davis e Christin P. Bowman. "That's Just How It Is: A Gendered Analysis of Masculinity and Femininity Ideologies in Adolescent Girls' and Boys' Heterosexual Relationships". *Journal of Adolescent Research* (jun 2015).

Tolman, Deborah et al. "Looking Good, Sounding Good: Femininity Ideology and Adolescent Girls' Mental Health". *Psychology of Women Quarterly* 30, 2006, p.85-95.

Trenholm, Christopher et al. "Impacts of Four Title V, Section 510 Abstinence Education Programs". Office of the Assistant Secretary for Planning and Evaluation, U.S. Department of Health and Human Services. Princeton, Mathematics Policy Research, 2007.

Subcomitê de Controle Financeiro e de Contratos do Senado dos Estados Unidos. *Sexual Violence on Campus*. Por Claire McCaskill. 113º Congresso. Relatório do Senado, 9 jul 2014.

Valenti, Jessica. *The Purity Myth: How America's Obsession with Virginity Is Hurting Young Women*. Berkeley, Seal Press, 2009.

Vanwesenbeeck, Ine. "Sexual Health Behaviour Among Young People in the Netherlands". Presentation at the Sexual Health Forum, Bruxelas, 13 mar 2009.

Vernacchio, Al. *For Goodness Sex: Changing the Way We Talk to Teens About Sexuality, Values, and Health*. Nova York, HarperWave, 2014.

Wade, Lisa e Caroline Heldman. "Hooking Up and Opting Out". In *Sex for Life: From Virginity to Viagra, How Sexuality Changes Throughout Our Lives*. Editado por Laura Carpenter e John DeLamater. Nova York, New York University Press, 2012, p.128-45.

Ward, L. Monique. "Understanding the Role of the Entertainment Media in the Sexual Socialization of American Youth: A Review of Empirical Research". *Developmental Review* 23, 2003, p.347-88.

_____, Edwina Hansbrough e Eboni Walker. "Contributions of Music Video Exposure to Black Adolescents' Gender and Sexual Schemas". *Journal of Adolescent Research* 20, 2005, p.143-66.

Ward, L. Monique e Kimberly Friedman. "Using TV as a Guide: Associations Between Television Viewing and Adolescents' Sexual Attitudes and Behavior". *Journal of Research on Adolescence* 16, 2006, p.133-56.

Widerman, Michael M. "Women's Body Image Self-Consciousness During Physical Intimacy with a Partner". *Journal of Sex Research* 37, n.1, 2000, p.60-68.

Widman, Laura et al. "Sexual Communication and Contraceptive Use in Adolescent Dating Couples". *Journal of Adolescent Health* 39, 2006, p.893-99.

Wolak, Janis, Kimberly Mitchell e David Finkelhor. "Unwanted and Wanted Exposure to Online Pornography in a National Sample of Youth Internet Users". *Pediatrics* 119, n.2, 2007, p.247-57.

Wright, Paul J. "Show Me the Data! Empirical Support for the 'Centerfold Syndrome.'" *Psychology of Men and Masculinity* 13, n.2, 2011, p.180-98.

_____. "A Three-Wave Longitudinal Analysis of Preexisting Beliefs, Exposure to Pornography, and Attitude Change". *Communication Reports* 26, n.1, 2013, p.13-25.

Wright, Paul J. e Michelle Funk. "Pornography Consumption and Opposition to Affirmative Action for Women: A Prospective Study". *Psychology of Women Quarterly* 38, n.2, 2013, p.208-21.

Wright, Paul J. e Robert S. Tokunaga. "Activating the Centerfold Syndrome: Recency of Exposure, Sexual Explicitness, Past Exposure to Objectifying Media". *Communications Research* 20, n.10, 2013, p.1-34.

Yung, Corey Rayburn. "Concealing Campus Sexual Assault: An Empirical Examination". *Psychology, Public Policy, and Law* 21, n.1, 2015, p.1-9.

Agradecimentos

A essa altura, em geral, eu escrevo que, embora o trabalho autoral seja uma busca solitária, muitas pessoas me apoiaram durante a jornada, blá, blá, blá. Mas trata-se de uma maneira civilizada e asséptica de falar. O que eu realmente quero dizer é: eu me torno uma pessoa difícil de conviver, difícil de conhecer ou de interagir de qualquer modo quando estou absorvida na escrita de um livro. O trabalho me consome. Me deixa ansiosa, obssessiva, descuidada e egocêntrica. O trabalho me torna ranzinza. Ele me faz emocionalmente e, muitas vezes, fisicamente distante. Às vezes, eu não sei como as pessoas que me amam – meus amigos, minha família – suportam a situação. E eles a suportam, o que é, para mim, a definição de dádiva.

Então, deixa eu falar sério. Por viverem isso mais uma vez comigo, por remoerem os temas, por me desafiarem, me estimularem, me protegerem e me tolerarem, eu gostaria de agradecer a: Barbara Swaiman, Peggy Kalb, Ruth Halpern, Eva Eilenberg, Ayelet Waldman, Michael Chabon, Sylvia Brownrigg, Natalie Compagni Portis, Ann Packer, Rachel Silvers, Youseef Elias, Stevie Kaplan, Joan Semling Bostian, Mitch Bostian, Judith Belzer, Michael Pollan, Simone Marean, Rachel Simmons, Julia Sweeney Blum, Michael Blum, Danny Sager, Brian McCarthy, Diane Espaldon, Dan Wilson, Teresa Tauchi, Courtney Martin, Moira Kenney, Neal Karlen, ReCheng Tsang Jaffe, Sara Corbett e Ilena Silverman.

Pelo auxílio com a pesquisa, eu gostaria de agradecer a Kaela Elias, Sara Birnel-Henderson, Pearl Xu, Evelyn Wang, Henry Bergman e Sarah Caduto. Por atuarem como bons leitores (e, às vezes, debatendo-se com alguma questão profundamente pessoal), agradeço a minhas sobrinhas e meus sobrinhos, em especial Julie Ann Orenstein, Lucy Orenstein, Arielle Orenstein, Harry Orenstein, Matthew Orenstein e Shirley Kawafuchi. Pela orientação, agradeço a minha agente, Suzanne Gluck, minha editora sempre paciente, Jennifer Barth, assim como Debby Herbenick, Leslie Bell, Patti Wolter, Lucia O'Sullivan, Lisa Wade, Jack Halberstam, Jackie Krasas, Paul Wright e Bryant Paul. Pelo luxo de ter espaço e tempo para escrever sem ser interrompida, sou profundamente grata a Peter Barnes e à Mesa Refuge, assim como à Fundação Cindy-licious Ucross.

Greg Knowles merece um lugar especial no céu por resgatar meu original quando ele desapareceu no éter tecnológico. E embora a aparência não seja tudo, eu certamente apreciei o que Michael Todd fez com a minha. Obrigada, também, à equipe da *California Sunday Magazine* e especialmente a Doug McGray pelo apoio e pela compreensão. Um obrigada especial a Charis Denison por tudo aquilo que minha presença como repórter a fez passar.

Acima de tudo, obrigada às jovens generosas que participaram das minhas entrevistas e aos adultos que me ajudaram a encontrá-las. Para proteger sua privacidade, não posso dar seus nomes aqui, mas vocês sabem quem são. Foi um prazer conhecer cada uma e todas, e eu não poderia, de modo algum, ter escrito este livro sem vocês.

Por fim, agradeço a minha família, tanto a próxima quanto a expandida. Ao meu marido, Steven Okazaki, muito mais amor do que eu jamais poderia expressar, e à minha amada filha, Daisy, espero que não a tenha constrangido demais. Eu amo você infinitamente e lhe desejo a dádiva de ser sempre você mesma por inteiro.

Índice remissivo

FSC
www.fsc.org
MISTO
Papel produzido a partir de fontes responsáveis
FSC® C019498

A marca FSC® é a garantia de que a madeira utilizada na fabricação do papel deste livro provém de florestas de origem controlada e que foram gerenciadas de maneira ambientalmente correta, socialmente justa e economicamente viável.

Este livro foi composto por Mari Taboada em Dante Pro 11,5/16 e impresso em papel offwhite 80g/m² e cartão triplex 250g/m² por Geográfica Editora em setembro de 2017.

Publicado no ano do 60º aniversário da Zahar, editora fundada sob o lema "A cultura a serviço do progresso social".